저소득, 노인, 장애인 가족의 소비자복지

허경옥 최혜경 이성림

PREFACE

머 리 말

소비자, 기업, 정부에서는 소비자복지를 증진시키기 위해 다양한 노력을 펼치고 있다. 협의의 소비자복지는 경제생활이 곤란한 저소득층, 장애를 받고 있는 장애인 소비자, 취약계층인 노인소비자나 아동소비자 등 사회적 약자나 보호가 필요한 소비자에 대한 보호, 지원, 교육 등의 서비스라고 할 수 있다. 광의의 소비자복지란 전체 소비자를 대상으로 하는 소비자주권, 소비자권리 등을 위한 모든 정책이나 서비스를 포괄하는 것으로 생활의 각 측면에서 삶의 질을 높이기 위한 각종 제도나 서비스를 총칭한다고 할 수 있다.

지금까지 학계, 정부, 기업 등에서는 협의의 소비자복지에 대해 관심을 가져 왔다고 할 수 있다. 소비자의 경제적 측면, 즉 합리적이고 효율적인 소비자로서의 역할과 책임을 하는 것, 즉 소비자가 최고의 만족과 복지를 추구하는 것에 초점을 두어 왔다. 그러나 최근 소외된 소비자 계층, 불리한 입장의 소비자에 대한 관심이 싹트기 시작하였고, 이들의 소비자주권에 대해서도 관심을 갖기 시작하고 있다. 따라서 본 저서에서는 경제적 측면을 넘어 사회 · 복지적 차원에서 궁극적으로는 광범위한 개념의 소비자복지에 대해 논의하고 있다.

이 책의 1장에서는 소비자복지의 개념에 대해 자세하게 논의하고 있다. 2장에서는 저소득층 가족의 현황에 대해서, 3장에서는 저소득층 가족의 소비자복지에 대해서 다루고 있다. 4장에서는 노인가족과 가계경제 및 재무, 5장에서는 노인의 소비자복지에 대해 다루고 있다. 6장에서는 장애인가족과 가계경제 및 재무, 7장에서는 장애인의 소비자복지에 대해 다루고 있다.

본 저서는 세 교수님들의 공동 집필로 구성되어 있는데, 1장, 3장, 5장, 7장은 허경옥 교수가, 2장, 4장, 6장은 최혜경 교수와 이성림 교수가 공동집필하였다.

이 책은 소비자학 관련 교양과목 및 전공 기초과목을 강의하는 교재로써 활용할 수 있음은 물론 가족복지, 사회복지 등의 분야에 기초정보를 제공하고 소비자만족, 소비자복지의 새로운 패러다임에 대한 길잡이가 되고자 한다. 날로 변화하는 시장환경 속에서 소외된 소비자계층, 불리한 소비자들에 대한 사회적 관심을 높이고, 나아가 모든 소비자가 행복한 소비생활을 하는 데 도움이 되고자 한다. 그러나 충분한 시간적 여유 없이 출간을 서두르다 보니 여러 가지로 미흡한 부분이 많음을 인정하지 않을 수 없다. 소비자복지에 대한 새로운 접근을 시도하고 있는 본 저서는 향후 청소년, 다문화 가정, 탈북 소비자 등으로 그 범위를 확대해 가고자 한다.

이 책을 출간하게 해 주신 출판사 파워북의 사장님과 출간하느라 수고가 많으신 등 편집부에 감사의 말씀을 전한다.

2008년 3월

저자 일동

Contents

차 례

Contents

Contents

제4장 노인가족과 가계경제

제5장 노인의 소비자복지

Contents

제6장 장애인가족과 가계경제

제7장 장애인의 소비자복지

Contents

제1장 소비자복지

1. 소비자복지의 기초
2. 소비자복지의 이론적 배경과 형성
3. 정부의 소비자복지정책 실현방법

제 1 장 소비자복지

소비자복지를 증진시키기 위한 소비자, 기업, 정부의 다양한 노력은 모든 경제활동의 궁극적 목표인 소비자의 욕구충족, 소비생활의 질 향상, 삶의 질 향상을 실현시키는 데 있다. 소비자는 시장경제에서 무엇을, 얼마나, 누구를 위하여 생산하고, 어떻게 배분할 것인가를 좌우하는 최대의 경제 주체로서 가계는 물론 기업 그리고 국가경제의 수준과 질에 절대적인 영향을 미친다. 가계의 소비지출규모는 국민총생산의 약 60%를 차지함으로써 소비자의 지출패턴에 따라 국가의 산업구조는 물론 물가, 국제수지, 경제성장률 등의 거시 경제지표가 달라진다. 세계는 무한경쟁시대를 맞아 상품의 우열을 판정하고 기업의 성쇠를 결정짓는 주체가 곧 소비자라는 사실을 인식하고 '소비자 중심의 경제구조'로 전환되고 있다. 소비자복지가 실현되고 발전되기 위해서 기업은 '소비자지향적 경영'을 취해야 하고 이러한 지속적인 노력이 성숙한 소비자주권의식과 정부의 소비자복지정책과 만날 때 모두가 행복한 사회가 실현될 것이다.

1. 소비자복지의 기초

소비자란 경제적 의미로 재화를 소비하는 사람을 말하며, 복지란 행복한 삶을 말한다. 따라서 소비자복지(consumer welfare)란 재화를 소비하는 사람의 행복한 삶을 의미하는 것이다. 소비자복지에 대한 정의를 내리기 위해 사회복지의 개념에 대해 먼저 살펴보면서 소비자복지와 비교해 보면 다음과 같다.

1) 소비자복지의 개념

사회복지(사회보장)란 국가가 국민의 생존권을 지키기 위해 경제적 보장, 사회보험, 생활, 공중위생 등 다양하고 광범위한 분야에 걸쳐 국가가 통일적으로 운영하는 것을 의미한다. 사회복지란 역사, 경제, 사회, 정치 등과 관련하여 인간다운 생활을 영위하기 위한 국가와 사회의 공동체적 노력을 의미한다. 다시 표현하면, 사회복지는 사회문제의 해결 또는 사회적 욕구충족의 기능을 수행하는 사회제도이다. 미국 사회복지사협회의 정의에 따르면 사회복지란 사회유지에 필수적인 사회적, 경제적, 교육적, 보건·의료적 욕구를 충족시키는 것을 돕는 국가의 프로그램, 급여, 서비스 체계이다.

협의의 사회복지란 보통 '사회복지사업', '사회복지서비스'란 용어로 사용되고 있는데, 사회생활의 곤란 또는 장애를 받고 있는 자, 예를 들면 장애인, 노인, 아동 등 사회적 약자나 요보호자에 대한 보호, 지도, 치료, 재활 등의 서비스이다. 한편 광의의 사회복지란 국민 전체를 대상으로 협의의 사회복지 이외에 사회정책, 사회보장, 보건, 의료, 주택, 고용, 교육 등을 포함하는 것으로 생활 여러 측면에서의 서비스를 총칭한다.

소비자복지는 사회복지(social welfare)의 개념에 소비자를 적용시켜 정의내릴 수 있다. 소비자복지란 소비생활을 통한 개개인의 안녕과 행복을 바탕으로 하는데, 이것이 실현되지 않음으로 인해 일어나는 소비자와의 문제, 소비자 피해해결 또는 이 같은 문제 예방을 위해 정부 및 여러 경제주체의 정책, 사업, 서비스가 필요하다. 다시 말해, 소비자복지란 개인이 소비생활을 하면서 얻게 되는 소비자의 심리적, 물질적, 금전적 혜택을 말하며 소비환경 및 소비의 질과 양에 의해 영향을 받는 사회 구성원의 '삶의 질'의 요소이다. 여기에서 말하는 소비자복지는 기존에 널리 사용되어 왔던 경제적 개념인 소비자후생의 범주를 넘어 '삶의 질', 문화적 그리고 사회적 요소를 포함하는 포괄적 개념으로 현대화와 선진화가 진행될수록 이러한 범위는 점점 늘어나게 된다. 모든 인간이 행하고 있는 소비생활은 소비자 자신과 가계, 사회 전체의 복지를 결정하는 중요한 요소이다. 앞서 논의한 협의·광의의 사회복지 개념을 소비자복지에 응용하여 정리·종합하면 다음과 같다.

① 협의의 소비자복지

경제생활이 곤란한 저소득층, 장애를 받고 있는 장애인 소비자, 취약계층인 노인소비자나 아동소비자 등 사회적 약자나 보호가 필요한 소비자에 대한 보호, 지원, 교육 등의 서비스라고 할 수 있다.

② 광의의 소비자복지

전체 소비자를 대상으로 하는 소비자주권, 소비자권리 등을 위한 모든 정책이나 서비스를 포괄하는 것으로 생활의 각 측면에서 삶의 질을 높이기 위한 각종 제도나 서비스를 총칭한다고 할 수 있다.

2) 소비자복지의 목표

사회복지의 목표는 크게 다섯 가지이다. 첫째는 인간의 존엄성 확보이다. 이는 여자나 남자, 젊은이나 노인, 장애인이나 병자 등 인간이 어떠한 상황에 있다 하더라도 귀중한 생명과 인격을 갖추고 살아야 한다는 관점이다. 둘째, 인간다운 생활이다. 모든 인간의 육체적, 정신적, 사회적 곤란을 치료하고 예방하는 것이 사회복지의 목표이다. 셋째, 자립적인 생활이다. 자립적인 생활이란 타인에게 의존하면서 생활하지 않고 스스로 자주적이고 독립적인 생활을 영위하는 것을 말하며, 장애인이나 노인의 정신적인 독립을 위해 국가, 사회의 보호를 활용하는 것도 포함한다. 넷째, 개인의 성장과 개발이다. 사회복지는 인간의 문제를 예방하고 해결하는 것에서부터 시작하여 모든 사람이 각기 잠재 능력에 따라 성장하고 발달할 수 있도록 원조하는 데에 목표를 두고 있다. 다섯째, 사회적 통합이다. 인권사상에 기초한 사회복지는 요보호자를 전체 사회 속에 적극적으로 참여하게 하고 통합시키는 것이 인간다운 생활을 확보하는 것으로 사회복지의 주요 목표가 되고 있다. 소비자복지의 목표를 사회복지의 목표에 응용하면 다음과 같다.

① 소비자의 존엄성 확보 및 소비자주권 실현

소비자의 존재가 시장경제의 가장 중요한 요소이며 이들의 존엄성 확보 및 주권이 소비자복지의 최고 목표이다.

② 인간다운 최소한의 소비생활 보장

소비자는 인간으로서 최소한의 경제적 삶, 소비생활을 영위해야 하며 이것이 소비자복지의 중요한 목표이다.

③ 소비자선택의 보장 및 소비자의 자주권 획득

소비자결정권이란 타소비자에게 의존하지 않고 스스로 자주적이고 독립적인 소비선택을 하고 이로 인해 만족, 나아가 삶의 질을 높일 수 있어야 한다.

④ 능력 있는 소비자 그리고 책임 있는 소비자로서의 개발 및 교육

소비자의 잠재적 능력을 최대한으로 발휘시키기 위한 독자적이고 주체적인 삶, 그리고 스스로 선택하고 결정한 삶에 대해 책임질 수 있는 소비자로 교육·개발시켜야 한다.

⑤ 사회적 복지

시장경제 구조하에서의 개인의 선택에만 치중하지 않고 사회 전체의 행복한 삶, 사회적 소비복지가 중요하다. 즉 다 같이 행복한 소비생활을 할 수 있는 소비시장환경을 구축하여야 소비자복지가 실현될 수 있다.

소비자복지의 목표를 5가지로 정리하였는데 이를 달성하기 위해서 정부의 소비자정책이 개입하게 되며, 또한 소비자 개인, 소비자단체, 기업 등의 다양한 노력 및 제도 그리고 소비자운동이 필요하다.

3) 소비자복지의 대상

사회복지 서비스의 대상자는 종전의 경우 빈민이나 사회적 장애를 가지고 있는 일부 특정 계층의 사람(예: 고아나 미망인, 빈민이나 장애인, 노령자 등)들로 생각되어 왔다. 그러나 오늘날 사회복지는 모든 국민을 대상으로 확대되고 있으며, 현대 산업사회에서는 본인들의 의지와 관계없이 발생하는 사회적 사고도 사회복지의 대상이 될 수 있으

〈소비자복지코너 1-1〉 자본주의와 사회복지

자본주의와 사회복지 둘의 관계는 동전의 앞과 뒤의 관계라 할 수 있다. 사회복지가 실현되려면 자본주의가 발달해야 한다. 즉 복지 사회의 실현을 위해서는 많은 자금이 필요하다. 반면 지나친 자본주의는 또 다른 폐해를 가져온다. 즉 자유경쟁만 너무 강조하면 빈익빈 부익부 현상, 환경오염, 독과점과 같은 문제가 발생한다. 이를 보완하기 위해서 복지정책이 필요하다. 자동차의 브레이크와 같은 역할을 한다는 말이다. 또 다른 한편, 너무 복지정책만 강조하면 많은 세금으로 인한 근로의욕 감소, 무임승차 현상 등이 나타나므로 어느 정도의 자유 경쟁이 보장되는 자본주의가 필요하게 되는 것이다.

며 누구나 사회복지의 대상이다. 여기서 사회문제나 생활상의 곤란 개념은 그 범위가 광범위하고 포괄적이어서 협의의 사회복지 목표를 달성하는 데 한계가 있다. 최근 사회복지 분야에서는 사회적 욕구(needs)란 개념을 사용하고 있다. 욕구의 개념은 충족해야 할 기본적 욕구, 해결을 요하는 문제, 충족할 수 있는 욕구, 충족되어야 할 욕구 등이다. 결국 이 같은 사회복지의 특징으로 보아 사회복지의 개념은 사회복지의 주요 관심층인 노인이나 장애인 등의 약자뿐만 아니라 국민 전체, 즉 모든 소비자에게 적용할 수 있다. 이처럼 사회복지가 전 국민을 대상으로 하므로 소비자복지의 대상은 당연히 전 소비자이다.

4) 소비자복지의 실행 주체

사회복지의 주체자는 크게 정부와 민간기관이라고 할 수 있다. 공공복지(public welfare)의 경우 정부가 주체가 되어 시행하는 각종 사회복지정책을 말하는데 소득보장, 보건의료복지, 주택복지, 교육복지, 개인사회 서비스 등을 포함한다. 한편 민간복지(voluntary welfare)란 개인이나 비영리사회단체 및 기업과 같은 민간부문이 주체가 되어 행하는 비정부사회복지 활동을 말한다. 박애사업, 자선사업, 민간 사회복지기관과 시설, 기업 복지가 여기에 속한다.

소비자가 행복한 삶을 영위하기 위해서는 소비의 주체인 소비자의 노력이 중요할 뿐 아니라, 이들에게 상품을 공급하는 기업 또는 공급자 사이의 미시 · 거시적 문제를 해결하여 양자(兩者)의 만족을 극대화할 수 있도록 중재자의 역할을 하는 정부의 노력이 함께 이루어져야 한다. 소비자복지실현을 위해 소비자는 자신들의 권리나 복지를 추구하기 위하여 소비자단체를 구성하기도 한다. 기업은 고객만족센터 등을 운영하여 소비자요구나 불만을 수용하고 궁극적으로 경제적 이윤을 최대화한다. 정부는 행정기관을 통해 정책적 지원을 제공하고 소비자와 기업 사이의 문제를 해결하고자 한다. '소비' 개념은 단순히 소비자의 재화사용을 넘어 소비자, 기업, 정부가 긴밀하게 연관되어 움직이는 유기체이며 국가경제의 근간이 된다. 결론적으로 소비자복지의 실행 주체는 다음과 같다.

① 정부(국가 및 지방자치단체)

소비자복지증진을 위해 소비자교육, 소비자정보 제공 및 정보정책, 소비자 법 · 제도 확립, 각종 소비자정책을 실행한다.

② 기업(사업자)

사업자는 사회적 책임을 자각하고, 국가 등의 소비자보호시책에 협력하며 안전기준에 위배되는 물품을 제조·판매하지 않고 표시광고 기준을 준수하고자 한다. 결국 소비자 지향적 기업경영은 기업의 중요한 역할 중 하나이다.

③ 소비자(소비자단체)

소비자는 스스로의 안전과 권익을 향상시키기 위하여 필요한 지식을 습득하는 동시에 자주적이고 성실한 행동과 환경친화적인 소비생활을 함으로써 소비생활의 향상과 합리화에 적극적인 역할을 다하고자 한다. 따라서 소비자 자신도 소비자복지 실현의 중요한 주체이다. 한편 소비자단체는 소비자상담 및 불만처리, 소비자교육, 소비자에게 유용한 정보제공, 정부 및 기업에 대한 소비자이익 대변 등 소비자권익 확보 및 소비자복지 실현의 주체이다.

5) 소비자복지 주요 개념

소비자복지에 중요한 영향을 미치는 다수의 개념을 파악하면 다음과 같다.

(1) 소비자학

소비자학(consumer studies, consumer science)은 소비자와 소비자를 둘러싸고 있는 외부환경과의 상호작용을 연구하며, 국민경제 주체인 기업, 소비자, 정부의 공동 목표인 소비자복지향상과 건전한 소비문화형성을 위하여 필요한 제반 이론과 실제를 연구하는 학문이다. 즉 기업은 고객만족을 달성할 수 있는 제품생산을 목표로 하여 이윤을 극대화하고, 소비자는 합리적 소비를 통하여 기업에 소비자가 원하는 제품생산의 정보를 제공함으로써 기업의 합리적 생산을 지지하며, 정부는 기업과 소비자 간의 경제활동을 원활히 하는 제도적 장치를 제공하는데 이 세 경제 주체들의 활동에 관한 제반 이론과 실제를 연구하는 학문이다.

(2) 컨슈머리즘(consumerism)

컨슈머리즘(consumerism) 또는 소비자주의에 대한 정의는 학자마다 다르다. '일정한 소득을 갖고 있는 인간이 좀 더 나은 가치를 창출하고자 하는 활동'이라는 정의에서부터 '계속적으로 물질의 증대를 추구해온 사회목적에 대한 도전'이라는 정의에 이르기까지 다양하다. Kotler는 판매자와 구매자 사이에 존재하는 힘의 불균형 상태에서 구매자가 그들의 권리와 힘을 되찾기 위한 사회적 운동이라고 정의내렸다. 한편 Aaker, Day는 소비자의 권리를 침해하려는 행위로부터 개인을 보호하기 위한 정부, 기업 및 독립조직들의 광범위한 활동이라고 정의하였다.

여러 학자의 의견을 종합해 보면, 컨슈머리즘은 판매자들과 구매자들과의 관계에서 구매자들의 권리와 힘을 강화하기 위한 시민과 정부의 조직화된 운동이다. 컨슈머리즘은 소비자에 이익이 된다고 생각하는 문제를 적극적으로 대처하는 소비자운동의 철학으로서, 소비자 제일주의 또는 생활자주의라고 할 수 있다. 요컨대 소비자주의란 소비자보호와 관련하여 소비자단체, 정부기관, 기업들에 의해 수반되는 제반활동을 말한다. 소비자주의는 하나의 사회운동으로서 기업과 소비자와의 교환 과정에서 소비자를 보호하기 위한 여러 정책과 활동이며 소비자의 권리를 확보하기 위한 여러 활동이라고 할 수 있다. 소비자지향성의 핵심은 소비자의 자유로운 선택을 보장하는 데 있다. 소비자정책이 경쟁촉진과 정보공개에 초점을 맞추는 이유도 공정한 경쟁과 대칭적인 정보가 소비자의 선택권을 확보하는 데 필수적이기 때문이다.

(3) 소비자주권

소비자주권(comsumer sovereignty)이란 1936년 허트(hutt)가 처음 사용한 용어로서, 시장경제체제에서 무엇을, 얼마만큼, 어떻게 생산할 것인가 등 사회적 자원배분과 관련한 의사결정이 소비자의 자유로운 선택에 의해 결정되는 것을 말한다. 다시 말해, 자유경쟁을 원칙으로 하는 자본주의의 경제체제에서 경제유형, 산업구조, 생산모형 등을 결정하는 최종 권한이 소비자에게 있을 때 소비자주권이 실현된 것으로 본다. 소비자권리가 제품안전, 선택의 자유, 피해구제의 권리 등 사회적 차원에서 달성될 수 있는 것이라면, 소비자주권은 시장경제체제에서 달성되는 경제적 차원의 권리라고 정의할 수 있다. 소비자주권이 실현되어야 소비자만족증진, 소비생활의 질 향상, 나아가 소비자복지가 실현된다고 하겠다.

소비자주권의 개념은 두 가지 측면에서 살펴 볼 수 있다. 첫째, 소비자주권의 객관적 측면으로 경쟁질서가 확보된 시장경제체제하에서 소비자의 자유로운 선택에 의해 사회자원의 효율적 배분이 달성되는 경제적 차원의 개념이다. 둘째, 소비자정보 활용과 소비자교육을 통한 소비자 합리적 소비생활 추구로서 주체적 차원의 개념이다. 이 두 가지 측면의 소비자주권은 상호 작용하므로 소비자주권 개념의 파악과 소비자주권 실현에 대해 이해하기 위해서는 이 두 가지를 종합적으로 고려해야 한다.

(4) 소비자권리

소비자의 권리는 경쟁적 시장구조 속에서 소비자의 합리적 소비생활에 의해 실현될 수 있다. 뿐만 아니라 적극적인 소비자운동, 기업의 소비자 지향적 경영, 정부의 소비자보호정책 등 다양한 방법을 통해 실현된다. 소비자의 권리가 실현되면 소비자복지 증진 나아가서는 삶의 질이 높아지므로 현대 소비사회에서 중요한 사항이다. 우리나라 「소비자기본법」에 명시된 8대 소비자권리는 다음과 같다.

◇안전할 권리의 실현
◇알 권리 실현
◇선택할 권리의 실현
◇의사를 반영할 권리 실현
◇피해보상을 받을 권리 실현
◇소비자 교육을 받을 권리 실현
◇단체를 조직, 활동할 권리 실현
◇쾌적한 환경에서 살 권리 실현

(5) 소비자소외와 소비자복지

소비자소외란 소비환경의 발전과 진보에 따라 창출되는 혜택의 사회구성원 간 배분 문제를 지칭하는 것이다. 예를 들면, 사회 전반에 걸친 소비자소외의 수준은 사회발전 또는 경제발전의 혜택을 얼마나 많은 소비자에게 적절하게 분배하고 있는가에 달려 있다. 소비자소외는 여러 측면에서 살펴볼 수 있다. 예를 들면, 부의 차이에 따른 소비자소외의 경우 금융 분야로부터의 소비자소외이다. 외환위기 이후 제도권의 서민금융기관들이 private 뱅킹이나 주택담보대출 등에 주력하면서 서민금융을 도외시해 왔다. 이에 따라 저소득가구가 적자상태에 빠지고 개인파산신청건수가 급증하는 등 서민들의 금융소외현상이 심화되고 있다. 서민금융의 악화는 소득양극화현상을 심화시켜 분배구조를 악화시키고 성장잠재력을 잠식한다. 결국 저소득층 소비자는 소득부족으로 인해 금융기관 등으로부터 소비자권리실현, 소비자주권 확보로부터 소외되고 있다. 뿐만 아니라 사교육 과열 및 빈부격차에 따른 영어 격차, 도시거주 소비자와 농촌거주 소비자 간의 소비생활 및 경제적 수준 차이로 인한 소외, 정보격차로 인한 소비자소외 등이 발생하고 있다.

2. 소비자복지의 이론적 배경과 형성

소비자복지는 단순히 경제성만을 중요시하는 논리로 실현되기 어렵다. 소비자복지의 최종 목표는 삶의 질 향상이며 값은 싸지만 질 좋은 재화나 서비스의 구매를 통해 실현된다. 소비자복지를 고려할 때 값싸지만 좋은 재화나 서비스 등 자유경제체제의 효과가 차별없이 누구에게나 동등한 소비기회와 소비재가 제공되어야 한다. 즉 경제성과 소비자의 편익을 동시에 추구하여 삶의 질이 향상될 때 소비자복지가 진정으로 실현되었다고 볼 수 있다.

1) 소비자복지 형성 배경

과거에 비해 삶의 질을 보다 중요시하는 흐름에 따라 소비자복지 개념의 중요성은 더욱 높아지고 있다. 소비의 활성화와 복지국가의 관심으로부터 소비자복지 개념이 형성되었다고 볼 수 있다. 최근 소비자의 힘이 증대되었고 양질의 제품을 더 싼값으로 추구하려는 소비자의 공감대가 확대되게 된 것도 소비자복지 형성에 큰 영향을 주었다. 소비자의 욕구를 충족시켜 줄 수 있는 재화나 서비스의 제공이 소비시장의 핵심이 되어야 한다는 소비자지향 그리고 마케팅활동이 소비자의 욕구를 충족시켜 장기적으로 소비자복지를 증진시키기 위한 수단으로 인식되면서 소비자복지 개념은 더욱 중요시되고 있다. 물질적 복지 보장에서 삶의 질 보장으로 변화하는 현대의 복지사회에서 소비자복지는 그동안의 소비자 권익 개념과는 다소 차원이 다른 중요한 개념으로 나타나고 있다. 소비사회로부터 격리 또는 소외되고 있는 저소득층, 노인, 장애인 등의 소비자복지를 중요한 이슈로 삼는다는 측면에서 지금까지의 소비자권리나 주권 개념보다 사회복지 개념이 추가되었다고 할 수 있다.

2) 소비자복지의 이데올로기

복지라 함은 행복의 조건들이 충족되는 상태를 뜻한다. 복지를 위해 정부가 다양한 정책을 펼치는데 목표, 방법, 비용에 대한 정부의 정책에 대해서는 찬반 논쟁이 계속되어 왔다. 국가의 역할을 강조한 미국의 케인스 경제는 시장실패를 시장 스스로가 해결하는 것이 훨씬 효율적이라는 신자유경제주의 철학으로 전환되어 왔다. 정부의 역할과 시장의 역할에 대한 논쟁은 자본주의 국가 내에서 계속되고 있는데 이 논쟁은 '큰 정부 대 작은 정부', '시장실패 대 정부실패' 논쟁으로 이어진다. 최소 복지를 주장하는 사람들은 정부실패와 작은 정부의 논리를 편다. 최대한의 복지를 주장하는 쪽은 그 반대의 논리에 서 있다. 시장실패와 정부실패 이론은 극명하게 대립된다.

정부실패를 주장하는 사람들은 어떤 정치적 기구보다도 시장이 자원을 더 효율적으로 배분한다고 믿고 있다. 정부의 개입은 시장의 혼란만 가중시킬 뿐 국가 전체의 복지와 후생에 전혀 도움이 되지 않는다고 주장한다. 시장은 경쟁을 통하여 보다 싼 가격의 상품을 소비자에게 제공하므로 저소득층 소비자의 복지도 실현된다고 간주한다. 정부나 정부 기관이 국민들의 복지를 책임진다고 시장가격을 통제하거나 노동수요를 억지로 만들어 낸다면 경쟁은 사라지고 노동의 질은 떨어지는 악순환이 되어 경제는 실패한다는 논리이다.

반면, 시장실패 주장과 복지국가론의 부상은 1930년대 경제공황으로 시장경제의 불완전성 때문에 케인스식 복지국가, 즉 시장에 대한 국가개입을 정당화시켰다. 시장 메커니즘은 소비자의 구매력, 소비자수요에 대응하는 체제로서 가진 자들의 '만족'에 기여할 뿐 빈곤한 사람들의 '필요'에 무관심하다는 것이다. 따라서 인간의 필요를 충족시키기 위해서는 국가가 공공재를 제공해야 한다고 주장한다. 그러나 경제적 정의를 실현하기 위한 국가의 개입은 개인이나 시장의 자유와 권리를 제한한다는 부작용을 피하기 어렵다. 또한 복지정책으로 이어지는 시장 실패론자들의 주장이 현실에서 완벽

하게 실현되기 위해서는 국가가 개인들의 모든 정보를 갖고 있어야 한다. 그러나 개인 소비자들의 선호는 사람마다 틀리고 만족도도 다 틀리다. 복지는 국가 역할을 두고 벌어진 이데올로기의 산물이다. 국가의 역할에 대한 이데올로기 논쟁에 따라서 복지의 형태와 크기가 정해진다. 복지는 그 시대 이데올로기의 산물이기 때문에 시대적 흐름에 따라 그 규모 및 정당성이 다르게 채택될 수 있다.

3) 소비자복지의 이론적 배경

소비자들은 자신이 직면한 소비자문제를 스스로 판단하고 결정하는 주체가 되어야 한다. 이러한 소비자가 되기 위해서는 소비자주권, 컨슈머리즘, 환경보호주의 사상을 중심으로 소비자로서의 권리와 의무를 다해야 하며 더 나아가 적극적인 사고에서 컨슈머리즘을 극복할 수 있는 가장 효율적인 방안을 강구해야 한다. 1990년대 WTO시대가 열리면서 자유무역주의의 확대 속에서 소비자의 역할과 의무는 더욱 중요한 것이 되고 있다.

자유민주사회는 개인주의와 자유평등 사상을 바탕으로 경제에 대한 간섭이나 규제를 배제하고 철저한 중립을 요구하는 자유방임주의의 형태를 띠고 있다. 그러나 극단적 자유주의는 기술발달, 도시화, 인구증가 등 경제환경의 변화와 결합되면서 빈부격차, 독과점적 시장지배, 계약의 불이행, 노사 간의 극한적 대립 및 환경오염, 소비자소외 및 격리 등 수많은 사회문제를 불러일으킴으로써 자유주의적 경제원리에 중대한 위협이 되고 있다. 게다가 이러한 상황에서 고도산업사회를 유지하고 경제적 민주주의를 실현하기 위한 기본권으로서 소비자권리가 포함되기에 이르렀다. 소비자권리는 소외된 계층의 소비자 또는 불리한 조건의 소비자들에게도 주어져야 한다는 공감대가 확산되고 있다.

그러나 현대경제에서는 소비자주권실현에 대한 견해가 다양하게 나타나고 있다. Sindey, Sanaldson, Katona는 생산자들이 생산할 제품의 종류 및 가격을 결정하는 데 소비자들이 영향력을 행사하지 못하며, 단지 그들의 이익에 조정될 뿐이기 때문에 소비자주권이 존재하지 않는다고 주장하였다. 또한 이러한 이유에서 경제학에서 말하는 합리적 인간은 존재하지 않으며, 소비자들은 그들이 구입하고자 하는 상품에 대한 충분한 정보를 가지고 있지 못하고, 소비결정은 개인적인 의사결정이기보다는 소비의 외부경제효과에 의해서 결정되는 사회적 현상이며, 생산자들에 의해 창출된 소비가 많다는 지적을 하고 있다.

전통적인 경제학에서 소비자의 영향력은 상당히 제한적이었다. 특히 독과점 상태에서는 개별 생산자에게 힘이 집중되기 때문에 생산자들이 시장에서 지배적인 영향력을 행사하게 되어 소비피해자가 발생한다. 따라서 소비자들은 시장에서 생산자의 영향력에 대응할 수 있는 힘을 길러야 한다는 주장이 일게 되었고, 시장에서 소비자들이 필요로 하는 것이 무엇이고 바람직한 것이 무엇인가를 스스로 판단하여 결정하는 것이 중요한 과제로 떠올랐다.

소비자복지 실현을 위해서 소비자는 실질적으로 경제체제를 주도해 나아가야 한다. 즉 소비자들은 상품과 서비스를 선택할 수 있어야 하고, 여러 선택 대안 중에서 최적의 효율적 선택을 할 수 있어야 한다. 자신의 지위를 회복하기 위해 스스로를 보호하고, 그들의 환경에 영향을 줄 수 있는 힘을 길러야 하며, 그것이 외부의 힘에 의해 제대로 실천되지 않았을 시 이러한 문제에 대해 대응하고 공정한 대우를 보장받기 위한 대항력을 형성해야 한다. 따라서 소비자복지 개념은 실질적으로 경제체제를 주도해 나가는 소비자를 보호하고, 소비자가 갖추어야 할 기본적인 덕목을 갖추게 하여 국가경제발전을 도모하고 나아가 세계경제발전을 목표로 한다.

4) 시장경제와 소비자복지

많은 소비자가 낮은 가격으로 양질의 재화를 제공받을 수 있을 때 시장에서 소비자복지는 극대화된다. 문제는 두 가지이다. 하나는 자유시장과 정부 중에서 어떤 주체가 이를 더 잘 해결하느냐는 것이고, 또 다른 하나는 자유경제구조에서 최소한의 소비자복지가 충족되지 못하는 경우의 문제이다. 한 사회에서 제한된 양의 자원을 배분하는 방법은 두 가지로, 사회에 대한 강력한 통제를 바탕으로 계획자나 계획기구가 한정된 자원을 배분하는 방법과 시장기구에 의한 자율적 배분방법이다. 전자의 자원배분 방법은 지극히 비효율적이라는 사실이 이론적으로나 실증적으로 명확하게 밝혀졌다. 영국이 이른바 '모든 사람이 고르게 의료서비스를 받을 수 있어야 한다'는 철학에 입각하여 정부 주도의 의료행정을 폈을 때 소비자들의 불편은 물론 의료서비스 수준도 낮았다는 것은 잘 알려진 사실이다.

정부가 시장에 개입하는 중요한 이유는 일반 소비자는 물론 자신의 능력으로 비용을 지불하기 어려운 저소득층, 노인소비자, 장애인 소비자 등의 소비자복지를 향상시켜 주기 위함이다. 즉 사회구성원 모두가 수준 높은 서비스를 제공받을 수 있어야 한다. 그러나 많은 비용을 정부재정으로 뒷받침할 수 없어 장기적으로 양질의 서비스를 지속적으로 제공하기는 어렵다.

시장에 의한 자원배분방법은 시장의 가격기구(price mechanism)가 경제문제를 해결하는 데 필요한 정보를 제공해 줌으로써 경제주체들이 합리적으로 행동하도록 함은 물론 사회 전체의 효율적인 자원배분을 가능케 한다. 예를 들어, 서비스에 대한 수요가 증가하면 서비스 가격은 오른다. 가격의 변화는 곧 시장의 상황 변화를 소비자들에게 널리 알려주는 정보전달 기능을 수행한다. 이때, 서비스 가격이 올랐으므로 비용 때문에 제공하지 않았던 서비스, 즉 노동력을 공급할 수 있는 유인 제공 기능도 수행한다. 그 결과 노동공급자들은 자신이 제공한 서비스에 대한 소득을 얻게 된다. 이것이 곧 가격의 소득분배 기능이다. 이러한 두 종류의 기능이 원활하게 발휘될 때 시장도 효율적으로 작동하며, 이는 곧 소비자복지가 극대화됨을 의미한다. 소비자복지를 위해서는 자유로운 시장에서 공급자들의 사익추구활동이 보장되어야 하며 경쟁을 통하여 소비자복지에 충실할 수 있도록 하여야 한다.

소비자복지를 추구하는 방법은 서비스 공급이 수요에 탄력적으로 대처할 수 있도록 공급 제한을 완화하는 것이다. 공급자 수가 늘어난다고 해서 서비스의 품질은 떨어지

〈소비자복지코너 1-2〉

외국 기업의 소비자복지 실현 사례: 존슨 앤 존슨(성공사례)

1982년 9월 말 이 회사에 초비상이 걸렸다. 시카고에서 자사의 진통제 타이레놀을 복용한 7명이 사망한 것이다. 경찰조사 결과 사망원인은 누군가 고의로 약병에 청산가리를 집어넣었기 때문으로 밝혀졌다. 이때 이 회사는 미리 준비된 위기관리 프로그램에 따라 위기관리팀을 소집하고 위기관리 행동지침을 마련했다.

사장을 위기관리 팀장 겸 회사대변인으로 하고 매일 두 차례씩 기자회견을 실시해 회사의 입장과 사건의 진상을 알리는 데 힘썼다. 또 유통 중인 3천 1백만 병의 타이레놀을 회수하기 위해 2억 달러의 비용을 지출했다. 이는 사건발생 48시간 내에 취해진 조치들이다. 사건발생 1주일 후에는 이물질투입을 사전에 감지할 수 있는 새 포장방법의 개발에 착수했음을 발표했다. 이 같은 회사의 노력은 결국 고객들에게 깊은 인상을 심어 줬고 이는 곧 매출회복으로 연결됐다. 37%이던 타이레놀의 시장점유율은 사건발생으로 28%까지 급속히 떨어졌지만 4개월 만에 33%로 회복됐으며 현재는 미국에서 가장 잘 팔리는 진통제가 되었다.

지 않으며 오히려 개선된다. 공급자의 수 증가에 대한 진입장벽의 제거는 경쟁의 심화를 의미한다. 경쟁에서 살아남기 위해서는 양질의 서비스를 낮은 가격으로 공급할 수 있어야만 한다. 그 결과 공급자 간의 경쟁의 정도가 심해져 서비스의 품질이 높아짐은 물론 소비자복지 수준도 높아진다. 결국 견제와 균형, 그리고 공정경쟁이 확립돼야 진정한 소비자 주권이 실현될 것이다. 그러나 이 같은 견제와 균형, 공정경쟁이 실현되어도 저소득층, 노인, 장애인 등 소외된 계층 소비자 또는 불리한 상황의 소비자들에게 소비자복지가 충족되지 않을 수 있다. 이 같은 경우 사회복지 영역이 필요한 것처럼 소비자복지를 위한 다른 차원의 노력이나 정부의 개입여지가 남게 된다.

5) 소비자복지의 실현조건

어떤 상태가 소비자복지가 실현된 상태일까? 특히 사회구성원 모두가 소비자복지실현이 가능하기 위해서는 어떤 조건들이 필요할까? 경제주체 입장에서 나누어 살펴보면 다음과 같다.

〈개인 및 가계 소비자 측면〉
◇선택에 대한 비판적 사고능력을 가진 상태
◇현대경제사회에서 생활하는 자신감 및 자립심이 증진된 상태
◇소비자피해예방과 소비자권리의 확대로 소비자주권이 향상된 상태
◇소외된 소비자계층의 소비자주권 확보가 향상된 상태

〈기업 및 생산자 측면〉
◇소비자만족 증대와 소비자불평이 감소된 상태
◇기업 자율구제 지원강화로 경영비용이 감소된 상태
◇건전한 기업이 생존하는 시장 메커니즘이 정립된 상태

〈정부 및 사회적 측면〉
◇소비자와 사업자 간 힘의 균형으로 경제시스템 만족도가 증진된 상태
◇소비자정책 등 각종 공공정책 실현이 원활한 환경
◇공공이익에 대한 관심증대로 사회적 비용이 감소된 상태

◇모든 구성원의 소비생활의 질이 향상되고 건전한 사회가 구성된 상태

여기서 기업의 소비자복지 향상 방안에 대해 조금 더 논의해 보자. 현대 소비환경은 급격하고 다양하게 변화하고 있다. 수많은 소비제품이 생산되고 있으며, 그 결과 소비자 문제도 급격히 증가하고 있다. 소비자의 변화, 새로운 형태의 소비자문제 발생 등 기업의 고객상담실을 둘러싼 환경의 변화는 심화되고 있다. 이러한 환경 변화에 대응하기 위해서는 소비자의 다양한 목소리에 귀 기울이는 것이 무엇보다 중요하다. 고객만족경영은 제품의 기획, 생산, 유통, 판매 및 판매 후 관리에 이르는 전 과정에 걸쳐 소비자만족을 제1의 기준으로 의사결정을 하고 그 결과를 평가하는 것이다. 기업은 소비자안전 확보, 소비자피해 사전예방 및 사후구제, 소비자만족 최우선정책, 기업의 사회적 책임 등에 더 많은 역할을 수행하여야 한다. 소비자복지 실현을 위한 기업의 방안은 다음과 같다. 첫째, 소비자 욕구에 부응하는 제품과 서비스의 혁신적 개선은 기업 간의 경쟁에 의해 실현되도록 한다. 둘째, 경쟁제한 행위와 불공정 관행이 없어져야 한다. 특정 기업의 독점을 제지하고 독점의 폐회를 최소화시켜야 한다. 셋째, 기업윤리, 기업의 사회적 책임, 불리한 조건의 소외된 소비자들의 소비자복지에 관심을 가져야 한다.

3. 정부의 소비자복지정책 실현방법

정부가 취할 수 있는 소비자복지증진 방안은 다양하다. 여러 정책 방향을 살펴보면 다음과 같다. 첫째, 시장실패로 발생하는 각종 소비자 불만 및 피해와 관련한 소비자상담 및 피해구제를 지원한다. 둘째, 소비자교육 및 정보제공에 대한 지원을 확대한다. 소비자주권 실현은 합리적 소비자의 효율적 선택이 전제되어야 하고 이를 위해서 완전 소비자정보는 필수적이며 능력 있는 소비자육성을 위한 소비자교육은 반드시 필요하다. 셋째, 소비자와 시장의 관계를 분석하여 경제동향을 살피고 미래를 예측해 소비자, 기업 그리고 수요와 공급이 만나는 시장의 효율성을 높인다. 넷째, 정부의 중요한 또 다른 역할은 자유경제 그리고 경쟁적 개방시장 체제를 만드는 것이다. 모든 산업과 거래에 합리적인 참가와 불참의 자유보장, 바람직한 경쟁의 유지, 소비자 지향적 체제 추구가 바로 그것이다. 다섯째, 소비자 관련 법령 및 제도를 강화하여 소비자지향적인 소

비자복지 추구의 사회를 구축해야 한다. 소비자정책방향 설정에 중요한 것은 정부, 기업, 소비자 사이의 정확한 목적 인식과 이들의 유기적 공조 및 협력이다. 여섯째, 불리한 소비자, 소외된 소비자의 소비자권익과 주권실현에 힘쓴다. 이 같은 방향을 근거로 정부의 소비자 복지정책 실현 방법을 살펴보자.

1) 입법적 소비자복지정책

오늘날의 소비자피해는 기업과 소비자 사이의 지위의 대등성이 상실되었기 때문에 발생하는 이른바 구조적 피해이다. 소비자권리를 확보하고 소비자피해를 근본적으로 예방함과 동시에 신속한 피해구제를 위해서는 적절한 입법적 조치가 필요하다. 실제로 소비자에게 일방적으로 불리한 약관이 널리 통용되고 있으며, 안전성이 결여된 제조물로부터 생명이나 신체안전이 침해된 소비자가 제조업자의 과실을 입증하지 못하여 피해구제를 받지 못하는 경우도 적지 않다. 이러한 문제를 적절히 해결하기 위해서는 소비자 주권확립을 위한 본래적 「소비자기본법」을 적극적으로 제정하는 등 소비자복지를 실천할 수 있는 입법적 조치가 강화되어야 할 것이다.

「소비자기본법」에서는 소비자의 기본적인 권리를 보장할 수 있는 국가 및 지방자치단체, 그리고 사업자에 대하여 소비자권리의 실현에 노력해야 할 의무를 부과하고 있으며, 특히 국가 및 지방자치단체에 대하여는 이를 위하여 관계법령을 제정할 의무를 부여하고 있다. 이에 따라, 「독점규제 및 공정거래에 관한 법률」, 「물가안정 및 공정거래에 관한 법률」, 「식품위생법」, 「공산품품질관리법」, 「약관의 규제에 관한 법률」, 「방문판매법」, 「할부거래에 관한 법률」 등이 제정 · 시행되고 있다. 그런데 이러한 법들 대부분은 처음부터 소비자의 권리실현 그 자체를 목적으로 하고 있는 것이 아니라, 개별적 행정목적을 실현하기 위하여 제정된 법률에 소비자 관련 규정을 부분적으로 삽입하거나 기존의 규정을 소비자보호의 방향으로 다소 개정함으로써 소비자 보호의 목적을 실현하려고 한 것이 대부분이기 때문에, 소비자복지 관점에서 보면 그 내용이 매우 부족하거나 미흡한 것이 사실이다.

그러므로 사업자에게 구체적으로 상품이나 용역에 관한 정보의 제공을 청구할 수 있고, 또 안전한 상품의 공급을 요구할 수 있게 하는 적극적인 장치는 물론, 소비자피해를 효율적으로 구제할 수 있는 제도적 강화조치가 필요하다. 특히 장애인, 노인, 저소득층, 청소년 등 소외된 계층의 소비자복지를 지원할 수 있는 다양한 법제도를 추가시켜야 한다.

2) 사법적 소비자복지정책

소비자의 권익을 침해하는 거래관계로부터 소비자를 보호하기 위한 사법적 통제방법으로는 형사적 통제와 민사적 통제가 있다. 형사적 통제는 법위반을 한 사업자에 대하여 부과하는 형사적 제재이다. 예를 들어, 부당한 약관과 관련하여 공정거래위원회에서는 불공정한 약관을 수정, 삭제하도록 시정조치를 권고할 수 있다. 만일 이 시정명령을 위반한 사업자에 대해서는 2년 이하의 징역 또는 1억 원 이하의 벌금에 처한다.

민사적 통제수단으로는 소비자피해구제나 예방, 부당한 약관의 무효 및 부정경쟁행위의 중지청구 등이 있다. 그런데 법원의 판결에 의한 구제는 소비자가 소송을 제기하여야 하는데, 대부분의 소비자들은 법률지식의 부족이나 소송비용의 과다, 소송절차의 복잡성, 시간적 문제 등으로 인하여 소송을 회피하려는 경향이 많다. 따라서 고액의 피해를 입었거나 생명, 신체의 안전이 침해된 경우와 같이 심각한 피해가 발생한 경우를 제외하고는 거의 대부분의 소비자가 피해구제를 포기하고 있는 실정이다. 2008년부터 단체소송제도가 도입되었으나 실질적으로 손해배상청구를 인정하지 않고 있어 소비자피해를 신속하고 간편하게 구제할 수 있는 강력한 사법적 조치가 필요하다.

3) 행정적 소비자복지정책

행정적 규제는 소비자보호에 관한 정부의 규제를 의미한다. 이는 그 시행이 강제적일 뿐만 아니라 예방적인 조치를 강구할 수 있다는 점에서 장점을 가진다. 예를 들어 소비자의 안전을 보장하기 위하여 식품이나 의약품에 대해서 그 제조, 가공업에 대한 허가제를 도입하여 소비자피해를 사전에 예방하거나, 보험약관에 대한 사전인가를 통하여 소비자에게 부당하게 불리한 약관의 사용을 원천적으로 봉쇄하는 등이다. 이와 같은 행정적 규제는 각 행정부처가 개별적으로 업무 특성에 맞게 추진하고 있는데 재정경제부, 공정거래위원회, 한국소비자원 등에서 소비자복지 추구를 위한 노력을 펼치고 있다. 그러나 분산된 소비자복지행정은 업무중복, 효율적 조정실패 등으로 나타나고 있어 소비자복지를 위한 제반사항을 총괄적으로 담당하는 새로운 기구가 필요하다. 즉 사업자에 대한 감시, 소비자보호시책의 개발 등 소비자행정에 있어서 주도적 역할을 담당하는 기구가 필요하다. 어쨌거나 행정적 차원의 소비자복지정책 내용에 대해 살펴보자.

(1) 경쟁의 유지와 촉진정책

정부는 사업자 간의 경쟁을 유도하여 소비자는 유리한 조건에서 보다 양질의 상품을 보다 싼 값으로 구입할 수 있다. 시장경제체제하의 대부분의 국가에서 사업자 간의 경쟁유지와 촉진을 위한 제도적 장치를 도입하고 있는데 이는 궁극적으로 소비자복지 실현을 위한 것이다. 예를 들면, 공정하고 자유로운 경쟁을 촉진하기 위하여 사업자의 시장지배적 지위의 남용이 금지되고 있고, 기업결합과 경제적 집중을 억제하며, 부당한 공동행위를 제한하고 있으며, 불공정거래행위를 금지하는 등 소비자복지를 위한 여러 정책이 추진되고 있다. 이때, 이 같은 경쟁촉진정책으로도 충분하게 소비자복지가 실현되지 못하는 부분, 예를 들면 노인, 저소득층, 장애인 소비자들에게는 다른 차원의 정부소비자정책이 수립 · 실천되어야 한다.

(2) 소비자조직 활동지원정책

소비자들이 사업자 또는 사업단체에 대항하여 그들의 권익을 스스로 옹호하기 위해서는 소비자들 스스로 조직화하지 않으면 안 된다. 그런데 소비자는 장소적인 분산뿐만 아니라 상호 연계성 부족 때문에 조직화되기가 어렵다. 소비자의 조직화가 본격적인 소비자운동으로 연결된다고 볼 때 자생적인 소비자복지 추구활동은 매우 중요하다. 최근 활동하고 있는 소비자단체는 모두 10여 개인데, 이들이 사업자 또는 사업자단체에 대항하여 소비자복지를 증진시키기 위해서는 정부의 적극적인 지원이 필요하다. 최근 '장애인 소비자연합'이라는 소비자단체가 설립되어 장애인의 특수한 소비자문제 및 소비자복지를 증진시키는 활동을 하고 있어 주목할 만하다.

(3) 소비자지원행정

소비자복지 증진을 위한 정부의 소비자지원 정책유형은 소비자교육, 소비자정보제공, 제품비교검사실시지원, 소비자상담 및 피해구제 등의 형태를 통해 실현된다. 최근,

기업규제 행정보다 소비자지원정책이 소비자정책의 주요 수단이 되어야 한다는 목소리가 높아지고 있다.

① 소비자교육 지원

소비자교육은 소비자가 개인적, 사회적 존재로서 자아실현할 수 있도록 소비자능력(consumer competency), 즉 소비자 역할을 효과적, 효율적으로 수행할 수 있도록 하기 위해 필요한 소비자 지식 · 태도 · 기능을 개발시켜 주는 교육이라고 할 수 있다. 특히 21세기 소비자교육은 디지털경제 시대에 적절한 자주적이고 책임감 있고 정보화된 소비자교육을 목표로 한다. 소비자교육을 통해 달성하고자 하는 바람직한 소비자유형은 다음과 같다.

◇ 신소비자: 자주적이고 책임감 있고 정보화된 소비자
◇ 자주적 소비자: 소비의사결정을 자신의 가치에 맞게 스스로 내릴 수 있는 소비자
◇ 책임감 있는 소비자: 자신의 소비가 경제 · 사회 · 정치 · 자연환경에 미칠 제반 영향을 고려할 줄 아는 소비자
◇ 정보화된 소비자: 소비자정보의 중요성을 인식하고 이를 의사결정에 충분히 활용하는 소비자

소비자교육의 중요성은 소비자교육을 통해 소비자가 인간답고 풍요롭게 생활할 수 있는 능력을 가질 수 있도록 한다는 데 있다. 소비자주권 확립뿐만 아니라 소비자의 심리적, 물리적, 금전적 혜택을 누릴 수 있도록 한다는 점에서 소비자교육은 소비자복지정책의 주요수단이다.

소비자교육의 내용은 시장 및 금전관리방법과 같은 기본적인 내용 이외에도 소비자와 그 행동이 일어나는 경제 · 정치 · 사회 · 물리적 조직 간의 상호관계를 이해할 수 있는 내용도 포함된다. 다시 말해, 소비자들의 의사결정과정, 소비자정보획득방법, 합리적인 소비방법, 재무관리방법, 가치선택방법, 소비자시민의식, 환경보호적 소비의 내용이 소비자교육에 포함된다. 그러나 소비자교육을 통해 소비자권리가 실현된 것만으로 효율적인 시장경제체제를 이룰 수 있는 것은 아니다. 소비자에게는 권리와 함께 책임이 따르게 되며 소비자의 주권이 확립되기 위해서는 소비자의 도덕적인 책임이 중요한 과제로 남게 된다.

② 소비자정보정책 수행

소비자정보는 소비자선택행동에서 불확실성을 감소시켜 주는 중요한 요인이다. 소비자정책은 소비자권리의 보호 중심에서 점차 소비자정보제공 등 소비자정보정책으로 바뀌어 가고 있다. 다시 말해, 소비자정보정책과 소비자정보교육을 통한 소비자들의 복지정책으로 변화되고 있다. 이와 같은 소비자정보정책이 성공하기 위해서는 정부, 기업, 소비자 단체의 유기적 협력이 필요하다.

③ 소비자운동 지원

소비자운동이란 소비자로서의 개인의 권리를 보장받고 재화 및 용역의 구매로 발생하는 피해를 방지하고 보상받기 위한 일련의 집합적 행동이라 정의내릴 수 있다. 소비자운동 유형은 첫째, 정보제공형 소비자운동이다. 정보제공형 소비자운동은 소비자평가의 최소기준치를 결정할 수 있도록 하고 소비자의 합리적인 소비환경을 만들어주는 기본 조건이 된다. 소비자정보 표시제도, 품질보증, 비교테스트 정보 등 정보제공 형태의 소비자운동 역시 소비자의 자율적이고 합리적인 선택을 돕는다.

둘째, 규제입법형 소비자운동이다. 소비자 관련법의 체계적 정비가 이루어진 상태에서 소비자복지가 실현되기 때문에 규제입법형 소비자운동이 필요하다. 예를 들면, 기업은 상품판매이윤을 위하여 허위 또는 불공정한 광고를 하는 경우가 있다. 이는 위험한 제품 또는 불공정 계약을 일으키므로 마케팅, 가격정보, 소비자계약관계, 제품안전, 소비자판매, 소비자서비스, 소비자신용, 소비자보험, 방문판매 등에 대한 규제입법을 통해 소비자복지증진을 추구해야 한다.

소비자는 소비자운동을 통해 인간답게, 풍요롭게 생활할 수 있는 능력을 갖게 되며, 궁극적 목적인 소비자복지 실현이 가능하다. 소비자의 자주적 선택이 시장구조를 통해 생산구조에 영향을 미치고, 그 결과 소비자복지에 기여하게 된다. 소비자가 합리적 소비를 통해 소비자복지 향상을 실현하기 위한 소비자교육 및 소비자정보 제공형태의 소비자운동이 계속되고 있다.

제2장 저소득가족과 가계경제

1. 저소득층 가족의 구조적 문제
2. 저소득층 가족의 관계 특성과 문제점
3. 저소득 가계의 소득과 빈곤
4. 저소득 가계의 경제활동과 취업
5. 저소득 가계의 위험관리
6. 저소득 가계를 위한 소액신용대출과 자산형성지원제도

제 2 장

저소득가족과 가계경제

저소득층 가족은 빈곤의 개념 정의에 따라 생활보호대상자 여부를 기준으로 분류할 수도 있고, 도시 근로자 가구 소득에 기준하여 분류할 수도 있다. 그러나 어떤 기준으로 분류하든 이들 저소득층 가족은 가구주의 인적자본이 열악한 특성과 그로 인해 야기되는 가족관계, 그리고 가계경제 및 재무설계상의 독특한 특성을 지닌다는 공통점을 보인다. 따라서 본 장에서는 저소득층 가족이 경험하는 보편적인 가족관계, 가계경제 및 가계재무설계의 특성을 살펴보고자 한다.

1. 저소득층 가족의 구조적 문제

저소득층 소비자가족은 가구주의 성, 교육수준 및 직업과 같은 사회적 지위, 건강상태, 가구주가 성장한 가족의 사회경제적 특성 등을 살펴볼 때 사회구조적으로 불리한 위치에 있고 이로 인해 소득수준이 낮음을 알 수 있다.[1)]

1) 가구주의 교육수준

저소득층 가족과 다른 소득계층의 가족을 비교해 보면, 우선 가구주의 학력에 차이가 있어서 저소득층 가구주의 학력이 더 낮은 분포를 보인다. 그런데 가구주의 교육수준과 소득수준 간에는 밀접한 관계가 있다. 일반적으로 교육수준이 높으면 소득수준도 높고, 교육수준이 낮으면 소득수준도 낮다.

1) 본 저서에서는 소비자, 가족, 가계 등의 용어가 혼용되고 있다. 대체로 개인의 경우 '소비자'라는 용어를, '가족'이라는 용어는 혈연이나 입양에 의한 관계에 초점을 두는 경우 사용하고 있고, '가계'라는 용어는 구성원이 대부분 가족이나 가족이 아니더라도 소득, 소비 등을 공동으로 수행하는 경제적 단위의 경우에 주로 사용하고 있다. 본 저서가 개인의 행동, 가족생활 전반, 경제적 활동, 소비자로써의 활동 등 광범위한 부분을 다루고 있어 다양한 용어가 사용되고 있다.

김태성과 손병도(2002)는 경상소득을 기준으로 소득이 도시근로자 가구 중위소득의 50% 이하인 가구를 빈곤계층, 중위소득의 50~150%를 중위계층, 중위소득의 150% 이상을 상위계층으로 구분하여 가구주의 교육수준을 비교하였다. 빈곤계층 가구주의 교육수준은 중졸 이하의 학력을 가진 비율이 37.4%나 되고, 초대졸 이상의 학력을 가진 비율은 16.4%에 지나지 않았다. 반면 중간계층 가구주는 중졸 이하의 학력을 가진 비율이 24.6%, 초대졸 이상의 학력을 가진 비율은 29.1%이고, 상위계층 가구주는 중졸 이하의 학력을 가진 비율이 11.2%에 불과한 반면 초대졸 이상의 학력을 가진 비율은 56.2%나 된다. 빈곤계층과 상위계층 간 가구주의 교육수준 차이를 직접 비교해 보면, 중졸 이하의 비율은 빈곤계층이 상위계층보다 26.2%나 높고, 초대졸 이상의 학력을 가진 비율은 39.8%나 낮다. 이러한 분석 결과는 교육수준과 소득수준 간에 밀접한 상관관계가 있다는 사실을 보여주는데, 이 결과에 대해 연구자들은 빈곤의 중요한 원인 중의 하나가 한국사회의 대표적인 인적 자본인 교육에 대한 투자수준이 낮기 때문인 것으로 해석하고 있다.

2) 가구주의 직업적 특성

저소득층 가족의 가구주는 직업 서열이나 고용 안정성 등에서 낮은 급여 수준과 관련이 있는 특성을 지닌 직업에 종사하는 비율이 높다(McDaniel & Tepperman, 2002).

노동시장에서는 다양한 직종 간에 서열이 있고, 직종 간 서열에 따라 급여 수준에 차이가 발생한다. 구체적으로 전문직이나 기술직에 종사하는 사람들은 높은 임금을 받는 반면, 단순직에 종사하는 사람들은 낮은 임금을 받는다. 따라서 가구주가 서열이 높은 직종인 전문직 및 관리직, 준전문직, 일반 사무직에 종사하는 가족들은 저소득층에 속하는 비율이 매우 낮다. 이에 비해 가구주가 직업 서열이 낮은 서비스직이나 단순 노무직에 종사하는 가족들은 저소득층에 속하는 비율이 매우 높다.

직종 간 서열 외에 직업의 유무나 고용 안정성 정도도 가구주가 받는 급여 수준과 밀접한 관계가 있다. 일반적으로 정규직 등 안정적인 형태로 고용된 사람들은 비정규직, 계약직 등의 불안정한 형태로 고용된 사람들에 비해 장기간의 수입을 보장받을 것이고, 수령하는 급여액의 수준도 높을 것이다. 대체적으로 저소득층 가족에서 가구주의 직업적 특성을 보면 불완전 고용 형태인 임시직 또는 일일 고용직으로 고용되어 있거나 심지어는 무직인 경우도 비율적으로 높다.

3) 가구주의 성

저소득층 가족은 다른 소득계층의 가족보다 가구주의 성이 여성인 비율이 높다. 최근 한국사회에서는 여성이 가구주인 가구의 수가 지속적으로 증가하고 있다. 인구주택총조사에 따르면 여성이 가구주인 가구의 수는 1980~2000년 사이 20년간 약 2배 이상 증가하였고, 2000년 현재 전체 가구 중 여성이 가구주인 가구가 차지하는 비율이 18.5%에 이른다. 이렇게 여성이 가구주인 가구의 수가 증가하는 이유는 미혼, 이혼, 또는 사별 등의 사유로 배우자 없이 생활하는 여성들이 지속적으로 증가하기 때문이다(김진욱, 2006).

그런데 여성이 가구주인 가구는 남성이 가구주인 가구보다 저소득층에 속하는 비율이 훨씬 높다(김태성·손병도, 2002). 특히 이혼이나 사별로 여성이 배우자 없이 자녀를 양육하는 한부모 가족이나 배우자와의 사별 후 자녀와 동거하지 않고 혼자 생활하는 여성독거노인 가구는 한국사회에서 빈곤을 경험할 확률이 가장 높은 계층으로 부각되고 있다.

남성이 가구주인 경우보다 여성이 가구주인 경우에 빈곤을 경험하는 비율이 훨씬 높은 현상은 노동시장에서 여성에 대한 차별이 이루어져 온 결과라고 평가할 수 있다. 다시 말하자면, 가족과 사회 양 영역에서 남녀 간의 성역할분담에 대한 기대로 인해 노동시장에서 여성이 열악한 지위에 처하게 되기 때문이다.

〈표 2-1〉에 제시된 한국 여성의 고용특성을 남성과 비교해 보면, 노동시장에서 여성이 남성보다 불리한 위치에 있다는 사실을 보여준다. 우선 남성과 여성의 종사상 지위를 비교해 보면, 남성 취업자 중 자영업에 종사하거나 상용 임금 근로자로 종사하는 경우가 약 74%인 데 비해, 여성 취업자 중 44.6%만이 비교적 정규적이거나 안정된 종사를 하고 있는 것으로 나타난다. 반대로 남성보다 여성에게서 임시 및 일용 근로자인 비율이 더 높다.

한국사회는 전통적인 가부장적 가족구조 속에서 남성이 주로 경제적 부양자의 역할을 담당하고 여성은 가족구성원을 위한 양육이나 보호의 기능을 담당하도록 기대하는 성별분업구조를 지향해왔다. 여성의 노동시장 참여율이 증가하는 현대에도 이러한 성역할분담에 대한 기대는 여전히 남아있어서, 여성은 취업한 후에도 자녀양육이나 가사, 노인부양 등의 가족 내 역할에 남성보다 더 많은 책임감을 지니고 더 많은 시간을 할애하여 그 역할을 수행하고 있는 실정이다. 여성의 삶에서 가족역할이 직업역할에

〈표 2-1〉 2005년도 성별 종사상 지위

성별	종사상 지위	명(단위: 1,000명)	%
총 계		22,856	
남자	계	13,330	100
	자영업주	4,366	32.8
	상용근로자	5,479	41.1
	임시근로자	2,182	16.4
	일용근로자	1,134	8.5
	무급가족종사자	170	1.3
여자	계	9,526	100
	자영업주	1,807	19
	상용근로자	2,439	25.6
	임시근로자	2,874	30.2
	일용근로자	1,079	11.3
	무급가족종사자	1,329	13.9

출처: 통계청, 2005.

우선하도록 기대되기 때문에 많은 여성이 자신의 생애에서 직장생활을 지속하지 못하고, 결혼이나, 출산, 육아 등의 이유로 직장을 그만두었다가 자녀가 성장한 후 다시 경제활동을 재개하곤 한다(McDaniel & Tepperman, 2002). 따라서 여성은 남성에 비해 노동시장에서 요구하는 지식과 기술에 접근할 기회가 제한됨으로써 노동시장에의 진입에 어려움을 경험할 뿐 아니라, 노동시장에 진입하더라도 주로 임금수준이 낮고, 비정규직이거나 고용이 불안정한 직업에 종사할 가능성이 더 크다. 그리고 노동시장에서 직장 내 승진이나 더 좋은 조건의 직장으로의 이직과 같은 직업적 발전을 도모하는 데 어려움을 경험하게 된다.

노동시장에서의 열악한 지위로 인해 여성은 전반적으로 남성으로부터의 경제적 자립에 한계를 경험하게 된다. 더구나 이혼이나 사별 등으로 인해 남성 배우자를 상실하게 되면 수입 중 많은 비율이 감소하게 되고 심지어는 수입원 자체를 상실하게 되기도 한다. 이러한 경우 여성이 생계유지를 위하여 노동시장에 뛰어들게 되지만, 이들 여성들에게 가능한 직업은 시간제이거나 임금수준이 낮은 직종이어서 가계에 도움이 될 만한 수준으로 소득을 향상시키기가 어렵다.

4) 가구주의 건강 상태

저소득층 가족은 다른 소득계층 가족과 비교할 때 가구주의 건강상태가 좋지 못한 편이다. 예를 들어, 1999년도에 보건사회연구원이 생활보호대상 가구 중 가구주의 건강상태를 조사한 내용을 보면 건강이 양호한 가구주는 24.8%에 불과하고, 장애나 병 질환이 있는 가구주는 비율이 75.2%였다(김태성 · 손병도, 2002).

다른 모든 조건이 동일하다면, 건강이 좋지 않은 사람은 경제활동에 참여하지 못함으로써 소득이 낮아질 뿐만 아니라 나쁜 건강에 따른 많은 의료비 지출로 가구 경제가 더욱 어려워지는 악순환에 빠지게 된다. 그런 점에서 질병이나 장애 등 가구주의 좋지 않은 건강 상태는 저소득층 빈곤의 중요한 원인 중 하나로 지적되고 있다.

5) 가구주 성장 가족의 사회경제적 배경

저소득층 가족의 가구주는 대체적으로 다른 소득계층 가족의 가구주보다 사회 경제적으로 낮은 지위의 가족에서 성장기를 보낸 비율이 높다. 일반적으로 가구주가 성장해 온 가족의 사회경제적 배경은 가구주의 소득수준에 영향을 미친다. 따라서 좋은 가족 배경에서 자라난 사람은 그렇지 못한 사람보다 성인이 되어 빈곤하게 될 가능성이 적다.

김태성과 손병도(2002)는 가족 배경이 소득의 차이를 가져오는 방식을 크게 두 가지로 설명한다. 하나의 방식은 재산이나 소득의 직접적인 이전을 통해서이다. 경제적으로 풍족한 자원을 지닌 부모를 둔 사람은 부모로부터 많은 재산이나 소득을 상속받음으로써 역시 경제적으로 풍족한 상태에서 성인으로서의 삶을 시작할 수 있다. 이러한 사람들은 부모로부터 재산이나 소득을 상속받지 못한 다른 사람들에 비해 성인기 동안의 부의 축적에서 유리한 출발을 하는 셈이기 때문에 전통적으로 부모로부터 사회경제적 지위가 자녀의 경제적 수준에 미치는 영향은 매우 지대하였다. 그러나 현대사회에서는 자녀의 성인기 경제적 지위를 높게 유지해줄 정도로 많은 재산이나 소득을 이전해줄 수 있는 사람은 소수에 불과하다.

다른 하나의 방식은 부모가 자녀에게 좋은 유전적인 능력이나 환경적인 능력을 물려줌으로써 자녀가 자신의 경제적 지위를 유지하고 향상시킬 수 있도록 해주는 것이다. 예를 들어, 교육수준이 높고 직업적 지위도 높은 부모를 둔 자녀는 부모의 우수한 두뇌를 물려받을 수 있다. 그리고 부모의 양육을 통해 사회에서 바람직하게 여기는 가치나 태도, 행동 특성을 지니도록 사회화되며, 부모의 풍부한 자원을 바탕으로 하는 물리적, 사회적 환경 등에서 성장함으로써 자신의 타고난 재능을 충분히 계발하여 성인이 된 후에 높은 직업적 지위와 소득수준을 성취할 가능성이 높다.

2. 저소득층 가족의 관계 특성과 문제점

가족의 물질적 기반과 정서 사회적 기반은 서로 관련성이 크므로 저소득층 가족의 관계특성은 전반적으로 기본적인 욕구충족을 위협하는 낮은 소득수준의 영향을 받을 수밖에 없다. 즉 저소득층 가족의 경제적 문제는 단순히 경제적 측면에서 그치는 것이 아니라 가족원 각각의 정서적, 사회적 성장과 발달은 물론 부부관계, 부모자녀관계 등의 관계 특성에 부정적인 영향을 미친다. 여기에서는 저소득층 가족이 경험하기 쉬운 부모의 정서 및 사회적 문제, 부모자녀관계의 문제, 자녀의 발달상의 문제를 중심으로 살펴보겠다.

1) 부모의 정서적, 사회적 문제

저소득층 가족의 부모는 대체적으로 경제적 부양자 역할을 수행하는 데서 오는 스트레스가 클 뿐 아니라 경제적 자원이 부족하여 가족관계나 사회생활에서 긴장을 경험할 가능성도 높다. 특히 여성은 배우자의 유무와 상관없이 직업과 가족 역할의 이중고에 시달리면서 정서적으로, 사회적으로 어려움을 겪게 된다.

부모들은 경제적인 어려움에 처했을 때 더 자주 과민반응을 보이고 우울해 하며 감정을 잘 조절하지 못한다. 배우자가 없는 저소득층 여성 가구주는 경제적 자원을 조달하기 위해 직업생활을 해야 한다. 동시에 혼자서 부모 역할을 감당하면서 어머니의 역할 외에 아버지의 역할도 함께 수행해야 한다. 함께 의논하고 협력할 배우자가 없다는 사실에 대해 외로움이나 분노를 느끼기도 하고 부모로서의 자신의 능력에 대해 부정적으로 평가한다(McDaniel & Tepperman, 2002). 신경증, 불안감, 우울감 등의 부정적인 정서를 보이기도 하고, 낮은 생활만족도를 호소하기도 한다.

저소득층 가족의 부모들이 부정적인 정서를 경험할 가능성이 크긴 하지만, 부모가 사회관계망으로부터 높은 수준의 정서적, 도구적, 경제적 지원을 받는다면 그 부정적인 정서에 적절하게 대처할 수 있게 된다(김태현 · 전길양 · 이영자 · 임선영, 2004). 그러나 대체적으로 저소득층 가족의 부모는 사회관계로부터 고립되어 사회적 소외감을 경험할 가능성도 높다. 가족의 경제적, 정서적 요구에 대처하는 데 급급하기 때문에 친족이나 친구, 이웃, 직장동료 등과 시간을 보내거나 활동을 공유할 기회가 줄어들면서 사회관계망이 축소될 수 있다. 사회관계망이 양적으로 축소되면, 사회적 지원을 제공할 인적 자원이 부족할 수 있다는 문제를 지닌다. 또한 사회관계망의 양적 규모와 상관없이 저소득층 가족의 사회관계망은 이들이 도움을 필요로 할 때 적절한 사회적 지원을 제공해주지 못하는 경우가 많다. 대개의 저소득층 가족의 사회관계망을 구성하고 있는 사람들은 저소득층 가족과 비슷한 수준의 사회경제적 자원을 지니고 있는 사람들로서 그들 역시 같은 저소득층이고 유사한 정서적, 사회적 문제를 경험하고 있을 가능성이 크기 때문이다(김윤정, 2000).

2) 부모자녀관계의 문제

저소득층 가족에서는 여성이 가구주인 경우는 물론 부부가 한 가구를 이루고 있는 경우에도 대부분 생계를 유지하기 위해 부부 양쪽이 모두 일을 해야 하기 때문에 자녀 양육을 가족 내에서 전적으로 해결하기는 어렵다. 가사와 육아 및 생계 담당자로서의 과중한 역할을 감당하다 보니 자녀와 대화를 나눌 시간은 물론 자녀의 생존에 필요한 기본적인 돌봄을 위해 할애할 시간도 부족하다. 설상가상으로 부족한 소득으로 인하여 자녀를 외부 보육시설에 맡길 만한 경제적 형편이 되지 못하거나 맡기더라도 환경적 조건이 열악한 값싼 보육시설을 선택할 수밖에 없다. 따라서 저소득층 가족의 자녀는 열악하고 위험한 주거환경에 방치되어 성장이나 발달에 지장을 받기 쉽다. 자녀 양육상의 어려움이 다른 소득계층에 속한 가족들보다 더 크기 때문에 저소득층 가족의 부모가 자녀를 유기하는 빈도가 높다(류종훈, 2006).

경제적인 어려움으로 인하여 저소득층 부모가 겪게 되는 정서적 문제가 자녀를 양육하는 데 걸림돌이 되기도 한다(이순례 · 문연심 · 신건호 역, 2006). 저소득층 부모들은 자녀의 문제에 더 자주 과민반응을 보이고 감정 조절에 서투른데, 이러한 정서적인 문제는 부모의 양육기술을 저하시킨다. 정서적으로 혼란스러운 상태에 있는 부모들은 자신의 스트레스에 집착하여 적절한 양육방식을 구사하지 못한다. 과중한 역할 수행으로 인해 자신이 지칠 뿐만 아니라 자녀에 대해 충분히 돌보아 주지 못한다는 죄책감 때문에 자녀를 양육

할 때 감정적으로 흐르기 쉽고 일관성을 기대하기가 힘들다. 또한 자녀와 대화를 통해 상호 이해할 수 있는 기회를 마련하지 못하므로 자녀 욕구에 민감하지 못할 뿐 아니라 자녀에 대해서도 부모로서의 권위를 행사할 수가 없다.

경제적인 어려움이 있을 때 배우자로부터의 지원은 양육기술을 유지하는 데 도움이 된다(김태현 등, 2004; 이순례 · 문연심 · 신건호 역, 2006). 특히 아버지가 어머니를 뒷받침해 줄 경우 어머니의 양육기술은 결코 줄어들지 않으며, 양육의 효과성 또한 그대로 유지된다. 그러나 여성이 배우자 없이 생활하는 경우에는 자신의 자녀의 양육 방식을 지원하고, 통제해 줄 대상이 없다는 데서 오는 어려움이 크다. 배우자가 있는 경우에도 저소득층 가족의 부모들은 부부 상호 간의 이해와 협력 부족이 자녀양육에 어려움을 가중시키기도 한다. 정서적으로 혼란스러운 상태에서 자녀를 양육하는 데 서로 협력하기가 어렵고, 다투는 빈도가 늘어나고 서로를 긍정적으로 지지해주는 빈도는 줄어든다.

또한 부모가 정서적으로 문제가 있어서 자신의 감정을 적절하게 통제하는 능력이 부족할 때, 이는 직접적으로 자녀와의 갈등을 증가시키고 자녀와의 관계를 악화시킨다. 소득계층에 따라 부모자녀관계의 문제를 경험하는 빈도에 차이가 있는 것으로 보고되고 있다. 일부 연구들은 저소득층 가족에서는 다른 소득계층에 속한 가족보다 부모자녀관계에 더 많은 문제를 보인다고 보고한다. 다른 소득계층에 속한 가족들에 비해 저소득층 가족에서는 부모와 자녀가 거친 상호작용을 보이는 빈도가 더 높다. 예를 들어, Duncan과 Brooks-Gunn(2000)은 저소득층 가족의 어머니들은 자녀에게 더 자주 체벌을 가하며, 저소득층 가족의 자녀들은 굶주림, 폭력, 무시, 방임 등 부모로부터 신체적, 정신적 학대를 더 많이 경험한다고 보고하였다(이순례 · 문연심 · 신건호 역, 2006). 최선희(2003)의 연구에서는 부모자녀관계를 주 부양자와의 신뢰관계, 의사소통, 훈육 및 감독, 양육활동으로 나누어 분석한 결과 부모자녀관계의 모든 측면에서 저소득층 가족이 낮은 점수를 보였다(이순례 · 문연심 · 신건호 역, 2006).

3) 자녀의 발달상의 문제

저소득층 가족이 경험하는 경제적 어려움은 궁극적으로는 아동의 성장과 발달에 부정적인 영향을 미칠 수 있다고 하였다(이순례 · 문연심 · 신건호 역, 2006). 저소득층 가족에서 경제적인 어려움은 부모의 신체적, 정신적 건강상태, 부모자녀관계의 질, 물리적 환경의 특성을 결정함으로써 자녀의 신체적, 지적, 정서 및 행동적 발달에 부정적인 영향을 미치게 된다.

① 신체적 발달

저소득층 가족의 자녀와 다른 소득계층 가족의 자녀들을 비교할 때 신체적 건강에서 매우 큰 차이를 보인다(이순례 · 문연심 · 신건호 역, 2006). 저소득층 가족, 특히 빈곤상태가 심각한 가족의 자녀들은 출생 시부터 신체적 건강 수준이 낮으며, 그 후에 성장하는 과정에서도 낮은 성취를 보인다. 매우 빈곤한 가족에서 저체중 출산과 영아 사망률이 높다. 또한 발육부진을 보이는 비율이나 신체적, 인지적 발달에 장애를 야기할 수 있는 납중독의 비율도 경제적으로 나은 환경에서 태어난 아이들보다 훨씬 높다.

이러한 차이는 가족의 소득수준이 낮을 때, 대다수의 가족은 물리적 환경이 열악하거나 식수관리가 비위생적인 주거조건에서 생활하게 됨으로써 건강이 악화되기 때문이라고 볼 수 있다. 악화된 건강으로 인한 질병은 급성이든 만성이든 의료비 부담을 가중시켜 저소득층 가족은 더욱 큰 경제적 어려움을 겪게 되는 악순환이 계속된다. 이처럼 저소득층 가족에서는 자녀에게 건강상의 문제가 발생하면 적절한 치료를 하지 않고 방치함으로써 만성화되는 경향이 있다. 만성화된 건강 문제는 자녀가 성장하면서 지적, 정서 및 사회적 발달에 부정적인 영향을 미친다.

② 지적 발달

저소득층 가족의 자녀들은 다른 소득계층 가족의 자녀들보다 인지능력 지체와 학습능력 지체를 더 빈번하게 경험한다. 그 이유는 저소득층 가족에게는 자녀의 지적발달을 자극할 만한 물리적, 사회적 자원이 부족하기 때문이라고 말할 수 있다. 저소득층 가족의 자녀들은 공원, 놀이터 또는 학교 시설이 미비하고 지역사회 주민들의 활동이 미약한 지역사회에 거주할 가능성이 높다. 이러한 지역사회는 범죄율도 높아 안전하지 못한 이웃과 사는 아이들은 집 밖에서 놀면서 보다 폭넓은 탐색기회를 가질 기회가 제한된다. 또한 장난감, 서적, 각종 교육자료, 부모와 함께 놀거나 대화하는 시간, 다양한 사회문화적 경험의 기회 등이 다른 소득계층의 가족에 비해 현저하게 적다.

아동의 인지발달과 학업성취는 자라는 환경이 빈곤할수록 더 지체된다고 한다(McDaniel & Tepperman, 2002). 예를 들어, 같은 저소득층 가족 중에서도 극빈층 가족의 유아들은 언어능력 지적 성취도에서 경제적 형편이 비교적 나은 다른 저소득층 가족의 유아들보다 현저하게 떨어진다. 그런데 유아기에 나타난 지적능력의 차이는 초등학교 때까지 지속되어, 학령기에 이들은 더 높은 재수강률과 낙제율을 보인다.

Duncan과 Brooks-Gunn(2000)의 조사 연구에서는 빈곤을 경험하는 가족의 자녀가 그렇지 않은 가족의 자녀들보다 학년 유급 및 학교 중퇴 문제가 2배가량 높으며, 학습 장애 비율도 1.4배 높은 것으로 나타났다(이순례 · 문연심 · 신건호 역, 2006). 한국의 저소득층 가족의 자녀들을 대상으로 한 연구에서도 이와 비슷하게 소득계층 간의 차이를 보였다. 이처럼 저소득층 가족의 자녀는 다른 소득계층의 자녀들에 비해 학업 수행에 더 많은 어려움을 경험하고 있다(김태현 · 전길량 · 이영자 · 임선영, 2004).

그 외에 저소득층 가족의 자녀들은 학교생활에도 어려움을 호소하는데, 학교환경에서 상대적으로 더 높은 디스트레스를 경험하고 학교로부터의 지지가 낮다고 인식하는 것으로 나타났다(이순례 · 문연심 · 신건호 역, 2006). 또한 학습상의 어려움을 경험할 뿐 아니라 학비 부담으로 인해 상급학교의 진학을 포기하는 경우도 자주 발생하기 때문에 저소득층 가족의 자녀들은 인지발달상의 지체와 함께 교육기회에의 접근성이 매우 제한된다고 할 수 있다.

경제적 어려움, 특히 빈곤의 지속기간과 발생 시점에 따라 경제적 어려움이 아동의 지적 발달에 미치는 영향이 달라지는 것 같다(이순례 · 문연심 · 신건호 역, 2006). 예를 들어, 빈곤 환경에 오랜 기간 노출된 아동은 짧은 기간 동안 빈곤하게 살아온 아동보다 인지기능 점수가 낮다. 또한 저소득층 가족에서의 지적 자극 결여는 유아기 동안에 경험할 경우 그 영향력이 크나, 다른 조건이 동일한 상태에서 좀 더 성장한 후에 빈곤을 경험하는 것은 그 영향력이 미미하다고 한다. 유아기에 빈곤한 가족환경에서 성장한 경험은 고등학교 졸업 여부와 부적인 상관관계를 보인 반면, 사춘기 시절에 빈곤을 경험한 것은 고등학교 졸업 여부와 유의한 상관을 보이지 않는다.

③ 정서 및 행동발달

저소득층 가족의 경제적 어려움은 연령, 교육수준, 정서적 상태 등과 같은 양육자의 특성과 상관없이 자녀의 정서적, 행동적 발달과 관련이 있다. 만성적인 빈곤은 아동의 의존성, 불안감, 불해감과 같은 정서적 문제를 야기한다. 빈곤을 경험하는 아동은 또한 과잉행동이나 또래 문제와 같은 행동 문제와도 관련이 있다.

일반적으로 저소득층 가족의 자녀들은 다른 소득계층 가족의 자녀들보다 정서 및 행동문제의 발생률이 더 높다(McDaniel & Tepperman, 2002). 충동적인 경향이 더 많고, 우울감도 더 많이 보고된다. 그리고 비행 경험률도 더 높은데, 특히 가출이나 무단조퇴 등의 도피성 비행에서는 그 발생률이 훨씬 높다. 경제적인 어려움은 아동에게 자신감의 결여, 우울감 및 절망감, 행동문제, 또래와의 갈등 등에 노출되기 쉽도록 하며, 약물

사용, 비행, 폭력, 범죄 등과 같은 부정적 발달과도 높은 상관관계를 가지고 있다. 저소득층 가족의 자녀들은 강력범죄를 경험하는 경우도 많고, 십대 미혼모가 되는 확률도 높은 편이다(Duncan & Brooks-Gunn, 2000; 이순례 · 문연심 · 신건호 역, 2006).

3. 저소득 가계의 소득과 빈곤

1) 소득계층별 소득수준과 소득구성

통계청 가계조사에 따르면 소득수준이 최하 20%에 해당하는 1분위 소득계층의 월평균 경상소득은 2006년 현재 약 78만 원이다. 1분위 소득계층의 소득수준은 전체 가구 평균 약 289만 원의 약 27%에 불과한 매우 낮은 수준이다. 소득수준이 가장 높은 최상층 20%에 해당하는 5분위 소득계층의 가구 소득과 비교하면 5분위 계층의 평균소득은 1분위의 약 7.4배에 달한다.

소득계층별로 소득의 차이가 가장 두드러진 소득 부문은 근로소득이다. 근로소득은 전체 소득의 약 3분의 2 정도를 차지할 정도로 가장 비중이 큰 소득인데, 1분위 가계의 근로소득이 전체 경상소득에서 차지하는 비중은 45% 정도이고, 그 수준은 2006년 현재 월평균 35만 원으로 전체 평균 수준 192만 원에 비하면 5분의 1에도 미치지 못한다. 5분위 소득계층의 근로소득은 월평균 414만 원으로 1분위 수준의 약 12배 정도로 고소득 가계에서는 근로소득수준이 높다.

자영업 및 자유업자의 사업소득도 소득계층에 따라 차이가 크다. 1분위 소득계층의 사업소득은 전체 평균 수준의 약 25%에 불과하고, 5분위 소득계층의 사업소득은 1분위의 약 7배에 달한다. 재산소득과 이전소득수준은 소득계층별로 큰 차이가 없지만, 5분위 소득계층에서 다소 높다. 소득수준이 최하 20~40%에 해당하는 2분위 소득은 월평균 178만 원으로서 전체 평균 수준의 약 62% 정도이며, 근로소득은 전체 평균 수준의 약 54% 정도로 근로소득수준이 낮은 편이다.

이처럼 1분위와 2분위의 저소득 가계의 소득구성의 특징은 취업을 통해 획득하는 근로소득 비중이 낮고, 정부로부터의 공적 보조금이나 가족 및 친지로부터 받는 사적보조금 등의 이전소득 비중이 크다는 것이다. 1~2분위 저소득 가계에서는 근로소득이 차지하는 비중이 1분위 45%, 2분위 58%로 평균 수준보다 낮다. 그러나 이전소득 비중은 높아서 1분위에서는 전체 소득의 약 29%를 차지하고 2분위에서는 13%를 차지한다. 고소득계층인 4~5분위 가계는 근로소득이 70% 이상이고, 이전소득 비중은 6% 정도이다.

〈표 2-2〉 소득계층별 가구소득(2인 이상 가구)

소득항목	1분위	2분위	3분위	4분위	5분위	전체
경상소득	78	178	258	353	577	289
근로소득	35	103	163	244	414	192
사업소득	16	49	71	83	114	67
재산소득	4	4	4	5	16	7
이전소득	22	23	20	21	33	24

(단위: 만 원)

출처: 2006 통계청 가계조사

〈표 2-3〉 평균소득 대비 소득계층별 소득 비율

소득항목	1분위	2분위	3분위	4분위	5분위	5분위/1분위
경상소득	0.27	0.62	0.89	1.22	2.00	7.42
근로소득	0.18	0.54	0.85	1.27	2.16	11.82
사업소득	0.25	0.73	1.07	1.24	1.71	6.98
재산소득	0.62	0.58	0.64	0.79	2.37	3.81
이전소득	0.93	0.96	0.84	0.89	1.39	1.50

〈표 2-4〉 소득계층별 가구 소득구성(2인 이상 가구)

소득항목	1분위	2분위	3분위	4분위	5분위	전체
경상소득	100	100	100	100	100	100
근로소득	45	58	63	69	72	66
사업소득	21	27	28	23	20	23
재산소득	5	2	2	1	3	2
이전소득	29	13	8	6	6	8

(단위: %)

출처: 2006 통계청 가계조사

2) 빈곤가계의 특성

빈곤이란 생활을 영위하는 데 필요한 자원이 결핍된 상태라고 할 수 있다. 소득수준이 최저생계비에 미치지 못하거나 중위소득을 기준으로 중위소득의 40% 또는 50%에 미치지 못하는 가계를 빈곤가계로 정의하여 2인 이상 도시 빈곤가계의 규모를 살펴보면, 2003년 현재 최저생계비 기준 빈곤가계 비율은 약 6.13%, 중위소득 40% 기준 빈곤가계 비율은 6.34%, 중위소득 50% 기준 빈곤가계 비율은 10.57% 정도이다. 혼자 거주하는 1인 단독 노인 가계와 농어촌 지역까지 포함하면 빈곤가계의 비율은 이보다 클 것으로 예상된다. 빈곤가계는 1997년 외환위기 이후 증가하였다가 경제가 회복되는 기간 동안 2002년까지 감소하였으나 2003년 이후 다시 증가하는 추세이다.

〈표 2-5〉 빈곤율 추이(2인 이상 가구): 1997~2003

연도	1997	1998	1999	2000	2001	2002	2003
최저생계비 기준	3.93	8.16	9.36	7.61	5.50	5.21	6.13
중위소득 40% 기준	4.59	6.39	6.16	5.42	5.18	4.97	6.34
중위소득 50% 기준	9.05	10.67	10.57	10.00	9.82	9.68	10.75

출처: 2005 정책자료 모음집

(단위: %)

빈곤을 경험한 가계의 대부분은 지속적으로 빈곤상태에 머무르기보다는 일시적으로 빈곤상태에 빠졌다가 벗어나거나, 빈곤에서 벗어났다가 다시 빈곤에 빠지게 되는 경우가 대부분이다. 2003~2005년 동안 분기별로 동태적인 빈곤상태의 변화 추이를 고찰한 노대명(2006)에 따르면 3년 동안 한번이라도 빈곤을 경험한 가계는 전체의 35.1%에 달한다. 이 가운데 일시적으로 한 번만 빈곤을 경험한 일시 빈곤가계는 14.9%, 두 번 이상 빈곤상태를 경험하는 반복 빈곤가계는 16.1%, 지속적으로 빈곤상태를 유지하는 계속 빈곤가계는 4.1% 정도 되는 것으로 추정되었다.

일시 빈곤과 반복 빈곤가계에서 가구주가 취업한 비율은 70~80%에 달한다. 반복을 경험하는 가구의 대부분은 가구주가 취업하였다 하더라도 소득이 충분하지 못한 근로빈곤층임을 알 수 있다. 계속 빈곤가계의 약 절반은 가구주가 65세 이상 노인이고, 여성 가구주 가구가 약 34% 이상을 차지한다. 가구주가 취업한 경우에는 주로 저임금

〈소비자복지코너 2-1〉 하루 생활비 1달러 미만 3억 명

하루 1달러(약 1300원) 미만으로 살아가는 사람은 전 세계에 모두 3억 700만 명이나 되는 것으로 집계됐다. 이는 30여 년 전 1억 3,800만 명에 비해 2배 이상 늘어난 것으로 현 추세대로라면 2015년엔 최소 4억 2,000만 명에 이를 것으로 전망된다. 특히 아프리카 최빈국들의 상황이 가장 열악해 하루 1달러 미만으로 연명하는 사람들의 비율이 약 65%에 이르는 것으로 나타났다.

유엔무역개발회의(UNCTAD)는 18일 '가난의 덫으로부터 탈출'이라는 보고서에서 아프리카 최저개발국(LDCs)들의 빈곤이 당초 생각했던 것보다 훨씬 심각한 상황으로 "국제적 가난의 덫에 사로잡혀 있다"고 밝혔다. 루벤스 리쿠페로 UNCTAD 사무총장은 285쪽 분량의 이 보고서가 세계 49개 최저개발국의 빈곤에 관한 가장 포괄적인 연구결과들을 담고 있다면서 "보고서의 결론은 상황이 매우 심각하다는 것"이라고 말했다.

아프리카 최빈국 주민의 1인당 하루 생활비는 평균 0.86달러, 아시아 최빈국의 경우 평균 1.42달러인 반면 미국의 경우는 41달러였다. 아프리카는 전 세계 49개 최빈국 가운데 34개국이 포함됐으며 10명 가운데 9명은 하루 2달러 미만으로 생존하는 절대빈곤층이다. 특히 '1달러 미만 연명자' 비율이 1960년대엔 55.8%였으나 1990년대엔 64.9%로 늘었다. 반면 아시아는 60년대의 35.5%에서 90년대엔 23%로 크게 낮아졌다. 나라별로는 아프리카에서 콩고가 그 비율이 90.5%로 최악이었으며 아시아에서는 미얀마가 52.3%로 최하위를 기록했다.

출처: 제네바AP AFP연합; 동아닷컴(www.donga.com) 2002/06/20일

서비스직과 단순노무직에 종사하고 있다.

일시 빈곤가계와 반복 빈곤가계에서 65세 미만 가구주가 취업하지 않은 주된 이유는 육아 및 가사인 데 비해, 계속 빈곤가계에서는 주된 비취업 이유가 심신장애로서 근본적으로 취업이 어려운 경우가 많다.

빈곤가계의 특성은 주로 고령자나 여성 가구주 가계이거나, 심신장애나 육아 및 가사 등의 이유로 취업이 곤란한 경우가 많고, 가구주가 취업했다 하더라도 임금수준이 낮은 직종에 종사하고 있다. 다음 절에서는 저소득의 주된 원인으로 작용하는 경제활동과 일에 대해 알아보고자 한다.

3) 저소득층 지원정책의 필요성

자본주의 사회에서는 원칙적으로 가계의 경제적 복지 수준은 각 가계가 처한 상황, 가구주를 포함한 가족 구성원의 소득, 지출, 저축에 대한 계획과 노력, 의사결정의 결과이고, 안락하고 윤택한 생활수준을 확보하고 유지하는 일차적인 책임은 당사자 가계에 있다. 그러나 가계의 경제적 복지 문제를 전적으로 가계의 사적인 책임 문제로 인식하고 사회적으로 이를 등한시하는 국가는 찾아보기 힘들다. 사회마다 가계가 적정한 생활수준을 유지하고(적정성), 예상하지 못했던 불상사가 생기더라도 생활의 안정을 유지할 수 있도록 돕는 장치(안정성)를 가지고 있으며 부자로부터 보다 많은 세금을 거두어 가난한 사람들에 대한 복지 자금으로 사용하고, 사회 전체의 경제적 자원의 분배를 보다 균등하게 하려고 한다(형평성). 가계의 사적인 경제 문제에 대해 왜 국가가 간섭하고 개입하는 것일까? 이에 대해 설명하는 이론으로 공리주의 이론, 파레토최적 분배이론, 보험원리가 있다(이정우, 1999).

공리주의 사상은 사회의 목적이 구성원들의 효용의 합계인 사회 전체의 효용(복지)을 극대화하는 데 있다고 본다. 공리주의 이론은 돈을 많이 가진 부자에게는 화폐의 한계효용이 낮고, 가난한 사람에게는 한계효용이 높으므로 부자로부터 가난한 사람으로 소득을 적절하게 이전시키면 사회전체의 효용이 높아진다는 한계효용의 법칙에 기초한다.

파레토 최적이론은 개인의 효용은 자신의 효용뿐 아니라 다른 사람의 소득상태에 의해서도 영향을 받는다는 가정으로부터 출발한다. 빈곤층의 존재가 부유한 사람들에게 비효용을 준다면 빈민의 소득을 증대시키는 정책은 빈민에게만이 아니라 부유층에게도 효용을 가져다준다는 것이다. 이 접근 방법은 사회의 각 개인이 이타적 태도를 가지고 다른 사람의 복지에도 깊은 관심을 가지고 있으며 자기보다 못한 위치에 있는 다른 사람들의 효용상태가 개선되면 자신의 효용이 증가한다고 가정한다.

공리주의 이론과 파레토 최적이론은 복지정책이 구성원의 이타심에 기반한 데 비해 보험원리는 각자의 복지를 추구하는 이기심의 발로로 본다. 사회구성원 모두에게 선천적인 질병이나 장애, 돌발적인 사고에 의한 신체적 장애, 우발적인 빈곤 등 생활을 위협하는 각종 위험이 존재하는데 이러한 미래의 불안과 위험을 피하고 소득이 평상수준 이하로 떨어지지 않도록 하는 공적 집합적인 장치(사회보험)를 마련하였다고 설명한다(이정우, 1999).

4. 저소득 가계의 경제활동과 취업

1) 저소득 가계의 경제활동

① 경제활동 참여

저소득층의 경제활동참여율은 다른 가구에 비해 낮은 편이다. 저소득층에 속한 15세 이상 가구원의 경제활동참여율은 40%대인데, 다른 가구 가구원의 경제활동참여율이 60%대인 것과 비교하면, 가구원의 경제활동참여율이 일반 가구의 3분의 2 정도 수준이다.

저소득층의 실업률도 매우 높은 편이다. 다른 일반 가구 가구원의 실업률은 3% 정도이나, 빈곤층 실업률은 9%에 가깝고, 차상위층의 실업률도 8%에 육박하는 높은 수준이다. 취업자 가운데에서도 임금 근로종사자 비율보다 비임금 근로종사자 비율이 상대적으로 높은데, 다른 일반 가구에서는 임금 근로종사자가 비임금 근로종사자보다 높다. 저소득층 비임금 근로자는 주로 영세자영업에 종사한다.

〈표 2-6〉 저소득층[1] 가구 가구원의 경제활동참여율과 취업률

구 분	합계	경제활동				비경활
		취업자 전체	임금근로	비임금근로	실업	
전체	100	57.8	37.7	20.2	3.9	38.3
기타 가구	100	62.0	41.4	20.6	3.0	34.9
저소득층	100	34.1	16.4	17.7	8.7	57.2
차상위층	100	46.5	28.9	17.6	7.9	45.6
빈곤층	100	30.8	13.0	17.7	8.9	60.3

1) 빈곤층은 최저생계비 이하, 차상위층은 최저생계비 120%, 저소득층은 빈곤층과 차상위층 포괄. 2002년 자활실태조사자료 (2003, 보건사회연구원)를 이용하여 산출

출처: 빈부격차차별시정위원회. 2005 정책자료 모음집 (단위: %)

② 임금 근로자의 취업 상태

저소득층의 고용률은 빈곤층 13%, 차상위층 28% 정도로, 다른 일반 가구 60%에 비해 매우 낮다. 또한 고용되었다 하더라도 직업이 안정된 상용직 고용자는 9.0%에 불과하고 고용이 불안정한 일용직이나 임시직이다. 특히 빈곤층 임금 근로자는 70% 정

도가 일용직 근로자이고, 25% 정도는 임시직 근로자이다. 차상위층에서는 고용자의 절반 정도가 일용직이고, 임시직과 상용직의 비율이 빈곤층보다 높지만 약 85% 정도가 임시 일용직에 종사한다. 저소득층이 주로 취업한 직업은 농림어업 근로직과 단순노무직으로 취업자의 절반 이상이 이 두 가지 직종에 집중되어 있다. 저소득층이 취업한 사업장의 규모를 살펴보면, 취업자의 약 3분의 2 정도가 4인 이하의 소규모 영세 사업장에 고용되어 있다.

이처럼 저소득층은 경제활동참여율이 낮고, 경제활동 참여자 가운데 약 10%는 실업 상태에 있기 때문에 근로소득이 다른 일반 가구에 비해 낮다. 취업을 하더라도 영세자영업에 종사하거나 대다수가 일용직 농림어업이나 단순노무직에 종사하기 때문에 직업 지위가 불안정하고 임금수준도 낮다. 또한 주로 4인 이하의 영세 소규모 사업장에서 일하기 때문에 고용보험이나 산재보험 등 사회안전망의 보호를 받기 어렵고, 경제적으로 매우 취약한 상태에서 삶을 영위하고 있다.

〈표 2-7〉 저소득층[1] 임금 근로자의 고용 지위

구 분	기타 가구		저소득층	
			차상위층	빈곤층
상용직	48.2	9.0	15.2	5.4
임시직	31.0	28.2	34.2	24.6
일용직	20.8	62.8	50.7	70.0

1) 빈곤층은 최저생계비 이하, 차상위층은 최저생계비 120%, 저소득층은 빈곤층과 차상위층 포괄. 2002년 자활실태조사자료(2003, 보건사회연구원)를 이용하여 산출

출처: 빈부격차차별시정위원회. 2005 정책자료 모음집

(단위: %)

〈표 2-8〉 저소득층 임금근로자의 직업 분포

구 분	가구주		가구원	
	저소득[1]	일반	저소득	일반
농림어업 근로자	26.3	5.8	32.4	8.4
단순노무 종사자	26.0	14.1	22.6	14.4
기능원	10.8	11.5	5.1	4.6
기타	36.9	68.6	39.9	72.6

1) 중위소득 60% 이하

출처: 2006 한국복지패널(보건사회연구원)

(단위: %)

〈표 2-9〉 저소득층 취업자의 사업장 규모

구 분	가구주		가구원	
	저소득[1]	일반	저소득	일반
4인 이하	64.6	34.9	65.7	37.1
5인 이상	35.4	65.1	34.3	62.9

1) 중위소득 60% 이하
출처: 2006 한국복지패널(보건사회연구원) (단위: %)

③ 저소득 근로자의 노동시장 여건

저소득 근로자는 노동시장에 참여하더라도 저임금 직장과 직종에 집중되어 있는데, 이는 저소득의 원인이 된다. 저소득층의 저임금 불안정 고용의 원인은 1차적으로 교육수준이 낮고 숙련 기술이나 기능을 갖추지 못한 데 있다고 할 수 있으나 이들을 저임금 직종에 머무르도록 강제하는 사회적인 구조가 작용하는 데서도 원인을 찾는다. 저소득층의 경제활동에 불리하게 작용하는 구조적인 문제로서 세계화의 진행과 노동시장의 이중적 구조를 들 수 있다.

세계화가 진행되면서 저소득층의 저임금 노동과 고용 불안정이 심화될 것으로 전망되고 있다. 신자유주의적 경제 원리를 근간으로 하는 세계화의 영향으로 노동시장이 유연한 노동시장으로 시장 구조의 변화가 이루어지고 있다. 파트타임 근로와 비정규직이 증가하고 그로 인해 고용 불안정이 증가하는 환경에서 전문직이나 숙련노동자들은 임금 프리미엄을 누릴 수 있으나, 경쟁이 더욱 치열해지면서 단순 노동에 종사하는 미숙련 노동자들의 임금수준은 더욱 낮아지고, 시간제와 일용직으로의 취업이 가능할 뿐이다.

이중적인 노동시장이란 상호 교류가 없는 질적으로 다른 두 개의 노동시장으로 분단되어 있다는 것인데, 예를 들면 1차 노동시장은 임금수준이 높고, 근로조건이 좋으며, 다양한 승진 기회가 주어지고, 경력이 향상됨에 따라 책임과 권한 등이 주어지는 직종으로 구성된 노동시장이고, 2차 시장은 임금수준이 낮고, 근로조건이 열악하며, 고용이 불안정하고 승진 기회가 거의 없는 빈민노동시장을 구성하고 있는데, 두 개의 노동시장은 구조적으로 단절되어 있다는 것이다. 저학력과 전문 직업 능력이 부족한 저소득 근로자는 저임금과 시간제, 임시 일용직 등 고용불안정의 특징을 지닌 2차 노동시장에 편중되어 있다. 2차 노동시장은 취업 능력이 부족한 저학력 노동자들의 시장이며, 따라서 능력, 자질, 기술부족, 신체적 결함 등 인적 자본의 열악함은 좋은 직장으로의 상향이동을 방해한다. 이중적인 노동시장에서 일단 저임금 노동자로 전락하면 저임금과 열악한 조건에 장기간 머물게 하는 구속력이 작용한다(송호근, 2002).

2) 저소득 근로자의 취업촉진정책

저소득층은 노동시장 진입이 어렵고 취업 지위가 취약하기 때문에 취업을 지원하고, 안정적으로 일을 할 수 있는 기반을 마련하는 사회적인 배려가 필요하다. 자활근로사업은 일자리를 갖기 어려운 빈곤한 저소득층에게 직업 훈련과 일자리를 제공하는 공적 제도이다. 저소득층의 취업을 촉진하기 위하여 사회복지서비스를 제공하는 사회적 일자리가 만들어지고 있는데 그 내용을 살펴보면 다음과 같다.

① 자활근로사업

자활근로사업은 노동시장에서 적절한 일자리를 찾지 못하는 저소득층에게 공공이나 민간 비영리 부문에서 일자리를 만들어 고용하는 제도로서 일자리 유형은 시장진입형, 사회적일자리형, 인턴형, 근로유지형 4가지가 있다. 1일 7~8시간, 주 5일 근무를 원칙으로 하며, 하루 임금으로 21,000원(근로유지형)~32,000원(시장진입형)의 자활급여가 지급된다.

- ◇ **시장진입형**: 투입 예산의 20% 이상 수익금이 발생하고 일정기간 내 자활공동체 창업을 통해 시장진입을 지향한다.
- ◇ **사회적 일자리형**: 수익성은 떨어지나 사회적으로 유용한 일자리 제공으로 자활능력을 배양하여 시장 진입을 지향하는 유형으로서, 무료간병, 집수리, 시군구읍면동의 사회복지 담당을 보조하는 복지도우미, 보육지원도우미, 급식도우미, 복지시설도우미 등이 있다.
- ◇ **인턴형**: 노동시장에서 자활인턴 사원으로 일하면서 기술이나 경력을 쌓아 취업을 하도록 하는 유형이며, 이 · 미용, 요리, 전기, 용접, 정비, 운전, 제과 · 제빵 등 참여자가 기술이나 경력 습득이 가능한 업체에 위탁하여 운영한다.
- ◇ **근로유지형**: 향후 상위 자활사업 참여를 준비하는 작업으로서 노동강도가 낮은 지역사회복지 서비스 분야에 종사한다.

② 사회서비스 일자리와 사회적 기업

고령 인구의 증가와 더불어 노인 간병 및 수발 서비스에 대한 요구가 증가하고, 여성의 경제활동 참여 증가로 인해 보육 및 자녀 돌봄 서비스에 대한 수요도 증가하고 있는데, 사회서비스란 이와 같은 보건, 복지, 교육, 환경 등과 관련하여 사회 구성원의 삶의 질을 향상시키기 위하여 사회적으로 제공되는 서비스이다. 이처럼 사회적으로 필요한 서비스를 제공하는 일자리를 만들어 냄으로써 사회적 서비스에 대한 수요를 충족시키고 취약계층의 취업을 도모할 수 있다.

사회적 기업은 사회적 서비스 사업에 참여하는 기업을 일컫는다. 사회적 기업이란 취약계층에게 일자리를 제공하고 사회서비스를 제공하여 사회 구성원의 삶의 질을 높이는 등 사회적 목적을 추구하며, 재화 및 서비스의 생산·판매 등의 영업활동을 수행하는 조직이다(김혜원, 2006). 사회적 기업을 지원하기 위한 사회적 기업육성법이 2007년부터 시행되고 있는데, 공적인 인증을 받은 사회적 보험은 4대 사회보험료를 지원받

〈소비자복지코너 2-2〉 사회적 일자리 사례

- 독거노인도우미: 홀로 사는 노인에게 도움을 준다.
- 노인돌보미바우처: 연령이 65세 이상이면서 소득이 일정수준 이하의 노인들에게 월 20만 원 상당의 바우처(서비스이용권)를 제공하면, 돌보미는 바우처를 갖고 있는 노인에게 신체수발 등의 서비스를 제공한다.
- 아이돌보미: 가정을 방문해 놀이지도, 간식먹이기, 젖병, 아이용품 소독, 아이방 정리정돈 등의 서비스 제공. 관혼상제 등 집안행사가 있거나 질병, 야근 등으로 아이를 돌보기 어려운 부모들이 주로 이 서비스를 받는다.
- 결혼이민자가족 아동양육 도우미: 국제결혼 가정의 자녀들이 한글을 제대로 배우지 못한다는 점 등을 감안해 도우미가 직접 집을 찾아가 언어, 육아, 다문화 이해 등의 교육을 한다.
- 장애인 주민자치센터 도우미: 동사무소의 주민자치센터에 장애인을 배치해 장애인들을 상대로 민원서비스를 제공한다.
- 문화예술강사: 초중등학교, 노인복지관, 장애인시설 등에서 국악·무용·연극 등 다양한 프로그램을 운영한다.
- 생활체육강사: 지역주민이나 소외계층이 선호하는 종목위주로 생활체육을 보급한다.

출처: 국정브리핑 2007. 2. 22

고, 법인세, 소득세 등 세금이 감면되는 세제지원을 받으며, 시설비 등 융자지원, 공공기관 우선구매, 전문 컨설팅 기관을 통한 경영, 세무, 노무, 회계 등의 경영지원을 받을 수 있다.

사회적 기업이 사회적 기업 인증을 받기 위해 필요한 요건은 첫째, 유급근로자를 고용하여 영업활동을 수행하고 일정 수준의 수익을 창출해야 한다. 둘째, 발생한 이익의 3분의 2 이상을 사회적 목적을 위해 사용하며, 셋째, 서비스 수혜자, 근로자 등 이해관계자가 참여하는 의사결정구조를 갖추어야 한다.

5. 저소득 가계의 위험관리

고용보험, 건강보험, 국민연금, 산재보험의 4대 사회보험은 보험원리에 기초하여 사회의 구성원이 미리 일정한 금액을 갹출하여 소득의 중단이나 상실에 대비하는 제도

〈표 2-10〉 사회보험 적용 대상 및 적용예외자

구 분	건강보험	국민연금	고용보험	산재보험
적용대상	전 국민	18~60세 미만	상시고용자 1인 이상 사업장	
적용 예외자	1개월 미만 일용직 월 80시간 미만 시간제 근로자		월 60시간 미만 시간제 근로자 65세 이상	공무원, 군인 등 별도법 보상자

출처: 빈부격차차별시정위원회, 2006 정책자료 모음집

〈표 2-11〉 저소득층의 사회보험 가입률

	저소득층			기 타
		차상위층	빈곤층	
국민연금	23	29	21	63
산재보험	42	50	37	75
고용보험	18	25	13	44
건강보험	99(36)[1]	99(38)	99(36)	100(56)

2002년 자활실태조사(2003, 보사연)
1) 괄호 안은 직장 가입자 비율
출처: 빈부격차차별시정위원회, 2005 정책자료모음집

(단위: %)

이다. 원칙적으로 전 국민 모두 4대 사회보험에 가입하도록 되어 있으나 저소득계층은 적용 예외자에 해당할 경우 사회보험 대상자로 편입되지 못하고 사회보험 혜택을 받기 어려운 사회보험 사각지대에 놓이게 된다.

국민연금은 고용 기간이 연중 1개월 미만인 일용직에 종사하거나 월 근무시간이 80시간 미만인 경우 가입이 면제되고 사회보험의 혜택에서도 제외된다. 국민연금은 사업이 곤란하거나 실직, 학업, 군입대 등으로 보험료를 낼 형편이 못 되면 일정 기간 보험료 납부가 면제되는 납부 예외자가 되어 미래 연금미수급자로 전락할 우려가 있다. 2002년 자활실태조사에 따르면 최저생계비 기준 빈곤층과 소득이 최저생계비의 120% 정도인 차상위층을 포함한 저소득층의 국민연금 가입률은 23%에 불과하다.

고용보험은 비정규직 고용 특성상 적용되기 어려운 실정이다. 저소득층은 주로 5인 미만 영세 사업장에, 임시 일용직이나 시간제, 비정규 근로자이거나, 영세 자영업자인 경우가 많기 때문에 저소득층 근로자의 대부분이 실직이나 소득 상실의 위험에 대한 최소한의 경제적 대비를 갖추고 있지 못한 실정이다. 저소득층은 취업지위가 취약하기 때문에 중산층보다 고용보험의 보호가 더욱 필요하지만 저소득층의 고용보험 가입률은 18%에 그친다.

6. 저소득 가계를 위한 소액신용대출과 자산형성지원제도

저소득층은 장래의 커다란 지출에 대비하여 저축을 할 여유를 갖기 어렵다. 노동시장에서의 취약한 지위로 인해 안정된 소득을 지속적으로 얻을 수 있는 일자리를 갖기가 어려울 뿐 아니라, 자영 사업을 하는 데 필요한 창업 자금을 얻기는 더욱 어렵다. 이 절에서는 저소득층의 저축과 창업을 지원하는 공적 프로그램으로서 마이크로크레디트와 자산형성지원제도에 대해 고찰하여 보고자 한다.

1) 마이크로크레디트(소액신용대출)

마이크로크레디트는 금융회사를 이용할 수 없는 사회적 취약계층에게 소액의 대출과 여타의 지원활동을 제공함으로써 이들이 빈곤에서 벗어날 수 있도록 돕는 활동을 의미한다. 마이크로크레디트는 1976년 방글라데시의 빈민운동가 무하마드 유누스가 1976년에 세운 그라민은행(Gramim Bank)에서 시작되었는데, 1990년대 이후 급속히 성장하여 저개발국뿐만 아니라 선진국에서도 이와 유사한 형태의 금융회사가 활동하고 있다.

마이크로크레디트는 기본금융서비스에 대한 접근성이 떨어지는 금융소외계층에게 금융서비스를 제공하여 소득 증가 및 자산 형성을 유도하고 이에 따라 사회경제적 지위 및 의식수준까지 변화되는 등 삶의 질 향상에 기여하는 것을 목표로 한다(금융감독원, 금융용어사전). 일반 대출과는 달리 신용등급이 낮아서 제도권 금융기관으로부터 자금 차입이 어려운 저소득층에 보증이나 담보 없이 소액의 자금을 대여하여 창업 등 경제활동에 필요한 자금을 조달할 뿐 아니라 기술지원과 경영컨설팅 서비스 등을 함께 지원함으로써 경제적 곤궁함을 탈피하도록 적극적으로 지원하는 제도이다.

① 방글라데시와 미국의 마이크로크레디트 현황

방글라데시의 그라민은행은 가장 성공적인 마이크로크레디트 은행으로 평가된다. 1999년 말 현재 5만여 지역의 435만 가구에 평균 200달러를 대출(연간 5억 달러)하였다. 융자대상자들의 상환능력을 검증하기 위해 첫 융자 상환에 성공하면 추가 융자가 가능하게 하는 단계적 융자방식과 융자 상환에 대한 인센티브를 주기 위해 시차제 융자방식(Staggered Loan Disbursement)을 적용한다. 첫 융자규모는 개인당 평균 3,000다카(약 $75) 정도로 소규모이나, 상환이 성공적으로 이루어질 경우 이전 융자보다 큰 규모의 융자를 횟수에 상관없이 제공한다.

극빈층에 속하는 융자대상가구들을 빈곤으로부터 탈출시키기 위해 교육 및 지원 서비스를 제공한다. 교육방식은 주로 관찰과 실습 등을 통해 이루어지고, 사업체의 기술 혁신을 주 내용으로 하는 소식지 발간, 강연회 개최, 생산품 전시회 등 다양한 창업 지원 서비스를 지원한다.

미국의 액시온(ACCION)은 소수 인종들이 신용을 쌓아 금융기관과 거래할 수 있도록 가교 역할을 수행하며, 공동체 지원방식이 아니라 기존 영세자영업자를 대상으로 개인에게 지원하고 있다. 대상자 선정에는 사업성공 확률을 중요하게 고려하고, 성공적으로 융자 상환이 이루어지면 추가 융자를 계속적으로 받을 수 있는 단계적 융자방식을 적용한다.

대출자들에게 경영지도에 초점을 맞춘 교육을 시행하는데, 가격결정, 품질관리, 고객서비스, 시장 환경 진단, 홍보방법 등을 비디오나 게임, 역할놀이, 집중토론 등 직접 참여하는 방식으로 교육한다. 대출이 이루어진 이후에도 정기적인 전화상담, 방문서비스 등을 통해 지원과 사후적인 관리가 이루어지고 있다.

② 우리나라의 마이크로크레디트 현황

우리나라에서는 신나는 조합, 사회연대은행 등의 마이크로크레디트 기관이 저소득층의 창업을 위한 자금대출 및 기타 지원프로그램을 제공하고 있다.

우리나라 최초의 마이크로크레디트 기관은 신나는 조합이다. 신나는 조합은 2000년

〈소비자복지코너 2-3〉 그라민은행(Gramin Bank)

그라민은행은 방글라데시의 빈민운동가 무하마드 유누스가 1976년에 세운 현대적 마이크로크레디트의 시초이다. 지난 30여 년간 52억 3,000만 달러의 대출 실적을 올렸으며 대출 상환율은 99%에 이른다. 대출 받은 빈민 600만 명 중 절반 이상이 가난에서 벗어난 것으로 알려져 있다.

방글라데시의 유복한 가정에서 출생, 미국 유학까지 다녀와 치타공대학에서 경제학을 가르쳤던 유누스 박사가 마이크로크레디트를 통한 빈민구제 사업에 나서게 된 계기는, 기아선상에 헤매는 방글라데시의 빈곤 앞에 이론의 무기력함을 느끼고 조브라 마을로 들어가면서부터였다. 조브라 마을 주민들은 고리대금업자의 횡포로 하루 노동의 대가를 고리대금업자에게 고스란히 바쳤고, 겨우 끼니를 해결할 수 있을 정도의 돈만 손에 쥘 뿐이었다. 정상적인 금융기관을 이용할 수 있는 서민들은 동서고금을 막론하고 고리대금의 유혹을 물리치기 어렵다. 일례로 필리핀의 어느 섬에는 '56제도'라고 해서 오전에 5페소를 빌려서 오후에 600페소를 갚아야 하는 경우도 있다. 이런 어이없는 일이 세계 도처에 비일비재한 실정이다. 이에 유누스 박사는 빈곤층이 고리대금의 예속 상태로부터 벗어나기 위해서는 인위적인 외부의 지원이 필요하다는 인식을 갖게 되었고, 조브라 마을 주민 42명에게 27달러를 빌려주어 빚을 갚는 데 사용하게 했다. 1976년 마이크로크레디트와 그라민 프로젝트의 시작을 알린 사건이었다.

이렇게 시작된 그라민프로젝트는 많은 활동가와 수혜자들의 의지로 1983년에는 법인형태인 그라민은행으로 전환하는 등 확장의 길을 걸어왔고, 창립 30주년을 맞이한 올해에 직원 18,151명, 지점 2,185개를 운영하는 거대 은행으로 발전하였다. 30년 세월 동안 그라민은행으로부터 대출을 받은 사람들은 약 600만 명에 이르고, 이들 가운데 58%가 자신의 삶을 바꿔 빈곤에서 벗어난 것으로 집계되고 있다.

그라민은행의 마이크로크레디트가 방글라데시에서 보인 성과로 △생활수준이 급속히 향상 △여성의 권한 신장 △출산율 저하 △여성의 평균수명 증가 △초등학교 진학률 100%, 중고등학교에서 여학생 비율이 남학생을 능가하게 된 사실을 들 수 있다.

출처: 사회연대은행

7월 방글라데시의 그라민은행으로부터 5만 달러를 지원받아 설립되었고, 빈곤퇴치를 위한 자활, 자립 의식의 고취, 빈곤층의 자영업 창업기회 제공, 통합적 빈민자활, 자립 프로그램 운영을 주 내용으로 한 교육 · 훈련 프로그램 지원, 자활 · 자립을 위한 개별 사례 상담 및 가족지원 등 통합적 사회복지 서비스 제공 등의 사업을 시행하고 있다.

신나는 조합의 주된 대출 대상은 실질적인 가장의 역할을 담당하는 도시빈민여성, 장기실직 빈곤자로서 기존의 금융권을 이용하여 대출할 수 없는 서민, 도시에서 일자리를 찾지 못해 도시를 떠나 농촌에 정착한 귀농자, 과거 알코올중독자, 노숙자로 기존 금융권 대출을 받기 어려운 사람들, 장애인 그리고 경제적으로 가난하지만 근로능력과 자활의 의지가 있는 사람들이다. 대출 기금은 정부기금, 기업 및 개인의 민간출연기금을 통해 조성되는데, 2006년 현재 33개 조합, 조합원 128명에게 총 8억 원이 대출되었다.

사회연대은행은 저소득 소외계층의 통합적인 창업지원 서비스를 제공하는 비영리단체로서 2002년에 설립되었는데, 취약계층의 일자리 창출과 탈빈곤이 가능하도록 소규모자영창업에 필요한 자금을 지원하고, 교육훈련 및 컨설팅을 통합적으로 제공한다. 창업 지원을 위해 사회연대은행은 삼성, KT, SKT, 신한은행, 국민은행 등 대기업으로부터 기금을 조성 받았으며, 2006년 현재 214가구 133개 업체를 지원하고 있다.

2) 저소득층 자산형성 지원제도

생활유지에도 소득이 빠듯한 저소득층은 교육비, 의료비, 주거비 상승 등 장래에 예상되는 커다란 지출에 대비한 저축을 하기가 어려운 실정이다. 우리나라에서도 저소득층의 저축을 촉진하기 위하여 근로소득이 있는 저소득층이 주택구입이나 임대, 가족의 교육이나 기술훈련 비용, 소규모 창업, 의료비 등의 비용을 충당하기 위해 저축을 할 경우 정부와 민간 기부금으로 매칭펀드를 지원하는 저소득층 자산형성 지원제도가 2007년부터 시행되고 있다. 기본 매칭률은 1 : 1로 개인저축액에 대하여 저축액의 1배에 해당하는 매칭금은 정부가 지원하고, 사회복지공동모금회, 종교기관, 민간기업 및 단체 등의 민간에서 추가적인 매칭금 지원이 이루어져야 한다. 지원하는 저축규모는 월 10만 원 내외로 상한선이 있고, 적립기간은 3년으로 제한된다. 3년 이내에 인출하거나 다른 용도로 저축을 인출하면 본인 저축 부문만 인출이 허용된다.

<소비자복지코너 2-4> 외국의 자산형성지원제도

북미와 유럽 선진 각국에선 저소득층의 자산 형성을 지원하기 위한 각종 제도가 정부 또는 민간 중심으로 마련돼 시행 중이다.

미국의 '개인개발저축예금(IDA)'제도는 저소득자들이 자산을 축적함과 동시에 향후 이를 관리할 수 있는 금융 지식을 습득할 수 있도록 돕는 것을 목적으로 한다. 지역 사회의 관련 센터나 금융회사들이 저소득자들에게 저축액만큼 직접 보조금 형태의 저축 장려금(matching deposits)을 지급하고 금융 교육도 제공한다. 예금액은 최초 주택 구입, 교육, 소규모 사업에만 제한적으로 사용하도록 하고 있다. 기존의 저축지원제도인 IRAs(Individual Retire Accounts)나 401(k)과 달리 대상을 저소득층으로 한정하고 세금공제 방식 대신 장려금을 이용하며 금융 교육을 실시한다는 점에서 차이가 있다.

영국은 납부 세액이 적어 저축에 대한 세제 혜택을 받지 못하는 저소득층에까지 저축의 혜택을 확대하기 위해 저축 장려금을 지급하는 '차일드 트러스트 펀드(Child Trust Fund)'와 '세이빙 게이트웨이(Saving Gateway)' 제도를 시행하고 있다. '차일드 트러스트 펀드'는 모든 신생아에게 계좌를 개설해 줘 18세가 될 때까지 저축한 금액을 일시에 지급함으로써 가정환경 등에 영향 받지 않고 학업을 지속할 수 있도록 하는 프로그램이다. 저소득층 자녀에게는 장려금 혜택이 더 많이 주어진다. '세이빙 게이트웨이'는 미국의 IDA를 모델로 한 제도로 저축을 시작하는 데 어려움을 겪는 사람들을 도와 이들이 정기적으로 저축하는 습관을 들일 수 있도록 하는 것을 목적으로 하고 있다.

캐나다의 '런세이브(LearnSave)' 역시 IDA와 유사한 제도다. 캐나다는 물적자본 형성을 위한 미국의 IDA나 저축습관 향상을 목적으로 하는 영국의 '세이빙 게이트웨이'와 달리 인적 자본에 투자할 수 있는 기회 확대를 목적으로 한다. 따라서 이 제도를 통해 축적된 저축액은 향후 교육과 기술 습득에 사용하도록 하고 있다. 캐나다는 저소득계층의 주택 마련을 통한 자산 형성을 위해 '홈세이브(HomeSave)'란 프로그램도 운영하고 있다.

이 밖에 독일 프랑스 일본 등에선 근로자의 자산 형성을 위한 종업원 지주제도와 함께 저축에 대해 장려금을 지원하거나 세제 혜택을 주는 제도를 지속적으로 운영하고 있다.

출처: 한은과 함께하는 알기 쉬운 경제

제3장 저소득층의 소비자복지

1. 저소득층 소비자
2. 기업의 저소득층 소비자복지 향상 방안
3. 정부의 저소득층 소비자복지 향상 방안

제 3 장

저소득층의 소비자복지

저소득층의 소득소비수준은 빈곤선을 크게 밑도는 수준인데 도시보다 농촌가구의 소득 부족이 더욱 심각하다. 빈곤층의 소득수준은 전 계층의 소득수준과 큰 격차를 보이고 있고 저소득층 적자지출의 주요 원인은 임대료, 교육비, 빈곤의료비의 과중한 부담 때문이다. 저소득층은 소득수준이 낮아 구매경험이 적으며, 시간적 제한으로 비교구매 등의 기회가 적다. 저소득층은 소득의 대부분을 음식물, 의류, 주거 등의 기본 필수적인 비용으로 지출하고 있고, 교육수준이 낮아 대체로 구매정보에 대한 지식이 적으며, 이로 인해 소비자능력이 다른 소비자보다 낮을 수밖에 없다. 또한 저소득층 소비자의 계약에 따른 권리와 의미의 이해수준에 있어서도 낮다. 저소득층 소비자는 소득이 낮고 불안정하기 때문에 소비자로서의 능력이 더 많이 요구되지만 오히려 소비자 기능이 다른 소득층에 비해 낮은 것으로 지적되고 있다. 게다가 저소득층은 일반적으로 일상생활에서의 불만을 물질축적으로 해소시키려 하고, 소비에 있어 보상소비적 동기를 갖는 경향이 있다. 이러한 보상소비 동기는 소비자의 합리적 소비생활을 저해하며, 사업자의 허위상술에 쉽게 유혹되어 소비자피해가 빈번하게 발생되고 있다. 여기서는 저소득층 소비자의 소비자문제, 저소득층 소비자복지향상 방안 등에 대해 다루고자 한다.

1. 저소득층 소비자

저소득층은 그들의 개인적 특성, 인구 · 통계적 특성, 소비자 능력, 주변 시장환경 등의 측면에서 상대적으로 불리한 소비자 집단이라 할 수 있다. 저소득층의 개념적 정의, 소비자문제, 소비자문제 사례 등에 대해 살펴보면 다음과 같다.

1) 저소득층의 개념적 정의

빈곤의 개념에 대해서는 학자들과 국가에 따라 상이하게 정의되고 있다. 우리나라에서는 빈곤의 개념이 호구지책을 해결하지 못하거나 의식주와 같은 민생문제가 해결되지 못하는 생계비에 근거한 절대적 개념으로 인식되어 왔으나 최근 상대적 빈곤 개념이 일부 받아들여지고 있다. 저소득층의 소비자문제는 절대적 빈곤자는 물론 상대적 빈곤자의 소비자문제도 포함한다.

(1) 절대적 빈곤

절대적 빈곤이란 객관적으로 결정한 절대적 최저한도보다 미달되는 소득상태를 말한다(강이주 · 김영신 · 허경옥, 2006). 흔히 의식주 등 생활에 필요한 기본적 필수품을 획득

〈표 3-1〉 생활보호법과 국민기초생활보장법에서의 저소득층 개념 및 지원

	생활보호법	국민기초생활보장법
법적 용어	◇ 국가에 의한 보호적 성격 – 보호대상자, 보호기관	◇ 저소득층의 권리적 성격 – 수급권자, 보장기관, 생계급여 등
대상자 구분	◇ 인구학적 기준에 의한 대상자 구분 – 거택보호자: 18세 미만 아동, 65세 – 자활보호자: 인구학적으로 경제활동 가능한 근로능력자	◇ 대상자 구분 폐지 – 근로능력이 있는 자(대통령령 제정예정) (연령기준 외에 신체적, 정신적 능력과 부양, 간병, 양육 등 가구여건 감안 가능)
대상자 선정기준	◇ 보복부장관 정하는 소득/재산 이하 ('99년: 월소득 23만 원/인 · 월재산 2,900만 원/가구)	◇ 소득인정액이 최저생계비 이하인 자(소득인정액: 개별가구의 소득평가액과 재산의 소득환산액을 합산한 금액)
급여수준 자활지원 계획	◇ 생계보호: 거택보호자에게만 지급 ◇ 의료보호(거택보호 의료비 전액지원, 자활보호: 의료비의 80%) ◇ 교육보호(중고자녀학비전액지원) ◇ 해산보호 ◇ 장제보호, 자활보호 등	◇ 생계급여: 모든 대상자에게 지급하되 근로능력자는 자활 관련 사업 연계 조건부 ◇ 주거급여 신설: 임대료, 유지수선비 등 주거 안정을 위한 수급품 ◇ 긴급급여 신설: 긴급필요시 우선 급여 실시 ◇ 의료, 교육, 해산, 장제보호 등은 현행과 동일
	◇ 신설	◇ 근로능력자가구별 자활지원계획수립 자활지원 – 근로능력, 가구특성, 자활욕구 등 토대로 자활방향, 자활필요 서비스, 생계급여조건 등 계획 – 자활에 필요한 서비스를 체계적으로 제공하여 수급권자의 궁극적인 자활을 촉진

할 수 없어 최저생활수준도 유지하지 못하는 상태로 본다. 절대적 빈곤은 경제성장이 계속되어 그 사회의 전반적인 생활수준이 향상되면 빈곤선 이하의 생활을 하는 사람의 숫자도 감소하게 된다는 의미를 내포하고 있다.

(2) 상대적 빈곤

상대적 빈곤은 동일 사회 내 다른 사람과 비교하여 상대적으로 빈곤한 상태를 말한다. 이 개념은 특정 사회의 전반적 생활수준과 관련 있어 상대적 박탈과 불평등의 개념을 중요시한다. 따라서 상대적 빈곤은 특정사회의 구성원 대다수가 누리는 생활수준에 따라 크게 달라진다. 상대적 빈곤 개념은 대다수가 누리는 생활형태를 측정하기가 거의 불가능하고 또한 그 수준의 어느 정도를 빈곤선으로 결정하느냐 하는 것이 인위적일 수밖에 없는 제한점을 가지고 있다.

〈표 3-2〉 절대적 빈곤과 상대적 빈곤의 개념 비교

절대적 빈곤	상대적 빈곤
◇생계비 또는 영양측정에 의한 최저수준	◇상대적 관점이나 자원 및 생활양식에 의해 규정
◇아사(餓死)와 같은 상태	◇최저생활수준 해결된 상태의 불평등 의미

우리나라 소득5분위배율(상위 20% 계층 소득을 하위 20% 소득으로 나눈 비율)은 1996년 4.28배에서 2003년에는 6.49배로 늘었다. 미국은 납세자 중 소득금액 상위 1%가 벌어들인 소득비중이 2003년 16.8%에서 2004년 19%로 높아졌다. 일본은 소득분배불평등 정도를 나타내는 지니계수가 1979년 0.271에서 2004년 0.308로 상승했다. 대부분의 국가에서 부자들이 더 많은 돈을 벌어 소득양극화가 심화되고 있는 것이다. 특히 주목되는 것은 우리나라에서 중산층이 엷아지는 반면 빈곤층이 빠르게 늘고 있다는 사실이다. 경제협력개발기구(OECD)에 따르면 소득이 전국 가구 소득 중간 값의 50% 미만인 가구 비율을 나타내는 빈곤율이 우리나라의 경우 2003년 16.9%에서 지난해에는 18%로 높아졌다. 미국 아일랜드에 이어 빈곤율이 선진국 3위라는 일본 15.3%보다 높다. 빈곤층이 빠르게 증가하는 데는 실력주의 이외 요인들도 물론 작용하고 있다. 이처럼 소득의 양극화는 세계적인 현상이며 구조적인 문제에서 비롯되고 있다.

(3) 빈곤선과 생활보호대상자 선정기준

우리나라의 경우 「생활보호법」의 규정으로 볼 때 정부가 채택하고 있는 공식적 빈곤 개념은 건강하고 문화적 최저생활이 유지되지 않는 상태라고 할 수 있다. 따라서 생활보호대상자로 선정된 사람은 공식적 빈민이라고 할 수 있으며 동시에 그들을 선정하기 위한 기준인 생활보호대상자 선정기준이 우리나라의 공식적 빈곤선이라 할 수 있다.

생활보호대상자 선정기준은 소득과 재산의 두 가지 기준으로 되어 있는데, 현행 생활보호대상자 선정기준은 생활보호예산규모와 일제조사결과의 자산분포상황에 맞춘 임의의 행정기준에 가깝다. 따라서 생활보호대상자 선정기준은 국민소득수준 향상에 따른 일반가구의 지출수준 상승을 반영할 수 없어 경제수준의 향상에 따라 일반 가구의 소비지출 수준과의 격차는 점차 커지고 있다. 한편 최근 차상위 저소득계층이라는 개념이 많이 사용되고 있는데 이는 최저생계비의 130% 이내 포함되는 저소득 가구를 말한다(2007년 현재 최저 생계비 372,978원의 130% = 484,871이므로 차상위계층의 소득수준이 약 490,000원 이하인 경우 차상위 저소득계층이다).

(4) 최저생계비

최저생계비는 일반 국민의 소득 · 지출수준과 수급권자의 생활실태, 물가상승률 등을 고려하여 결정한다. 매년 최저생계비는 전년도 12월 1일까지 중앙생활보장위원회의 심의, 의결을 거쳐 공표된다. 최저생계비를 결정하기 위한 기초자료로서 보건복지부장관은 5년마다 계측조사를 실시하도록 하고 있다. 한편 생활보호대상자를 위한 각종 지원은 생계급여, 주거급여, 자활급여, 교육급여, 해산급여, 장제급여, 의료급여가 있다. 기초생활수급자를 대상으로 하는 각종 감면제도는 〈표 3-3〉에 제시한 바와 같다.

〈표 3-3〉 기초생활수급자의 각종 감면제도

시행	감면제도	법적 근거	감면 내용
1989	◇ 주민세 비과세	◇ 지방세법 제174조	◇ 주민세 · (개인균등할) 비과세
1978	◇ TV수신료면제(사회복지시설 포함)	◇ 방송법시행령 제44조	◇ 월수신료면제

	◇주민등록표 열람 발급 ◇주민등록증 재발급	◇주민등록법시행규칙 제16조	◇해당수수료 면제 ◇해당수수료 면제
1984	◇상수도 및 하수도 요금 감면(서울시의 경우)	◇지방자치단체 급수 조례 및 하수도 사용조례	◇하수도 사용조례 · 상수도 ◇구경별 기본요금 · 하수도 · 기본양 면제
1995	◇종량제폐기물수수료 감면	◇자치단체폐기물관리조례	◇해당수수료 감면 ◇쓰레기봉투 지급
2001	◇복지전화서비스	◇전기통신사업법제2조 ◇동법시행령 제2의 ◇동법시행규칙 제2조	◇유선전화 가입비 및 이전비 면제 ◇유선전화 월기본료/114전화 면제 ◇시내외 통화료 중 월 150도수 공제 ◇이동전화에 건 통화료 30% 감면(1만원 한도) ◇이동전화 가입비 면제 ◇이동전화 월기본료/통화료 35% 감면 ◇월 인터넷 접속료 30% 감면
	◇전화기본요금 감면(복지전화서비스대상자 및 시설수급자는 제외)	◇한국통신 내부약관	◇월 기본요금 중 1,000~1,200원(지역별로 상이) 감면
2005	◇전기요금 할인	◇한국전력 전기공급약관	◇전기요금의 20% 할인

2) 저소득층 소비자 문제

(1) 빈곤층에 대한 시각

빈곤층에 대한 견해는 크게 두 가지로 저소득층 또는 빈곤층의 부정적 측면(숙명론, 절망, 무기력 등)을 강조하는 접근과 빈곤층에 대해 다소 옹호적 입장, 즉 '건전한 빈자'를 강조하는 견해이다(양세정 외 1998). 먼저 빈곤층의 부정적 측면을 강조하는 시각이란 빈곤층은 운명론적 사고를 하고 충동적으로 행동하며, 현재의 만족을 지연시키는 능력이 낮고 공격성과 불법성을 쉽게 수용하며 권위에 약하다라는 견해가 그것이다. 미국의 저소득층 소비자를 연구한 학자들은 일반적으로 빈곤층은 심리적으로 무기력하고 운명론적인 사고를 하며, 성취동기가 낮고 현재 지향적인 태도를 갖고 있다고 하였다. 그리고 저소득층 소비자들은 동기수준이 낮아 책임의식이 적어 좌절하기 쉽고 낮은 동기 수준과 함께 생활에서의 불만을 자원의 축적에서 보상하려 하기 때문에 보상 소비적 동기를 갖는다고 하였다. 반면 다소 옹호적 입장의 견해는 '건전한 빈자'의 개념으로 설명한다. 즉 열망수준이 높은 건전한 빈자라는 견해이다.

이와 같이 빈곤을 바라보는 즉 저소득층을 바라보는 시각에 차이가 있을 수 있으나 저소득층 소비자의 일반적 특징은 다음과 같다. 첫째, 비교적 소득수준이 낮아 구매경험이 적으며, 시간적인 제한으로 인해 비교구매의 기회가 많지 않다. 둘째, 교육수준이 낮아 대체로 구매정보에 대한 지식이 적으며, 이로 인해 소비자능력이 다른 소비자보다 낮을 수밖에 없다. 셋째, 저소득층은 일반적으로 일상생활에서의 불만을 물질의 축적으로 해소시키려 하는 보상 소비적 동기를 갖고 있다. 넷째, 저소득층 소비자의 보상적 소비 동기는 소비자의 합리적인 소비생활을 저해하며, 사업자의 허위상술에 쉽게 유혹되어 소비자피해가 빈번하게 발생된다. 다섯째, 저소득층 주변의 시장환경은 대체로 열악한 편이다. 예를 들어, 주변의 상점들에서 제공하는 제품들은 품질에 비해 가격이 높고, 구색이 다양하지 못하다.

(2) 저소득층 소비자문제 유형

급속한 과학기술 문명의 발달과 경제발전은 소비자에게 다양한 종류의 상품과 서비스를 제공하여 왔다. 그러나 다른 측면에서는 부정적 결과도 초래하였다. 예를 들면, 생산자인 기업의 기능은 점차 확대되고 생산자 상호 간의 치열한 경쟁을 유발시켜 허위광고, 기만적 상행위 및 상품의 질 저하를 초래함으로써 소비자의 건전한 소비생활을 저해하여 왔다. 한편 대다수의 소비자들은 물질적인 풍요를 얻게 된 반면 상품과 서비스에 관한 정보획득에 어려움을 겪게 되어 현명한 의사결정을 내리기 어려워졌다. 또한 소비자들은 가격형성에 참여할 수 있는 기회를 상실하게 되어 결국 소비자는 경제적, 정신적 손실을 입는 소비자문제가 발생하게 되었다(김경자 · 이기춘, 1986). 이러한 소비자문제는 특히 저소득층에서 심각하다. 그 이유는 저소득층 소비자는 빈곤의 문제뿐만 아니라 열악한 시장환경 등 구조적 소비자문제를 가지고 있으며 교육의 기회 부족, 자원부족에 기인한 지식과 기능의 결여, 사회부적응 등 취약한 조건들은 소비자문제를 더욱 심각하게 한다. 모든 소비자들이 동일한 소비자문제를 겪는다 하더라도 그로 인해 소비자복지에 가장 큰 타격을 받는 계층은 저소득층이기 때문이다(성지미 · 문숙재, 1998).

저소득층은 그들의 낮은 구매력 때문에 소비자정책이나 기업의 마케팅정책에서 무시되어 왔다. 기존의 저소득층에 대한 정부정책은 고용과 소득, 직업훈련, 주거문제 및 의료문제의 측면만을 강조해 온 경향이 있다. 소비자복지향상은 소득의 증진과 아울러 소비의 효율성이 제고되어야 효과적으로 달성될 수 있음을 그동안의 정부정책은 간과하고 있다(김경자 · 이기춘, 1986). 저소득층의 소비자문제는 다른 계층과 비교하여 원인과 정도 면에서 차이가 있고, 소득의 효율적 사용 측면과 관계되어 소비자복지에 영향을 미치기 때문에 주목해야 한다.

저소득층 소비자문제는 여러 측면에서 그 문제의 원인을 파악할 수 있다. 첫째, 경제적 빈곤으로 인한 구매력부족 문제, 둘째, 소비자의 개인적인 특성에 기인한 것으로 예를 들면 고령, 낮은 교육수준, 낮은 소비자 기능 등으로 인한 소비자문제, 셋째, 값싼 대규모 시장의 부족, 상점의 높은 관리비용과 부실관리로 인해 소비자들이 비싼 가격으로 낮은 품질의 상품을 구매하게 되는 시장구조적 문제, 넷째, 불법적이고 비윤리적인 상거래 및 저소득층 소비자의 취약성을 이용한 상인의 착취문제, 다섯째, 정보의 불균형 문제이다. 이러한 소비자문제들의 원인은 서로 완전히 배타적인 것이 아니라 상호작용하여 저소득층 소비자문제를 더욱 악화시키고 있다. 이 같은 저소득층의 소비자문제를 구체적으로 살펴보면 다음과 같다.

① 구매력 부족 문제

일반적으로 중간소득층 및 고소득층의 소비자문제는 제품과 서비스를 구입하는 데 필요한 자금은 가지고 있으나 어떤 대체안을 효율적으로 선택해야 할지 모르는 것에서 비롯되지만, 저소득층의 소비자문제는 원하는 재화를 구입하는 데 필요한 자금의 부족에서 비롯되는 문제, 즉 자원의 부족과 관련된 문제이다. 저소득층 소비자들은 그들의 낮은 구매력 때문에 마케팅 대상에서 제외되는 경향이 있고 그 결과 그들의 불이익과 욕구를 시장에 반영하지 못하여 소비자문제를 더 심각하게 경험한다. 대부분의 저소득층은 구매능력과 구매 빈도가 적으므로 기업의 고객대상에서 벗어나는 경우가 대부분이다. 즉 저소득층 구매자들은 생필품이나 저가격 제품 같은 것에만 구매능력이 있고 여가나 취미 생활제품들은 이들의 능력 밖에 있다. 이렇다 보니 저소득층 소비자들이 주로 찾는 구매의 장소 역시 재래시장이나 할인마트 같은 곳에 집중되고 있다. 백화점이나 고가의 의류점 같은 곳에서 저소득층 구매자들은 만나 보기 어렵다. 결국 이들은 점점 소비주체에서 소외되고 있는 것이다. 결론적으로, 저소득층 소비자의 소비문제는 낮은 구매력으로 인해 시장에서 화폐에 대한 충분한 가치를 실현하지 못하며 효율적 소비에 대한 장애를 갖게 된 것을 말한다.

② 개인적 특성 문제

저소득층의 문제를 저소득층 개인의 특성, 즉 저소득층의 가치, 태도, 동기, 인성 면에서 저소득층 소비자문제의 원인을 찾으려는 견해가 있다. 예를 들면, 낮은 소비자 지식과 기능수준으로 초래하는 낮은 시장능력 수준이 소비자문제를 발생시키는 원인이라고 설명한다. 저소득층 소비자들은 구매와 관련된 기술 측면의 지식 및 계약에 따른 권리와 의무를 이해하는 수준이 낮고, 법률에 관한 지식이 부족하여 문제해결에 전문가의 도움을 받지 않으며 정보탐색행동에서도 능력과 기능이 부족하다. 저소득층은 중립적 매체정보원이나 소비자교육 및 객관적 정보보다는 친척, 친구 등 인적정보원에 의존하는 경향이 있다. 또한 구매 후 불만처리 기능에서도 소득계층별로 차이가 있는데 저소득층은 중간소득층보다 적극적이지 못해 시장에 그들의 의사를 반영하지 못하고 있다. 결론적으로 저소득층 소비자문제가 심각한 이유는 저소득층의 태도, 동기, 인성 면에서 다른 소비자들에 비해 불리하기 때문이다. 저소득층은 운명론적 가치 지향을 갖고 있으며 이것은 낮은 교육수준의 영향 때문이다. 저소득층 소비자가 다른 소득층에 비해 소비자 기능이 낮고, 시장위험도는 가장 높으며, 소비자가 지각한 소비자 문제 정도는 가장 높은 것으로 알려지고 있다.

③ 시장 구조적 문제

저소득층 소비자문제는 소비자가 거래관계, 정보, 기술조작, 부담전가, 조직력, 시장지배력 등에서 생산자에 비해 약한 입장에 있다는 점에서 출발한다. 특히 저소득층 소비자는 다른 소득계층보다 주로 거래하는 시장의 특성 및 구조상의 심각한 문제를 경험한다. 저소득층 소비자들은 대개 소규모 상점을 이용하는데 이들 소규모 상점은 규모의 경제 결여, 관리 운영상의 비효율성 위험에 대한 보증의 결여 등으로 상품의 품목은 제한되고, 가격은 높고 품질은 낮다. 또한 공간의 부족으로 인해 상품의 진열이 잘 되어 있지 않아 소비자의 효율적인 선택은 더욱 침해를 받게 된다. 특히 내구재의 경우, 가격이 비싸며 저소득층 지역에서의 사업의 위험성 때문에 이것이 정당화되고 있다. 이러한 저소득층지역 시장에서 상인들은 저소득층 소비자와 시장구조에서의 취약점을 이용하여 불법적이고 비윤리적인 상거래를 형성하고 있다. 그 결과 저소득층 소비자는 불친절한 태도, 고압판매방법, 보증의 결여, 비합리적인 신용거래와 이자부담, 미끼사용 바꿔치기 광고 등의 소비자문제를 경험하게 된다. 그러나 이러한 문제에도 불구하고 저소득층 소비자들은 이런 상점을 계속해서 이용하는데 그 이유는 다음과 같다. 첫째, 저소득층 소비자들의 많은 가족 수, 많은 노동시간, 쇼핑시간부족, 교통문제 등으로 효율적인 소비시장을 접할 기회가 제한되고 있고, 다른 지역에서는 외상거래가 가능하지 않으며, 차별, 무시를 받을 수 있기에 동기에서 제약을 갖는다. 둘째, 사회화의 필요성 때문으로 저소득층 소비자들은 그 지역에서 구매를 함으로써 새로운 물건, 친구, 상점원과의 사회적인 접촉을 통하여 무기력한 생활에서 벗어나는 경향이 있다(김성숙 · 이기춘, 1989).

이처럼 시장구조적 불리한 상황으로 저소득층의 소비자 문제는 크게 두 가지 형태로 발생한다. 첫째, 저소득층은 소비자기만(consumer fraud)의 표적이 되고 있다. 저소득층 소비자문제에 특별히 관심을 보여야 하는 이유는 저소득층 소비자들은 소비자 중심 사회의 혜택을 거의 받지 못하는 반면 소비자 사회가 안고 있는 문제를 더 많이 안고 있기 때문이다. 저소득층이 낮은 소득 때문에 직면하는 어려움에 대처할 능력이 부족하고, 정보가 충분하지 못하기 때문에 대항력이 없으며, 소득이 적어 시장 메커니즘에 대한 이해가 부족하고, 이들의 구성비율도 전체 시장에 비해 작기 때문에 시장에서 무시당하고 있다. 또한 정보 자체의 문제도 이들에게는 정보비용 부담의 문제로 나타나 그들의 정보수집활동이 미약하다는 것이다. 저소득층 소비자들은 단지 소득이 적다는 이유만으로 소비자 기만의 주요 표적이 되고 있는 실정이다.

둘째, 저소득층은 상대적으로 값비싼 대가를 지불하고 있다. 소득이 낮은 소비자들은 가난하다는 것 때문에 풍요한 소비자들이 가질 수 있는 저축의 기회를 가질 수 없다. 물론 이것을 저소득층의 게으름이나 노력부족으로 볼 수도 있으나 시장구조적 문제로서 현대 자본주의 소비시장의 희생자라고 볼 수도 있다. 예를 들면, IMF 이후 부유층의 실질소득은 점점 늘고 있고, 상대적으로 저소득층의 그것은 점점 줄어들고 있음을 보았을 것이다. 저소득층은 점차 신용거래 및 금융시장에서 소외되고 있다. 저소득층에 대한 차별화의 직접적인 결과는 저소득층의 생활수준을 급속히 저하시키고 있다. 그동안의 소비자보호정책이나 프로그램들은 저소득층의 소비자문제에 대해서 관심을 적게 가졌고 이렇다 할 정책이나 프로그램을 제공하지 않아왔다는 점에 경각심을 가져야 한다.

④ 정보의 불균형 문제

디지털 경제의 발달로 계층 간 정보의 불균형문제는 심각한 사회문제로 대두되고 있다. 소득수준의 차이로 인해 정보화에서 차이가 나고, 사회에서 필요로 하는 정보관련 지식을 갖추지 못할 경우 그 폐해가 심각해질 수 있다. 중산층 이상 가정의 자녀들은 인터넷 환경에의 노출이 비교적 높은 반면, 저소득층 가정에서는 컴퓨터조차 제대로 갖추지 못하는 경우가 많기 때문에 정보격차가 생겨나고 이로 인한 사회 계층 간 격차가 벌어지면서 심하면 사회 안정마저 해칠 수 있다.

정보화사회의 최대 사회문제는 정보약자의 문제이다. 정보시스템 보유정도 및 이용능력에 따라 빈부격차, 사회경제적 불평등은 심화될 수 있고 나아가 정보이용능력이 없는 사람은 생활행위의 무능력자로 전락할 수도 있다. 사회가 정보화되어 간다는 것은 삶의 양식이 점점 더 정보시스템 의존적이 되어 간다는 것이다. 과거의 정보시스템은 정보획득 또는 의사소통의 수단에 불과하였으나 이제는 홈쇼핑, 홈뱅킹, 원격 민원서비스, 재택근무, 원격교육, 원격진료, 온라인교실 등 직접적인 행위의 수단이 되어가고 있다. 따라서 정보시스템 보유정도 및 이용능력에 따라 빈부격차, 사회경제적 불평등은 심화될 수 있고 나아가 정보이용능력이 없는 사람은 생활행위 또는 소비행위의 무능력자로 전락할 수 있다.

가난한 사람과 장애인, 노인들은 대체로 정보분야 약자이다. 돈이 없어 컴퓨터나 모뎀, 휴대폰, 삐삐 등 각종 통신기기를 살 수 없거나 정보통신 서비스를 구매할 수 없으며, 또는 배우지 못해 이용할 수 없거나 당장의 생계에 쫓겨 정보통신 서비스를 이용할 여력이 없는 등 여러 가지 이유로 인하여 상대적으로 정보에서의 약자에 속하는 계층이다. 저소득층 소비자들은 풍요로운 고소득층 소비자들에 비해 상대적으로 정보로부터 소외되고 있다. 저소득층의 소비시장에 대한 이해는 풍요로운 소비자들과의 차이점을 인식하는 것으로부터 시작해야 한다. 저소득층은 정보의 부족으로 제품을 선택하는 데 있어서도 일반 소비자들보다 불확실성이나 힘의 문제에 부딪히고 있다.

결론적으로 소비자로서 저소득층이란 개인적 특성, 인구 · 통계적 특성, 소비자능력, 주변의 시장환경, 정보의 불균형 등의 측면에서 상대적으로 불리한 소비자 집단을 말한다. 최소한의 생활을 영위하기 위해 필요한 소득 이하의 상태, 즉 빈곤선 이하에 속하는 저소득층 사람들의 소비자복지는 심각한 소비자문제이며 동시에 사회문제이다.

3) 저소득층 소비자문제 사례

저소득층의 소비자문제를 실제 사례별로 살펴 볼 필요가 있다. 건강분야, 주거설비분야, 전기분야, 보험분야, 주거환경 분야, 금융 · 신용분야 등으로 나누어 살펴보자.

(1) 건강 분야

① 의료급여 수급자 차별대우(노컷뉴스, 2006년 8월 30일)

정부로부터 의료비를 지원받는 기초생활보호대상자 등 영세서민들은 병원에 입원하거나 진료를 받을 때 여전히 부당한 차별대우를 받고 있는 것으로 드러났다. 정부가 예산 부족 등을 이유로 진료비 지급을 미루면서 일부 병원들이 손실을 막기 위해 환자들을 차별하고 있다는 지적이다. 이같이 병원들이 의료급여 환자들을 차별하는 것은 정부가 예산부족 등을 이유로 의료급여 지급을 미루기 때문이라고 시민단체들은 지적한다. 의료비지원 대상이 확대되는 만큼 의료급여 기금이 확보되지 않고 있다. 그러다 보면 병원에 진료비를 줘야 하는데 자꾸 늦춰지고 이로 인해 병원은 손해보기 싫어 환자들에게 입원보증금을 부당하게 요구하거나, 입원비 중간 정산을 요구하고, 심지어 퇴원을 강요하기도 한다. 결국 저소득층의 의료 권리를 확대하기 위해서는 의료급여지급 체계가 개선돼야 한다.

② 흡연 절연: 돈 없어 담배 끊는 저소득층 증가(머니투데이, 2005년 9월 20일)

담배가격 인상 후 저소득층 성인 남성이 담배를 가장 많이 끊은 것으로 나타났다. 흡연 절연이 바람직하기는 하나 절연 선택의 권리는 저소득층에게 주어지지 않았다고 볼 수 있다. 보건복지부에 따르면 한국갤럽에 의뢰해 흡연율 표본조사를 실시한 결과 2005년 9월 성인남성의 흡연율은 50%로 1년 전인 2004년 9월(58%)에 비해 8%포인트가 감소했다. 2004년 12월 담배가격을 500원 인상한 이후 월 소득 100만 원 미만의 저소득층 흡연율은 지난해 9월 61%에서 39%로 무려 21%포인트나 감소했다. 그러나 200만~299만 원 월소득계층은 지난해 57%에서 올해는 도리어 61%로 증가했다.

③ 불법의료서비스 구매: 서민 상대 '돌팔이' 의사 기승

최근 건강과 아름다움에 대한 일반인의 관심이 증가하면서 의사면허도 없는 일명 '돌팔이' 의사가 기승을 부리고 있다. 예를 들어, 무면허 얼굴 화학 박피술, 무면허 주름제거수술, 무면허 치과 의료행위 등의 피해는 주로 저소득층에게 많이 발생하고 있어 심각하다고 하겠다.

④ 급식 문제: 배고픈 점심시간 식중독보다 무서워(문화일보, 2006년 6월 28일)

생활보호대상자는 중식급식이 제공되고 있는데 학교급식 파동으로 무료급식에 어려움을 겪고 있는 학생들은 서울에만 40개 학교 3,511명에 달한다는 보도가 있었다. 이는 식품안전문제가 저소득층 자녀에게 더 심각하게 영향을 미치는 단적인 사례이다.

⑤ 비만 문제: 웰빙시대, 비만은 빈자의 상징인가?

최근 생계형 비만이 발생하고 있다. 당장의 생계 때문에 선택의 자유가 없는 사람들이 비만식품들을 먹을 수밖에 없다는 것이다. 2001년 IT개발자 커뮤니티 사이트 데브피아(www.devpia.com)가 국내 프로그래머 6,691명을 대상으로 설문조사를 한 결과 시간에 쫓겨 피자 · 라면 등 인스턴트 음식으로 식사를 때우는 경우가 56%에 이르는 등 응답자의 절반이 채소보다는 육류를 섭취할 기회가 많다고 대답했다고 한다. 2002년 11월 25일 전자신문에 따르면 컴퓨터 등 프로그램 개발자들의 직업병으로 복부비만(38%)이 으뜸으로 꼽혔다고 한다. 근무시간은 거의 매일 야근한다가 23%, 일주일에 3~4일 야근이 17%로 나와, 격무에 시달리고 있는 것으로 조사됐다. 주로 먹는 야식은 라면(46%)이었다. 또한 이들은 시간에 쫓기니 패스트푸드를 찾고 영양이 불균형이므로 복부비만이 될 수밖에 없다. 격무에 시달리면서 먹는 것은 비만에 직결인 식품들이다. 최근 강북 거주 여성의 허리 사이즈가 강남 거주 여성의 것보다 1인치 굵다는 뉴스가 있었다(이데일리, 2005년 10월 10일). 이러한 경제적 문제와 생계형 행동이 비만음식 습관, 한(恨)의 심리 등 저소득층 근로자에게 비만과 그에 따른 질병을 안겨주고 있다.

(2) 주거설비 분야: 값싼 임대아파트 승강기 문제(고뉴스, 2006년 10월 2일)

무주택저소득층에 공급하는 대한주택공사 임대아파트에 설치된 승강기에 잦은 고장이 나타나 충격을 주고 있다. 준공 후 3년도 되지 않은 새 아파트에서조차 빈번한 고장이 발생하고 있는 원인은 승강기 구매단가가 복수예비가격 산정범위가 상대적으로 낮은 데 있다고 한다. 무주택 서민들의 안정적인 삶을 위해 값싸게 공급되는 주공임대아파트라도 안전 및 생명과 직결된 승강기만큼은 철저한 관리와 대책이 필요하다.

(3) 전기 분야: 단전, 전기 공급만 끊기는 게 아니다

전기가 끊기면 단지 빛 공급만 끊기는 것이 아니다. 컴퓨터를 켤 수 없어 저소득층 자녀가 숙제를 해 갈 수 없기 때문에 교육 기본권이 침해받는다. 또한 전동휠체어 충전이 불가능하기 때문에 장애인들의 이동권이 침해받는다. 물리치료기나 산소호흡기를 달고 살아야 하는 환자들은 생존권마저 위협받게 된다. 가족해체 직전 벼랑 끝에 선 저소득층 단전가구에 대한 특별한 관심과 대책이 필요하다.

① 최소 전기공급 필수

최근 단전가구가 폭증하고 있다. 2004년 전 국민의 3.5%에 이르는 156만 명이 단전을 경험했다(조승수 전국회의원, 2005). 최저생계 수준의 삶을 보장하고자 한다면 최저생계비 수준의 가전제품을 모두 사용할 수 있는 전력량이 공급되어야 한다. 한국빈곤문제연구소의 연구결과에 따르면 최저생계 보장을 위해서는 최소한 280kWh는 공급되어야 한다.

② 체납가구 요금지원책 모색필요: 전기요금(주택용 전력) 계산법

한국전력(주) 직원들의 후원으로 구성된 아름다운 재단의 '물 한 방울 빛 한 줄기' 기금으로 2004년 단전대상 95가구에게 약 7,000만 원이 지원되었다. 그러나 한국전력이 진정으로 가난한 소비자에 대한 생존권 보장에 관심이 있다면 전력산업기반기금으로 장기체납가구의 요금을 보조해 주어야 한다는 지적이 제기된 바 있다. 「전기사업법」 제48조에 따르면 전력산업기반기금은 정부나 한전이 출연한 것이 아니라 소비자가 내는 전기요금의 4.591%로 조성된 것이다. 전력산업기반기금은 2004년 1조 6,372억 원인데, 그 중에서 2004년 미집행 여유자금은 7,975억 원이다. 정부와 한국전력이 이 돈의 10%인 800억 원만 단전위기 저소득층 지원금으로 사용한다면 빈곤 장기체납가구 전부에게 전력을 무상공급하고도 남는다.

프랑스는 사회적으로 기금을 마련하여 체납가구의 요금을 대납해 주는 제도를 시행하고 있다. 미국 또한 연방정부가 조성하고 주정부가 관리하는 기금을 통하여 장기체납 저소득층의 전기요금을 지원하고 있다. 호주는 단전반원이 방문하기 전 미리 복지상담원의 방문과 상담을 거쳐 가능한 지원책을 모색한 후, 복지사의 허가를 받아 단전 혹은 소전류제한기를 부착할 수 있도록 하는 사전허가제도를 시행하고 있다. 한국도 이러한 사회연대기금의 조성을 통해 전기, 수도, 가스, 연탄, 전화, 인터넷 등의 에너지 필수품을 지원해야 할 것이다.

③ 빈곤층 보호를 위한 「에너지복지지원법」제정 시급(한국전력공사 홈페이지)

에너지정책 및 에너지 관련 계획의 수립 시행에 관한 「에너지기본법」은 가난한 사람들의 에너지 기본권 실현에 적절한 기여를 하지 못하고 있다. 단지 제4조(국가 등의 책무)에 국가, 지방자치단체 및 에너지 공급자는 빈곤층 등 모든 국민에 대한 에너지의 보편적 공급에 기여하여야 한다는 추상적이고 선언적인 문구가 있을 뿐 구체적이고 실효성 있는 조항이 없다. 전력산업기반기금의 활용, 사회연대기금의 설립, 복지상담원 파견과 사전허가제도 도입 등을 가능케 하는 「에너지복지지원법(가칭)」이 제정되는 것이 바람직하다.

④ 저소득층 전기료 할인 홍보 필요(에이블뉴스, 2006년 4월 3일)

한국전력(주)이 저소득층 주민들에게 전기요금을 할인해 주고 있으나, 지방자치단체들의 무관심과 홍보부족으로 요금할인제도가 제대로 시행되지 않고 있다. 한국전력은 2005년 12월 말부터 기초생활보장 수급 가정에 대해선 전기요금의 15%를 할인해 주고 있다. 그러나 충청북도는 3만여 기초생활보장 수급 가구 가운데 20%인 6천여 가구만이 전기요금 할인혜택을 받고 있는 것으로 드러났다. 한국전력 충북지사에 따르면 기초생활보장 수급자 가운데 독거노인 또는 장애인 중 극히 일부만 이 같은 전기요금 할인혜택을 받고 있는 것으로 나타났다. 이는 사회복지업무를 주관하는 지방자치단체 관계자 상당수가 전기요금 할인제도를 알지 못하고 있는데다, 알고 있어도 가입 신청을 유도하는 등 적극 홍보하지 않기 때문으로 보인다.

(4) 보험 분야

① 생명회사의 소득층 차별(경향신문, 2006년 12월 27일)

국내 굴지의 모 생명보험회사가 한국신용정보가 매긴 개인 신용등급에 따라 보험가입을 제한하고 있다고 한다. 개인 신용등급이 최하위인 10등급에 해당하는 경우, 사망보험금 기준으로 보험가입액을 최고 3천만 원 이하로 제한한다는 것이다. 이 생명보험회사가 언론에 이 같은 제한을 두는 이유로 든 것은 2가지이다. 하나는 최하위급 신용등급자들의 중도해지율이 높다는 것이고 또 하나는 보험사기의 개연성이 높다는 것이다. 결국 신용등급이 낮은 사람의 보험가입이 선의의 피해자를 만들어 낸다는 논리이다. 중도해지는 일반적으로 2가지 경우이다. 소비자가 보험금을 납부할 여력이 없어 보험해지를 요구하는 경우와 장기체납자에게 보험회사가 효력상실을 통보하는 경우이다. 그런데 보험회사는 2개월 이상 보험금 체납자에게 체납 2개월째 말일을 기준으로 효력상실을 통보한다. 3개월 경과 후 1년까지는 중도해지의 경우 납입보험료의 1.03%, 2년 33%, 3년 51.6%, 4년 61.3%로 납입기간이 20년인 보험의 경우 20년을 납부해야 납입보험료의 90% 정도를 되돌려 받을 수 있다. 그러므로 사실상 중도해약으로 인한 피해는 보험회사보다는 소비자가 크다는 데 문제의 심각성이 있다.

또 다른 이유인 보험사기의 개연성이 높다는 것은 이 생명보험회사가 자체적으로 조사분석한 자료를 공개하지 않는 한 일반 보험소비자가 납득하기 어려운 이유이다. 보험사기와 같은 사고에 대해서는 법률이 정하는 바에 따라 보험금지급을 거부할 수 있기에 이를 이유로 보험가입을 제한하는 것은 이들을 잠재적 보험범죄자나 악의적인 예비 보험가입자로 인식하는 것이라고밖에 볼 수 없다. 또한 어느 산업에나 위험은 있기 마련이다. 보험사기는 보험회사가 가진 가장 심각한 위험일 수 있다. 그러나 이를 소비자의 선택권을 제한하는 방식으로 문제를 해결 하는 것은 문제가 있다. 미래의 불확실한 상황에 대비하기 위해 가입하는 보험제도는 신용등급과는 상관없이 보험가입 소비자의 유사시 위험에 대한 대비책으로 필요에 따라 가입할 수 있는 사적 안전망의 역할을 담당한다. 따라서 경제적인 어려움을 가진 사람들이 저축을 못하더라도 보험이 필수라고 할 수 있는데 저소득층이고 신용이 낮다는 이유로 보험가입에 제한이 있다면 이는 심각한 문제라고 하겠다.

② 금융 분야에서의 저소득층 차별(오마이뉴스, 2006년 9월 13일)

금융권은 대출업무수행 과정에서 고용형태에 관한 정보를 받고 있다. 금융 분야 회사에서 정규직과 비정규직을 가려 신용점수를 매긴다. 물론 고용형태가 신용을 판단하는 데 중요한 변수인 것은 사실이나 이런 고용형태가 신용평가에 반영된다고 하는 것은 두 가지 문제가 있다. 하나는 개인의 의지나 해명의 절차 없이 제3자에 의해 평가가 된다는 것이고, 또 하나는 이 평가가 우리 생활에서 돈과 연관된 모든 분야에서 사람을 판단하는 잣대가 된다는 것이다. 최근 이동통신가입, 초고속인터넷 가입, 각종 쇼핑몰 카드발급, 심지어는 결혼정보시장에 이르기까지 신용등급은 보이지 않는 영향력을 행사하고 있다. 일부 소비자는 비정규직이기 때문에 대출을 거절당해 대부업체를 찾게 되고 높은 금리를 감당하기 못해 연체경력을 가지게 된다. 경제적 능력과 고용형태가 반드시 일치하는 것은 아니다. 또한 경제적 능력이 부족하다 해서 신용이 반드시 불량한 것도 아니다. 그러나 우리 사회는 늘 비정규직에 대해 획일적인 사고만을 주입시켜 왔고 그 안에 존재하는 차이들을 잘 구분하려 하지 않아왔다. 이 같은 획일적인 정책으로 저소득층의 금융권 소외현상은 점차 심각해지고 있다.

(5) 주거비 지출 및 주거환경 분야(경향신문, 2007년 6월 4일)

2006년 통계청의 발표에 따르면 200여 만 명이 반지하주택, 옥탑방, 판잣집, 비닐하우스, 동굴, 움막 같은 데 주거한다고 한다. 정부는 주거극빈층지원 대책 중 하나로 매입임대제도, 전세임대제도를 도입했다. 정부가 주택을 매입하거나 서울과 수도권을 기준으로 5000만 원 상당의 주택을 국가명의로 전세낸 뒤 이를 주거 극빈층에 재임대하는 형식이다. 그러나 임차해 들어갈 수 있는 대상이 제한된 데다 최고 6년만 거주할 수 있어 실효성이 문제가 되고 있다. 화장실이나 부엌도 없는 열악한 주거환경에서 독거노인이나, 전세거주 고령자, 소년소녀가장, 교통유자녀 등 대상이 제한되어 있다. 또 이들은 2년 계약해 들어간 뒤 2차례 계약을 연장해 총 6년만 살 수 있고, 그 뒤에는 집을 비워야 한다. 이들에 대해 국가가 전세금으로 200만~300만 원을 받을 방침이지만, 극빈층에는 부담스럽다. 정부는 쪽방 거주자에게는 원룸 형태의 임대주택을, 가족형태인 비닐하우스촌 거주자에 대해서는 다가구나 국민임대주택을 제공하거나 저리의 전세자금을 지원하는 방안을 추진 중이다. 이는 기존 매입 · 전세 임대제도와 연계한 것으로, 이전에 혜택을 볼 수 없는 이들을 대상으로 한다. 정부의 적극적인 저소득층 대상 주거복지정책을 실천해야 한다.

① 서울 저소득층 주거비부담 너무 높아(국정브리핑, 2006년 6월 21일)

연소득대비 주택구입가격비율(PIR)은 외국사례를 감안해 볼 때 대체적 기준이 3~4배가 적정하다. 그런데 서울의 PIR(2005년)은 7.7배로 매우 높은 수준이고, 인천 4.2배 경기 4.5배인 반면, 지방 전체는 3.1배다. 결국 서울과 수도권의 경우 PIR이 높아 20, 30대 서민층이 집을 갖기는 현실적으로 많은 어려움이 따른다고 하겠다. 20대, 30대가 주거비 부담을 덜면서 안정적 주거생활을 하기 위해선 임대주택의 확대공급이 절실하다. 저소득층과 60세 이상의 소비자들에게서 월소득 대비 임대료 비율(RIR)은 더욱 높게 나타났다. 저소득층의 RIR은 21.4%로 월소득의 20% 이상을 임대료로 지출하고 있으며, 노년층은 소득감소로 60~65세 29.6%, 66~75세 38.8%, 76세 이상 27.1%로 월소득의 30% 이상을 임대료 등 주거비로 지출하고 있는 것으로 나타나 저소득층 및 노년층의 주거비부담 완화방안이 마련되어야 한다.

〈표 3-4〉 계층별 주거비 부담(2005년)

			PIR	RIR
소득별	저소득층	I	6.7배	37.5%
		II	5.8배	25.6%
		III	4.4배	19.6%
		IV	3.8배	17.3%
		계	4.2배	21.4%
	중소득층		3.1배	14.6%
	고소득층		3.0배	12.3%

PIR: 연소득대비 주택구입가격비율, RIR: 월소득대비 임대료비율
출처: 국정브리핑, 2006년 6월 21일.

② 극빈층(22.1%) 억지로 이사

평균거주기간을 지역별로 살펴보면, 도시 특성이 강한 지역일수록 평균 거주기간이 짧다. 서울 5.4년, 경기 6.0년, 인천 6.8년인 데 반해 지방은 전체적으로 9.9년(대도시 7.4년, 중소도시 9.7년, 군 단위 15.7년)으로 길다. 도시지역의 평균거주기간이 짧은 것은 상대적으로 다른 지역에 비해 가구원 수 및 소득의 변동에 따라 주거이동이 빈번하기 때문이다.

소득계층별로 보면, 중·고소득층에 비해 저소득층의 거주기간이 길다. 이는 저소득층이 경제력 부족으로 주거이동의 제약을 받고 있는 것으로 추정된다.

점유형태별로는 자가는 평균 12년을 거주하는 데 반하여 차가가구는 3~4년 거주하고 있다. 연령대가 낮을수록 평균거주기간이 짧아서, 주거이동빈도가 높지만, 60세 이상 고령층은 평균 18.8년을 거주해 다른 연령대에 비해 주거이동빈도가 매우 낮았다.

소득계층별로 강제이동비율을 살펴보면 저소득층이 13.9%로 가장 높고, 중소득층이

〈표 3-5〉 주거 빈곤계층의 주요 주거유형별 특성

구분	비닐하우스촌	쪽방	지하주거	영구임대주택
형성배경	산동네 해체로 저소득층 주거난	도시화, 노숙자 등 한계계층의 등장	도시 주택난, 다가구주택의 건설붐	저소득층 심각한 주택난
주요 형성 시기	1980년대 중반 이후	1960~70년대	1980년대 후반 이후	1989년 도입, 1992년 중단
입지	시내공한지, 수도권 그린벨트	역, 인력시장 인근	주거지역 전역	도시 외곽지역
물리적 형태	비닐하우스 주거용으로 개조/신축	소규모 방	가족단위생활가능, 습기, 채광, 침수 등	대규모 단지형태 조성
주요 거주자	저소득가구 일부 위장전입	단신 일용 노동자, 노숙인, 가출청소년	도시저소득층, 상대적 양호 주택은 서민층	수급자(생활보호대상자) 중심
규모	서울 4천여 가구 서울인접지역 6천여 가구	전국 9,535개 서울 4,000여 개	서울의 경우 25만여 가구 추정	전국 190,077호 서울 47,054호
법적 성격	불법	불법(일부 합법)	합법(일부 불법)	합법

출처: 국정브리핑, 2006년 6월 21일자 정리요약.

8.5%로 다음 순이다. 특히 제1소득분위의 경우 22.1%로 나타나 주거의 안정성이 다른 계층에 비해 월등하게 낮음을 알 수 있다.

점유형태별로는 월세가 23.6%, 보증부월세가 19.5%로 다른 점유형태에 비해 현저히 높았다.

다행히, 최근 최저주거기준의 법제화 이후 최저주거기준에 미달하는 주거 빈곤가구에 대한 사회적 관심이 높아지고 있다. 특히 정책적 지원이 시급한 주거빈곤 계층이 관심 대상이 되고 있으며, 이들의 소재와 그 실태를 파악하는 데 노력하고 있다. 그동안 우리나라의 주거 빈곤계층은 대부분 산동네 무허가 불량주거지에 집중 거주하고 있었다(표 3-5 참조). 이 지역들은 지난 30여 년간 주요 재개발대상지구로 철거 · 재개발되어 거의 해체된 상태이다. 대신 지하셋방, 영구임대아파트와 같은 합법적 주거공간과 비닐하우스촌, 쪽방 등 불법적 비정상적 주거공간 등이 주거 빈곤계층의 주요 거처가 되고 있다.

〈소비자복지코너 3-1〉 저소득층 주거안정에 복권기금 4,500억 원 투입

2007년도 복권운영 수익금 가운데 4,500억 원이 저소득층 주거안정 사업에 투입된다. 국무총리실 산하 복권위원회는 최근 2조 6,926억 원 규모의 '2007년도 복권기금운용계획안'을 확정했다고 16일 밝혔다. 이 계획안은 국회 통과 절차를 거쳐 연말께 최종 확정될 예정이다. 복권기금운영계획안에 따르면 내년도 복권기금 운용액은 판매수입 2조 4,555억 원, 미지급당첨금 417억 원, 이자수입 79억 원, 여유자금회수분 1,874억 원을 합쳐 총 2조 6,926억 원으로, 올해 2조 9,167억 원보다 7.7%(2,241억 원) 줄어들 것으로 추정됐다. 이 가운데 약 60%인 1조 5,665억 원은 당첨금과 복권유통경비로 지출되고, 지자체 등에 대한 법정배분액과 기금운영비 등을 제외한 7,432억 원이 공익사업에 투입될 예정이다. 공익사업 지원액 중 저소득층 주거 안정 사업에 4,519억 원이 들어간다. 다가구주택 매입 임대에 2,677억 원, 기존 주택 전세임대에 1,842억 원이 책정됐다. 올해 저소득층 주거 안정 사업비의 대부분을 차지했던 국민임대주택건설 사업은 내년에는 지원항목에서 빠졌다.

출처: 파이낸셜뉴스, 2006년 7월 16일.

(6) 금융신용 분야

최근 생활고나 카드 빚에 못 이겨 자살하는 사람이 크게 늘고 있다. 은행대출금이나 카드 빚을 제때 갚지 못해 신용불량자로 등록되는 사람의 수가 늘고 있다. 이들이 신용불량자가 되고, 경우에 따라서는 자살이라는 막다른 길밖에는 선택의 여지가 없도록 몰리는 이유는 무엇일까? 무분별하게 카드를 남용하다가 빚의 수렁에 빠져들게 된 것일까? 아니면 먹고살기 위해 어쩔 수 없이 빚에 의존할 수밖에 없었고, 빚을 갚을 돈을 벌지 못해 결국 신용불량자로 전락하게 되고 만 것일까? 다음과 같은 두 가지 사실은 신용불량자의 대부분이 저소득과 빈곤 때문이라는 것을 잘 보여준다.

첫째, 은행연합회의 발표에 따르면, 신용불량자의 80%가 30대 이상이며 특히 50% 이상이 40대 이상의 사람들로 구성되어 있다. 20세 미만은 단지 5,800명에 지나지 않고, 20대도 63만 명으로 전체의 20%에 미치지 못한다. 물론, 30대 이상의 사람들이라고 모두 건전한 소비자라고 말할 수는 없겠지만, 대체로 이들은 무분별한 소비생활보다는 가정생계를 위해 빚을 졌을 가능성이 더 크다.

둘째, 외환위기 이후 빈부격차가 크게 확대되었으며 실질적인 빈곤층의 숫자도 크게 늘어났을 뿐만 아니라, 저임금의 비정규직 등 신빈곤층이 새롭게 발생했다. 또한 정부의 지원을 받는 최저생계비 수급자와 지원받지 못하는 빈곤층 및 차상위 빈곤층을 합친 실질적 빈곤층의 숫자는 전체 인구의 무려 12%에 이르는 574만 명에 달하고 있다. 이처럼 빈부격차가 확대되고 또 빈곤층의 숫자가 늘어나다 보니, 가난한 사람들이 가정생계 때문에 은행대출이나 카드신용대출과 같은 빚을 지게 되고 결국은 빚을 못 갚아 신용불량자가 된 것이 대부분인 것이다.

금융감독원이 조사한 사금융이용실태보고에 따르면 급한 마음에 200만~300만 원을 고금리로 빌려 썼으나 자금 순환이 여의치 못해 여기저기서 돌려 막기를 하다 보니 순식간에 빚이 천만 원대로 불어난 사람이 줄을 이었다. 응답자의 53%가 천만 원만 있으면 사채를 정리하고 자활할 수 있다고 답한 것은 멀쩡한 사람도 제도금융권에서 소외되면 하루아침에 고리채의 노예로 전락하는 현실을 잘 보여준다. 이러한 신용불량자를 무분별한 과소비자로 인식하고 과소비억제 캠페인을 벌이거나 카드 사용한도의 축소 등과 같은 정책을 추진하는 것은 최적의 방법이 아니다. 저소득층에게 적절한 이자율로 더 많은 신용이 제공될 수 있도록 하고, 또 이들이 빚을 갚을 수 있도록 소득을 늘리고 자산을 형성할 수 있게 하는 정책을 추진하는 것이 바람직하다.

① 저소득층이 빚을 갚을 수 있는 정책 추진(오마이뉴스, 2003년 8월 12일)

담보능력도 신용실적도 없는 또는 이미 신용불량자로 낙인이 찍힌 가난한 사람들에게 어떻게 더 낮은 이자율로 더 많은 신용을 제공하란 말인가? 현재의 금융행태는 가난한 사람들에게 낮은 이자율로 대출해 줌으로써 빈곤탈출이나 재산형성의 기회를 제공하기보다는 오히려 이들의 제도권 금융에 대한 접근을 막고 사금융시장으로 내모는데 기여하고 있다.

돈이 많은 부자는 은행에 가서 낮은 이자율로 돈을 빌려 새로운 사업에 투자하거나 부동산이나 주식을 사들여 더 많은 돈을 벌고 있을 때, 가난한 사람들은 은행에서 돈을 빌리지 못하고 이자율이 2~6배나 높은 카드론이나 상호저축은행, 심지어는 연간 수백% 이상의 이자를 물리는 사금융으로 밀려나, 부자들처럼 돈을 빌려 자산을 늘리기보다는 높은 이자 때문에 가지고 있던 자산마저도 까먹고 마는 것이다.

외환위기 이후 금융구조조정은 지방은행이나 중소기업 전담은행을 퇴출시키거나 일반은행들도 합병 등을 통해 대형화시킴으로써 적은 규모의 금융활동을 필요로 하는 저소득층의 은행접근을 더욱 어렵게 만들었고, 서민금융을 주로 담당하는 상호저축은행, 신용협동조합, 새마을금고도 금융구조조정 과정에서 거의 절반 정도가 퇴출되었을 뿐만 아니라, 자산규모나 대출규모가 크게 줄어들어 저소득층의 이용을 어렵게 만들고 있기 때문이다. 빈곤을 해소하고 저소득층의 자산형성을 위해서는 기존의 금융관행 대신 새로운 금융관행이 필요하며, 이 새로운 금융관행을 실천할 새로운 금융기관의 출현이 필요하다. 다행히도 현재 전 세계 여러 나라에서 이러한 금융관행의 시도와 금융기관들의 활동이 전개되고 있다. 새로운 금융관행은 담보나 신용실적이 없는 저소득층에게도 신용을 제공하는 새로운 금융기법의 시도이며, 이러한 금융관행을 실천하는 금융기관으로는 각 나라의 소액금융제도(예: 무보증 소액대출, 마이크로크레디트)가 그것이다.

후진국의 경우로는 방글라데시의 그라민 뱅크나 인도네시아의 BRI, 볼리비아의 뱅크솔 등이 저소득층을 위해 담보 없이 신용을 제공하고 있으며, 선진국의 예로는 미국의 참믿음기금, 워킹캐피탈, 캐나다의 칼메도우 도시기금 등이 담보나 신용실적이 없는 저소득층에게 소액신용을 제공하고 있다. 이들의 저소득층에 대한 소액신용대출 경험은 기존의 관행적 사고를 크게 뒤집어 놓았다. 저소득층은 담보도 없고 상환위험도 커서 돈을 갚지 못할 것이라는 인식과 달리 이들의 상환율은 대부분 90%가 넘어 일반대출보다 훨씬 양호한 상환율을 보였다. 또 이들로부터 돈을 빌린 가난한 사람들의 생활이 크게 개선되었다.

2. 기업의 저소득층 소비자복지 향상 방안

1) 소비자복지 증진을 위한 기업의 책임인식 강화

기업의 사회적 책임은 경제적 이윤창출, 법률 준수, 윤리적 책임, 자선적 책임 등이다. 경제적 책임은 기업의 제1의 책임으로, 기업은 사회의 기본적인 경제단위로서 재화와 서비스를 생산할 책임을 지고 있다는 의미이며, 윤리적 책임이란 법으로 규정화하지는 못하지만 기업에 사회의 일원으로서 기대하는 행동과 활동들을 의미한다. 자선적 책임이란 기업에 대해서 명백한 메시지를 갖고 있지 않지만 기업의 개별적 판단이나 선택에 맡겨져 있는 책임으로서 사회적 기부행위, 약물남용방지 프로그램, 보육

시설 운영, 사회복지시설 운영 등 자발적 영역에 속하는 것이다. 여기에, 기업의 책임으로 소비자복지 증진을 위한 소비자교육 프로그램 개발 및 시행, 소비자만족경영, 저소득층 등 소외된 소비자들을 위한 다양한 기업정책 등을 추가하여야 한다. 시장경제체제하에서 기업의 생명은 소비자, 투자자, 금융기관 등 시장의 신뢰에 달려 있다. 초우량 기업이라 하더라도 소비자 신뢰가 떨어질 경우 아무런 의미가 없다. 고소득층 소비자, 고액구매 소비자 이외에 소액지출 다수소비자의 신뢰와 기업 이미지도 중요함을 인식하여야 한다.

2) 저소득층 소비자복지 증진을 위한 시장환경 조성: 저가시장의 등장

지금까지 저가시장은 기업이 피하는 시장이었다. 그 이유는 첫째, 저가시장의 특성상 높은 수익을 얻기 힘들다. 둘째, 저가 제품은 좋지 않은 제품이라는 인식으로 인해 브랜드 가치를 훼손한다. 셋째, 제품의 차별화가 어려워 경쟁이 심하다는 것이다. 통상적으로 저가시장은 크게 두 가지 축으로 나누어 생각해 볼 수 있다. 하나는 동일 제품군 내에서 낮은 가격대를 형성하는 시장을, 다른 하나는 경제적으로 선진국과 대비되는 개발도상국 시장을 의미한다. 이 같은 저가시장은 지금까지의 인식과 달리 새로운 시장으로 부각되고 있으며 이 같은 저가시장의 활성화는 저소득층의 소비자복지에 긍정적 역할을 수행한다.

① 동일제품 저가시장

최근 기업들이 저가시장을 적극 공략하면서 확장일로에 서 있다. 선진국에서는 오랜 경기침체로 인해 소비자니즈가 다변화되고 있다. 소비시장은 고가의 고성능 제품과 같은 프리미엄 시장과 저가의 단순한 기능을 탑재한 제품을 위주로 하는 저가시장으로 양극화가 심화되고 있다. 특히 충분히 낮은 가격으로 최소한의 효용을 제공하며 일정 수준의 품질을 보증하는 저가제품들이 속속 등장하기 시작했다. 하드디스크형 MP_3 플레이어 시장을 장악하고 있는 애플사는 파격적인 가격에 플래시형 MP_3 플레이어인 아이포드 셔플(iPOD Shuffle)을 출시하였고, 우리나라에서는 미샤와 더페이스샵이 초저가 화장품으로 화장품 시장의 신기원을 이뤘으며, 일본에서는 유니클로가 저가 의류로 돌풍을 일으켰다. 이 같은 저가시장은 저소득계층에 구매력 부족의 문제를 완화시켜 줄 수 있다. 저가시장의 활성화로 소외된 소비자들의 복지증진에 도움이 될 필요가 있다.

② 개발도상국 저가시장

개발도상국 저가시장의 중요성이 크게 부각되고 있다. 성장위주의 경제를 지향하는 개발도상국에서는 부의 편중현상이 심하기 때문에, 저소득층의 비중이 상대적으로 크다. 그러나 그동안 대부분의 글로벌 기업들은 개발도상국의 저소득층이 구매하기 힘든 높은 가격대의 제품을 주로 출시해 왔다. 따라서 보다 저렴한 가격으로 저소득층을 공략할 수 있다면 폭발적인 시장 확대를 꾀할 수 있을 것으로 보인다. 국가경제 성장은 저소득층의 구매력 향상과 직결되기 때문에 대부분의 글로벌 기업들로부터 소외

〈소비자복지코너 3-2〉

"생활용품 대표기업이 되겠다.": 소외계층 어린이에 관심

한경희 (주)한경희생활과학 사장은 사업 얘기에 앞서 자녀 얘기부터 꺼냈다. 그런 그의 손엔 만화책이 한 권 들려 있다. 2005년 여름에 그가 직접 만들었다는 '철이와 찬이네 가족 이야기'다. 철이와 찬이는 한 사장의 8살, 10살짜리 두 아들. 한 사장은 두 아들을 기르면서 4년 동안 꼼꼼하게 메모했던 에피소드를 엮었다. 그는 "사업 때문에 가족과 같이 지내는 시간이 워낙 없다 보니 다른 부모들처럼 비디오나 사진으로 아이들 사진을 많이 찍지 못했다"며 "아이들한테 좋은 추억이 되지 않을까 해 만화책을 만들었다"고 설명했다.

스팀청소기라는 생활 속 아이디어 하나로 연간 매출 1,000억 원대의 '대박'을 터트린 그다운 발상이다. 한 사장의 올해 목표는 국내 대표 생활가전업체로 자리 잡는 것. 이를 위해 아이템 다각화도 열심이다. 이달 초 출시한 스팀다리미가 좋은 반응을 얻고 있어 더욱 자신감이 붙고 있다. 부설연구소에서 연구원 10여 명과 제품개발에 직접 팔을 걷어붙이고 있는 그는 "스팀다리미와 스팀청소기처럼 일상생활에 꼭 필요한 생활가전을 개발해 소비자의 다양한 욕구에 부응하겠다"고 거듭 강조한다.

그런 한 사장이 사업 외에 열성을 다하는 일이 또 있다. 바로 소외계층 어린이에 대한 복지 문제이다. 한 사장은 자녀를 가진 '엄마'의 입장에서 소외계층 어린이 문제를 도저히 외면할 수 없었다고 했다. 한경희생활과학은 2005년부터 금천구 시흥동, 경기도 고양시, 충남 홍성 등에서 '한사랑지역아동센터'를 운영 중이다. 저소득층 자녀들을 대상으로 한 공부방 프로그램과 식사를 제공하는 시설이다. 한 사장은 "여성사업가로서 가정생활과 사업을 양립하는 것이 생각보다 쉽지 않았다"며 "올해 가정과 사업에서 목표했던 것을 모두 달성해 두 마리 토끼를 잡고 싶다"고 포부를 밝혔다.

출처: 헤럴드생생뉴스 2006년 5월 18일.

받던 저소득층이 향후에는 소비시장의 주류로 자리 잡을 것이다. 이 같은 상황을 반영하듯 저가시장에서 괄목할 만한 성과를 내고 있는 기업들이 꾸준히 늘어나고 있다.

우리나라에서는 그동안 고가 제품으로 인식되고 있던 화장품 시장에 초저가 화장품이 나타났다. 낮은 수익률에도 불구하고 박리다매 형식으로 폭발적인 매출 확대를 꾀하여 높은 수익을 얻고 있고, 확실한 브랜드 이미지를 구축하고 있다. 이 같은 현상은 소득수준이 낮은 개발도상국 나아가 저소득층에게 소비선택의 기회 제공 등 긍정적 영향을 미치고 있음에 틀림없다.

3) 저소득층을 위한 제품 및 서비스 개발

저소득층의 소비자복지증진을 위해서는 기업의 창의적 노력이 필요하다. 저소득층 대상 저가상품(generic product) 개발이 대표적인데 미국의 상표 없는 상품, 무상표제품이 적절한 실제사례이다. generic product라고 부르는 '상표 없는 상품'은 상품의 일반명만이 제품용기에 표시되며 가공식품, 일용잡화 등에 많은데 상표가 없는 대신 가격이 낮아 저소득층 소비자복지증진에 기여할 수 있다. 예를 들어, 특허가 있는 상품이 그 특허 유효기간이 끝나면 특허 소유자 외의 사람들이 동일한 상품을 다른 이름으로 만들어서 싸게 파는 것을 동사화해서 설명하는 말이다. 실제 사례를 살펴보면, '타이

<소비자복지코너 3-3> 월마트에서의 generic products!!

'유통 공룡' 월마트는 전 세계 종업원 200만 명, 연 매출 3,000억 달러, 미국 내에서만 3,900개의 매장을 보유한 세계 최대 유통업체다. 세계 유통시장을 호령하고 있지만 인권, 환경보호, 기업 윤리 측면에서는 상당한 부정적 이미지를 가진 거대 기업의 대명사이기도 하다. 특히 "대량으로 싸게 물건을 사서 값싼 노동력을 고용해 최저가에 고객에게 판다"는 월마트의 전략은 월마트에 '납품 업체의 포식자'란 달갑지 않은 악명을 안겨주기도 했다. 월마트의 부정적 이미지에 관해 레스티보 이사는 미국 대형유통업체 중 가난한 사람들을 위해 단돈 4달러의 복제약(generic drug)을 파는 기업은 월마트뿐이라며 타깃에는 4달러짜리 약이 없다고 슬쩍 비켜갔다. '누구보다 더 싸게 판다(We Sell For Less)'는 월마트의 기본 명제는 여전히 유효하냐고 했더니 물론이라고 답했다.

출처: 이데일리, 2006년 11월 18일.

레놀'이라는 두통약에 들어가는 성분이 처음에는 특허 때문에 단일 회사만 제조판매가 가능했지만 그 특허유효가 끝난 뒤 다른 제약회사들이 다른 이름으로(그리고 조금 다른 제조법을 써서) 만들어 더 싸게 공급하는 것을 동사로 genericise라고 하고 이러한 상품들을 generic brand라고 한다. 결론적으로, 무상표제품이란 포장에 단지 제품의 속성을 나타내는 이름만 붙인 제품을 말한다. 예를 들면, 바깥 포장지에 원두커피, 치약, 소금이라고만 적혀 있는 경우이다. 보통 제조업자나 판매업자의 이름만 표시된다.

〈그림 3-1〉 Jewel 회사의 Generic Cola의 용기 사진

3. 정부의 저소득층 소비자복지 향상 방안

1) 저소득층 대상 차별적인 가격정책 추진

정부에서는 저소득층 소비자를 위한 다양한 가격정책을 수행할 수 있다. 전기, 가스, 통신 등 인간적 생활의 필수적인 분야에 가격차별화정책을 펼칠 수 있다. 저소득층만을 위한 저가격정책이나 할인정책, 저가격 제품 특별 생산 등 다양한 방법을 강구할 수 있다. 실제 저가격정책 사례는 다음과 같은데, 앞으로 이 같은 저가격 또는 차별가격정책이 많은 상품과 서비스 분야로 확대되어야 한다.

〈가격정책 사례 1〉 도시가스요금 덜 내게 된다(연합뉴스 2006년 4월 10일)

도시가스 회사들이 한국가스공사로부터 공급받는 가스량과 판매량 간에 차이가 나는 '판매량 오차'를 줄여 소비자들이 요금을 덜 낼 수 있게 하는 방안이 추진된다. 또한 신용카드로도 도시가스 요금을 낼 수 있게 되고 도시가스 요금을 미납한 가구에 공급 중단을 유예하는 조치가 차상위 계층으로까지 확대된다. 산업자원부는 2006년 4월 '도시가스 고객서비스 헌장' 선포식을 갖고 이 같은 방안을 추진키로 했다. 판매량 오차 개선에 따른 도시가스요금 절감액은 올해 32억 원, 내년에 67억 원, 2015년에는 493억 원에 달해 10년간 연평균 236억 원 정도가 될 것으로 추정됐다. 또한 요금미납 가구에 대한 가스공급 중단유예 조치도 현재의 기초생활보장 수급자에서 차상위 계층으로까지 확대하고 유예기간도 6~9월을 제외한 나머지 기간으로 지금보다 2개월 늘리기로 했다. 이와 함께 도시가스 연체료 계산방식도 월단위로 따지는 월할 기준에서 연체한 일수로 산정하는 일할 기준으로 조정키로 했다. 연체료 산정개선으로는 연간 87억 원가량의 소비자 요금 절감 효과가 있을 것으로 추산됐다. 산업자원부는 판매량 오차 개선, 저소득층 지원, 신용카드 납부, 연체료 산정 개선 등을 통해 도시가스요금 가계부담이 연간 488억 원 줄어들 전망이라고 설명했다. 한편 33개 도시가스사는 소비자불편을 해소하기 위해 소비자통합콜센터를 설치키로 하고 105억 원을 투자할 계획이다.

〈가격정책 사례 2〉 차상위 저소득층에 정부양곡 반값 제공(국정브리핑, 2005년 7월 6일)

정부는 정밀한 수요조사를 거쳐 동절기에만 한시적으로 제공되던 차상위계층 정부양곡할인사업 지원기간을 확대, 연중 정부양곡을 50% 할인된 가격으로 제공하는 방안을 검토키로 했다. 정부는 '경제민생점검회의'를 열고 이 같은 내용을 포함하는 '저소득층 생활보호대책 체감도 향상방안'을 논의 · 확정했다. 정부는 서민생활보호대책 가운데 지원수준 자체가 미흡해 만족도가 낮은 사업은 지원액을 현실화하고 여러 곳에 흩어져 있는 복지 관련 서비스를 한 곳에서 제공하는 방향으로 대책을 마련 · 보완키로 했다.

〈가격정책 사례 3〉 청소년 · 저소득층 통신료 감면(파이낸셜뉴스, 2006년 9월 27일)

정부는 저소득층 통신요금 감면기준인 '월소득평가액 14만 원 이하' 기준을 폐지, 혜택을 보는 저소득층 숫자를 현재 18만 명에서 43만 명으로 확대키로 했다. 또한 이동전화 · 유선전화와 마찬가지로 초고속인터넷도 통신요금 감면대상 서비스로 지정키로 했다. 정부는 무선인터넷 요금인하 및 저소득층 요금감면 수혜자 확대로 연간 총 2,100억~2,800억 원 규모의 통신요금이 줄어들 것으로 보고 있다.

2) 경제적 자립지원정책

정부는 저소득층 소비자를 위한 각종 경제적 지원정책을 펼칠 수 있다. 무엇보다도 소득확보를 위한 경제적 자립지원정책, 예를 들면 일자리 창출, 창업지원 등의 정책이 중요하다.

〈사례 1〉 복지부 노인·저소득층 21만 명 일자리 창출(매일경제, 2006년 2월 15일)

복건복지부는 근로능력이 있는 빈곤층을 체계적으로 지원하기 위해 '일을 통한 자활지원법' 제정을 추진하기로 했다. 또한 일자리를 늘리기로 했는데 노인 일자리 8만 개, 자활근로사업 7만 개, 저소득층을 위한 가사·간병 도우미 1만 3,000개, 노인양로시설 확충에 따른 시설종사자 일자리 1만 3,000개 등이다. 한편 저출산 고령사회 대책으로는 일정 소득 이하인 불임부부 1만 6,000명을 대상으로 시험관아기시술비 일부를 보조하고 저소득층 출산가정 1만 2,000명에게는 산모 도우미를 파견하기로 했다. 또한 위암, 유방암 등 5대 암검진 대상자를 217만 명에서 300만 명으로 확대하고 검진 대상자에 장애인 등 보험료 인하를 포함시키기로 했다.

〈사례 2〉 저소득층 창업 자금 융자, 종합지원상담 연계(국정브리핑, 2005년 7월 6일)

대출실적이 저조하고 창업성공에 도움을 주지 못하고 있다는 지적을 받아온 '저소득층 창업자금 융자사업'의 경우 창업 초기 상담, 기술·경영지도 등을 종합적으로 서비스하는 창업지원 프로그램을 연계해 창업 성공률을 높이기로 했다. 이를 위해 융자조건을 완화하는 한편 창업자금 일부를 비영리 민간기관에 위탁하고 운영비를 지원하는 방안을 검토하기로 했다. 또 지방자치단체에서 직접 운영하는 기금도 민간에 위탁·운용할 수 있도록 국민기초생활보장법에 근거를 마련할 계획이다. 아울러 기초생활보장 기금을 통해 전세점포임대사업, 자활공동체 지원사업도 활성화하기로 했다.

3) 세금정책

정부에서는 저소득층을 위한 다양한 세금정책을 추진할 수 있다. 소비제품에 가산되는 소비세, 특별소비세 제도를 활용하거나 부가가치세 제도를 활용하여 저소득층 소비자를 지원할 수 있다.

〈사례 1〉 저소득층 관련 부가가치세 감면 또는 면세 확대(이데일리, 2006년 8월 14일)

대부분의 세금에 비과세 및 감면규정이 있듯 부가가치세에도 면세 규정이 존재한다. 부가가치세 면세와 영세율 규정이 그것이다. 부가가치세의 면세제도는 납세의무자인 공급자 측면에서 보면 일반적으로 인식되고 있는 조세감면의 혜택을 의미하는 것이 아니라 공급되는 재화와 용역에 대해 부가가치세를 포함해 판매하지 않는다는 의미다.

우리나라의 부가가치세 면세제도는 부분면세라고 한다. 이유는 매출액에 대한 부가가치세의 징수 및 납부는 면제하되, 면제되는 재화 등을 공급 받을 때 부담한 세액(매입세액)은 공제 또는 환급되지 않기 때문이다. 그러므로 면세 사업자는 본인이 매입단계에서 부담한 부가가치세만큼 제품가격에 전가하게 되고, 이로 인해 전체적으로는 매입단계의 부가가치세만큼 누군가(대부분은 소비자) 조세부담을 안게 되는 부분면세제도가 되는 것이다.

예를 들어 제과점을 운영하고 있는 제빵사가 있다고 하자. 그는 원재료인 밀가루를 1,100원(부가가치세 100원 포함)에 사서 빵을 만들어 1,650원(부가가치세 150원 포함)에 팔고 있다. 즉 500원의 부가가치를 창출하고 있는 것이다. 그의 사업이 면세이건 부가가치세 과세가 적용되건 간에 그가 500원의 부가가치를 유지하려는 가격정책을 고수한다고 가정하자. 이 같은 빵이 면세된다면 우리는 1,600원에 살 수 있다(부가가치 500원을 유지하기 위해서는 1,600원을 받아야 한다. 원재료 1,100원+부가가치 500원=1,600원). 그러나 이 빵이 영세업자에게 제공하는 세율이라면 제빵사는 밀가루 살 때 부담한 100원의 부가가치세도 공제받게 되므로 우리는 1,500원에 살 수 있다(원재료 1,000원+부가가치 500원=1,500원).

결국 부가가치가 완전면세되는 영세율보다 100원의 추가적인 금액을 최종 소비자가 부담하게 되는 것이다. 이러한 의미에서 부가가치세가 완전 면제되는 영세율과 달리 면세제도는 부분면세라고 불린다. 부가가치세와 같은 간접세에는 세부담의 역진성이 있다. 모든 재화 또는 용역을 대상으로 획일적(10%)인 세율로 적용되는 부가가치세에 대해 저소득층이 고소득층보다 높은 세부담을 느끼게 되는 것을 일컫는다. 이러한 역진성을 완화하기 위해 기초생활필수품이나 주택의 임대용역 등에 대해 부가가치세를 면제하고 있다. 부가가치세 면세제도를 두는 이유는 다음과 같다.

◇ 저소득층이 많이 소비하는 재화나 서비스 면세(농 · 축 · 수 · 임산물, 수돗물, 시내버스, 주택임대 등)

◇소비가 장려돼야 할 재화의 존재(책, 신문, 잡지 등)
◇공급이 확대되는 것이 바람직한 경우(의료용역, 국민주택 관련 용역 등)
◇부가가치세 적용이 어려운 금융서비스(은행, 보험, 증권)
◇본질상 과세가 부적합한 생산요소에 관련된 재화 및 용역(토지, 근로소득 등)

결국, 저소득층을 위한 부가가치세 면세 또는 감면제도를 효율적으로 운영하여 저소득층 소비자의 복지증진을 꾀해야 함을 알게 한다.

4) 소외계층 교육지원정책

교육부에서는 2001년부터 매년 소외계층을 위한 평생교육 프로그램 지원사업을 수행하고 있다. 지원대상자는 국민기초생활 수급권자와 차상위 계층, 장애우, 노인, 다문화가족, 한부모 가족, 외국인 근로자, 노숙인 등이다. 이 사업은 소외계층을 대상으로 평생교육 프로그램을 운영하는 대학부설 평생교육원과 평생학습관, 노인 회관, 문화시설, 사회복지시설 등 공신력 있는 평생교육기관과 단체가 정부지원을 받아 수행하게 된다. 이들 기관은 교육부 지원을 통해 무료로 소외계층 학습자들에게 평생학습 참여기회를 제공할 예정이다. 교육부는 이 프로그램을 통해 평생교육 격차의 완화뿐 아니라 양극화 해소와 사회통합에도 기여할 것으로 기대하고 있다(노컷뉴스, 2007년 4월 30일).

한편 저소득층 교육문제는 저소득층 아동에게 중요한 사항이다. 미국의 경우 저소득층 아동의 교육지원을 위해 'head start'정책을 오래전부터 펼쳐 왔으며, 최근 우리 사회에서도 자발적으로 'we start' 프로그램이 확산되고 있다. 한편 정부 주도의 희망스타트는 취약지역에 거주하는 0~12세 아동가구를 대상으로 복지 · 건강 · 교육의 통합서비스를 제공, 빈곤아동의 신체 · 정서 · 사회적 잠재역량을 꾸준히 키워나가도록 해 모든 아동에게 공평한 출발기회를 보장하고자 하는 보건복지부 사업이다. 각 3억 원씩 지원받는 16개 시범지역에서는 가정방문, 전문가 회의 등을 통해 다양한 통합서비스를 설계하고 아동이 12세가 될 때까지 지속적으로 개입해서 관리하게 된다. 이 서비스는 아동과 부모 간의 상호작용을 촉진하고 부모가 참여하는 프로그램 등이 반영되어 방과 후 아동 돌봄 서비스, 책읽어주기 프로그램 등 학습 및 인지능력 지원프로그램이 강화된다. 학대나 방임으로 피해를 입는 아동이 없도록 아동방임 및 학대에 대한 사전예방 프로그램과 자녀와 대화하는 법 등 부모교육도 포함하고 있다.

5) 저소득층 대상 금융지원정책

(1) 빈곤층 자활독려 금융산업 지원: 마이크로크레디트(microcredit)

마이크로크레디트는 영세민 또는 빈곤층의 자활을 돕기 위해 공여되는 무담보, 무

〈소비자복지코너 3-4〉 우리나라 대표적 마이크로크레디트 기관

신나는조합(www.joyfulunion.or.kr)은 '신나는은행'이라는 한국의 그라민 은행을 설립하려고 했으나, 준비과정에서 은행법상 규정된 자산규모와 실현여건 조성이 불가능해 조합의 형태로 국내 최초로 마이크로크레디트 프로그램을 실시했다. 특히 신나는조합은 물적담보를 제공할 수 없는 절대 빈곤층을 대상으로 소규모 생업자금 및 창업자금을 무담보로 신용 대출해 줌으로써 서로 이해하고 돕는 자활공동체를 형성하는 것을 목적으로 하고 있다. 사업자금으로 초기에 그라민 은행으로부터 제공받은 5만 달러의 대출은 지난 2006년 3월 모두 상환했으며, 현재 씨티은행과 국민은행, 기업체, 개인 등의 기부금과 보건복지부 정책자금 등을 사업자금으로 조달하고 있다. 1인당 대출금은 100만~500만 원이고, 대출이자는 연 4%이며 상환은 50~100주에 걸쳐 매주 이뤄지는 방식을 채택하고 있다.

아름다운재단(www.butifulfund.org)은 저소득층 여성과 아동 복지에 관심이 많았던 고 서성환 (주)아모레퍼시픽 창업자의 뜻에 따라 2003년 6월 유족들이 50억 원 상당의 주식으로 출연한 '아름다운세상 기금'을 기반으로 마이크로크레디트 사업을 펼치고 있다. 지원대상은 저소득모자가정 가구의 자립 창업지원으로 한정되어 있으며 2004년 1호점을 시작으로 '희망가게'의 형태로 운영되고 있다. 2006년 10월 현재 지원업체는 11개이며, 2006년 2월 기준 총 지원 금액은 2억 1천만 원이다. 연1%의 이자로 1인당 최대 3,000만 원까지 대출가능하며 상환조건은 7년 이내 3개월 거치 월별 균등분할 상환이다.

2003년 6월에 설립된 사회복지은행(www.bsw.or.kr)은 지역차원에서 운영되는 유일한 마이크로크레디트 취급기관으로, 자활의지가 있고 어린아이가 있는 저소득 모자·부자 가정의 생계형 창업자금을 지원하고 있다. 자금조달은 거의 개인들의 후원금에 의존하고 있기 때문에 기금규모 및 지원 금액이 가장 적다. 2006년 11월 현재 지원업체는 13개 업체이며, 2006년 2월 기준 지원 금액은 3,300만 원이다. 특히 국내에서 유일하게 무이자 대출을 해주고 있으며, 1인당 최저 대출금액은 보통 100만 원에서 300만 원까지다. 상환은 월별 균등 분할 상환으로 이뤄지며 지난해 11월 기준으로 상환율은 67%에 달한다.

출처: 서울신문, 2008년 1월 4일; 머니투데이, 2007년 12월 21일.

보증, 소액대출제도이다. 마이크로크레디트는 1976년 방글라데시에 마이크로크레디트 전담 은행인 그라민 은행이 설립되면서 시작되었다. 그 후 아시아, 아프리카의 여러 나라와 미국·프랑스 등 선진국으로 확대·발전되었다.

우리나라에서도 제도권 금융기관으로부터 금융서비스를 받을 수 없는 신용불량자나 빈민층이 창업을 통해 소득창출 기반을 마련하도록 돕는 마이크로크레디트가 최근 대안금융으로 각광을 받고 있다. 지난 2000년 6월 씨티그룹과 세계적인 마이크로크레디트 기관인 그라민은행의 지원을 받아 국내 최초로 설립된 마이크로크레디트 기관인 '신나는조합'을 시작으로 2002년에는 '사회연대은행'이 발족했다. 현재까지 운영되는 마이크로크레디트 기관은 신나는조합과 사회연대은행 외에도 '아름다운기금'과 '사회

〈소비자복지코너 3-5〉 대부업체 관련 정부정책 및 소비자주의사항

◇대부업체 감독 강화=앞으로 자산 70억 원이 넘는 대형 대부업체는 분기마다 금융감독당국에 사업보고서를 제출해야 한다. 지난해 말 현재 자산이 7억 원이 넘는 대형 대부업체는 140곳가량으로 파악되고 있다. 대부업체가 회사분할, 법인화 기피 등을 통해 단속을 피하려는 것을 막기 위한 대책도 마련됐다. 특수 관계인의 자산을 포함해 자산이 70억 원이 넘거나 개인·유한회사라 하더라도 자산이 70억 원 이상이면 대형업체에 준해 모니터링 대상에 포함시키기로 했다. 결산시기에 맞춰 대부업체에 대한 실태조사도 정례화해 매년 4월, 10월 중 2차례에 걸쳐 실시할 방침이다. 정부는 대부업체에 대한 상시 감독체계를 구축하기 위해 지방자치단체에 대부업 담당인력을 71명 늘리고, 재정경제부에 서민금융 담당과를 신설키로 했다.

◇대부업체 이용시 주의사항=정부는 등록 대부업체에 대한 감독권을 갖고 있는 지방자치단체에 업무 매뉴얼로 활용할 수 있는 지침을 제정키로 했다. 금융 소비자들도 이를 알아두면 유용한 사항들이 적지 않다. 대부업체에 돈을 빌릴 때 선이자, 선수수료 등의 명목으로 공제한 금액은 이자율 한도 초과여부를 계산할 때 원금에서 제외된다. 예컨대 대부업체가 100만 원을 빌려주면서 선이자 명목으로 10만 원을 떼고, 90만 원만 빌려줬다면 원금은 90만 원이 되는 것이다. 지금까지 일부 대부업체들은 이럴 경우에도 원금을 100만 원으로 산정해왔다. 또 대부업체들은 계약 체결시 2부의 계약서를 작성해 1부는 거래 상대방에게 주고, 1부는 2년간 보관해야 한다. 대부업체는 계약 체결시 거래 상대방에게 대부이자율, 이자계산방법, 변제방법 등을 의무적으로 설명해야 한다.

출처: 머니투데이, 2007년 6월 5일.

복지은행' 등 총 4개가 있다. 대표적인 마이크로크레디트 기관으로 알려져 있는 사회연대은행(www.bss.or.kr)은 금융기관이 아닌 NGO로서 2002년 9월 설립총회를 열고 같은 해 12월 출범했다.

마이크로 그레디트는 자활 의지와 능력이 있는 빈곤층이 경제적, 사회적, 심리적 빈곤에서 벗어나 건강한 사회의 구성원으로서 자활할 수 있도록 지원하는 것을 목적으로 자금지원은 물론 창업컨설팅, 교육훈련과 경영기술지원에 이르기까지 다양한 지원사업을 전개하고 있다. 사업에 필요한 자금은 대부분 기업 및 금융기관의 기부금을 통해 조달하고 있으며 2005년부터는 보건복지부와 여성가족부 등의 창업지원 사업 자금을 지원받고 있다. 지원대상은 기부금에 대상이 정해진 여성가장, 성매매피해 여성, 빈곤층이며 1인당 대출금액은 최대 2,000만 원까지다. 대출이자는 연 0~4%로 평균 2% 선이며, 상환은 6개월 거치 42개월 매월 상환으로 이뤄진다. 2005년 11월 기준으로 총 351개 업체가 지원을 받았으며, 지원 금액은 2006년 2월 기준으로 32억 3,200만 원이었으며 상환율은 95% 선으로 알려져 있다.

최근 정부가 이들 대안금융에 대한 지원방침을 밝히는 등 '마이크로크레디트'에 대한 사회적 인식과 지원이 조금씩 좋아지고 있지만 여전히 자금조달과 운영 인력 및 외부 지원 인프라는 턱없이 부족한 상황이다. 따라서 향후 이들 '마이크로크레디트'가 빈곤층의 자활능력 제고라는 본연의 목적을 잘 수행할 수 있도록 보다 적극적인 관심과 정책적 지원이 필요할 것으로 보인다.

2007년 7월에 신용도 문제 등으로 은행권에서 돈을 빌리기 어려운 서민들을 위한 '한국판 그라민은행'이 출범한다고 한다. 2006년 방글라데시 그라민은행의 무하마드 유누스 총재가 빈곤층 자립을 지원한 공로로 노벨평화상을 받으면서 큰 반향을 낳았던 이른바 '마이크로크레디트(무담보소액신용대출)', 사업이 뒤늦게나마 구체화되는 것이다. 재단 설립과 재원 마련, 운영 투명성 확보 등 선결해야 할 과제가 많지만, 고금리 대부업체나 사채에 기대야 하는 서민층의 고충을 생각할 때 늦출 일이 아니다.

정부가 추진 중인 '사회투자재단(가칭)'은 각 부처의 저소득층 예산과 기업 · 개인의 기부로 설립되며 휴면 예금 · 보험금과 각종 공익기금 등도 활용할 방침이다. 이 돈으로 은행권을 이용하기 어려운 저신용 서민층을 대상으로 소액의 창업 · 생계자금을 빌려주고 창업과 기술개발 등 자활사업을 펼친다. 신용불량자가 아닌데도 은행의 기피대상이 돼온 500여만 명의 '신용경계인'들이 고리채의 늪에 빠져 자포자기하는 일이 없도록 하자는 취지다. 정부는 전문지식과 경험을 갖춘 민간이 재단 운영을 주도하도록 하되 실무를 지원할 별도 조직을 기획예산처에 신설할 계획이다.

(2) 정부의 소외계층 지원(연합뉴스, 2007년 6월 5일)

저소득층 대상으로 정부는 교육비, 의료비 지원을 확대하고 있다. 사금융업체 이용자의 대부분은 교육비, 의료비 등을 이유로 급전 마련에 나서고 있는 상황이다. 이에 따라 정부는 연간 9만 명의 저소득층 고등학생을 대상으로 '장기교육비대출제도'를 도입키로 했다. 저소득 고등학생에게 연간 200만 원(총 600만 원)까지 교육비를 대출해 주며, 본인이 직업을 구해 소득이 일정금액을 넘어설 때까지 대출금 상환을 유예하는 제도다. 이자율은 상환 당시의 소득을 기준으로 결정되지만 저소득층에는 무이자나 저리로 빌려주는 방안이 검토되고 있다.

또한 저소득층에 한시적으로 생계 · 주거 · 의료 등을 지원하는 긴급복지지원제도의 지원대상 기준도 최저생계비(4인 기준 121만 원)의 130%에서 150%로 올려 1만 명가량 확대하기로 했다. 정부는 현재 무보증 소액대출(마이크로크레디트) 지원 규모가 영세하다고 판단해 사회투자재단 등을 통해 1500억 원 규모를 지원해 신용도가 낮은 계층의 창업과 자활을 돕기로 했다.

〈표 3-6〉 금융소외 계층에 대한 지원방안

◇재정을 통한 지원
－중 · 저소득층 대학생 학자금 대출이자 경감폭 확대(기초수급자 · 차상위계층 대출이자 2% 포인트 할인 → 무이자) －긴급복지지원제도의 저소득층 범위 확대(최저생계비의 130%에서 150%로 확대, 1만 명 추가)
◇공익기금을 활용한 지원
－저소득 고교생 장기교육비 대출제도 도입(연간 약 9만 명, 대출한도 연 200만 원, 총 600만 원) －의료비 대출제도 도입(약 10만 명, 단기간 적정금리로 의료비 대출) －무보증 소액대출제도 활성화(다양한 기관의 창업 · 취업지원서비스와 연계 지원) －저소득 빈곤층 대상 소액보험제도 도입(보험료 부담액의 일부 지원, 보험접근성 제고 추진)

자료: 재경부.
출처: 머니투데이, 연합뉴스, 2007년 6월 5일.

(3) 정부의 빈곤층 자산형성 지원(세계일보, 2007년 2월 15일)

저소득층의 자산형성을 도와 경제적으로 자립할 수 있도록 하는 선진국형 복지지원 사업이 국내 처음으로 서울에서 시행된다. 서울시는 빈곤층의 자활을 목적으로 하는 이 제도가 정착될 경우 저소득층의 자산형성에 크게 기여할 것으로 기대하고 있다. 서울시 산하 서울복지재단은 미국과 캐나다 등 선진국에서 시행하고 있는 빈곤층 자산형성 지원 사업을 서울시에 알맞게 적용한 '서울형 자산형성 지원 사업'을 2007년부터 시범운영하고 있다. '서울형 자산형성 지원 사업'이란 저소득층이 자활할 수 있도록 목돈을 모을 수 있는 기회를 제공하기 위한 제도이다.

서울복지재단은 민간기업, 금융기관 등과 함께 자산형성을 위해 매달 정기적으로 저축하는 빈곤층에 저축액의 1.5배를 매칭펀드 형식으로 3년간 지원해주기로 했다. 이를 위해 올 상반기 중으로 각 구청과 사회복지시설로부터 추천을 받아 100가구를 시범 선정할 계획이다. 예를 들어 이 사업에 참여하는 가구가 매달 20만 원을 저축할 경우 민간 기업이 1.5배인 30만 원을 추가 적립해주고 이를 3년간 모으면 2,000여 만 원(50만 원×36개월+이자)을 모을 수 있게 된다. 또 이 기간 금융, 창업 등의 전문가 컨설팅도 받을 수 있다. 대상은 근로소득이 최저생계비의 100~120%인 차상위계층과 120~150%인 차차 상위 계층이다. 구체적으로는 사회복지시설 재가복지서비스 대상자, 모 · 부자 복지시설 생활인, 자활후견기관의 자활사업단 참여자, 서울시의 '노숙인 일자리 갖기' 사업 참여 후 정규직으로 채용된 노숙인 등이다. 서울시는 국민기초생활 수급권자의 경우 자산이 일정 수준을 넘으면 수급혜택이 없어지기 때문에 이번 지원 대상에서 제외됐지만 관련법이 정비되는 대로 이들을 대상으로도 사업을 확대할 방침이다.

제4장 노인가족과 가계경제

1. 노인가족의 특성

2. 노인가구의 소득수준과 소득구성

3. 노후 소득보장 수단

4. 고령자의 근로 및 취업

5. 노인가계의 소득확보 대비 방안

제 4 장

노인가족과 가계경제

최근 한국사회는 수명의 증가와 출산율의 감소라는 두 가지 인구학적 변화를 경험하고 있다. 이러한 인구학적 변화는 다시 한국인들의 노년기 가족구조에 영향을 미치고 있다. 즉 평균 수명의 연장으로 인해 생존해 있는 가족 내의 수는 증가하는 반면 출산율의 감소로 인해 각 세대 내의 성원은 점차 감소하게 됨으로써 가족구조가 점차 수직화되는 현상을 보인다(Morgan & Kunkel, 2001). 그러나 현대인들은 노년기에 혼자 살거나 배우자와 둘이 사는 것을 더 선호하므로, 생존 해 있는 가족 내의 세대수가 증가하였다고 해도 이들이 반드시 다세대 가구를 구성하여 함께 살 것이라고 볼 수는 없다. 한편 노인 가구의 가장 중요한 경제 및 재무관리 문제는 생활 유지를 위한 소득원의 확보라고 할 수 있다. 노후의 주된 소득원은 3층 노후 소득보장수단을 구성하는 국민연금, 퇴직연금, 개인연금이다. 일할 능력과 의욕이 있는 고령자의 취업을 활성화는 노인 가구의 소득 확보뿐 아니라, 저출산과 고령화의 진행으로 심각성이 더해가는 공적인 사회보장 재정 적자 문제와 생산가능 인구 축소로 인한 산업 부문의 인력난 문제를 완화시킬 수 있는 대안이 될 수 있다. 본 장에서는 우리나라 노인 가구의 소득 현황을 고찰하고, 노후소득보장 수단과 역모기지제도, 고령자의 근로 및 취업 등에 대해 살펴보고자 한다.

1. 노인가족의 특성

평균 수명의 연장으로 개인의 삶이 연장되는 한편 출산율의 감소로 양육해야 할 자녀의 수가 줄어들면서 가족생활주기상에 자녀를 독립시킨 후 부부가 함께 생존할 기간이 장기화되고 있기 때문에 노년기에 부부관계는 가족생활주기의 어느 단계보다 더 중요해질 것이다. 또한 가족구조의 수직화 현상은 사람들이 나이를 먹어가면서 가족 내에서 수평적인 결합보다는 수직적인 결합을 더 많이 지니게 될 것이라는 점을 시사한다. 같은 세대 내 성원의 수가 감소하기 때문에 형제자매관계나 친족 간의 수평적인 관계망은 축소될 것으로 전망할 수 있다. 소수의 형제자매간의 관계나 사촌 또는 육촌 등의 친족 간의 관계가 정서적 측면에서나 접촉빈도에서 어떠한 관계특성을 지닐지는 노인의 성, 연령, 건강상태, 소득수준, 가족 내 세대 간 관계의 특성에 따라 다를 것이다. 한편 수직화된 가족구조에서 소수의 자녀와 좀 더 오래 살게 되기 때문에 노인들이 아래 세대를 위하여 가족역할을 수행하며 보내게 되는 시간도 길어진다. 수명이 증가하면서 노인들은 자신의 손자녀가 유아기에서 청소년기, 성인기로 성장하고 심지어 부모가 되는 과정을 지켜볼 수 있는 기회를 가질 가능성이 더 커졌다. 그러므로 조부모 역할을 수행하는 기간이 길어질 뿐 아니라 증조부모 역할을 수행하게 될 가능성도 커지는 것이다.

1) 부부관계

(1) 노년기 부부관계의 특성

한국사회에서 노인들은 일반적으로 배우자와 사별하고 홀로 사는 이미지로 연상이 되었다. 그러나 통계청에서 제시한 인구주택총조사의 통계자료 중 2000년도와 2005년도에 65세 이상 노령인구의 혼인상태별 분포의 변화를 보면 배우자가 있는 노인들의 수는 증가하고 배우자와 사별한 노인들의 수는 감소하는 것을 알 수 있다. 대신 평생 결혼을 하지 않았거나 이혼을 한 노인들의 수도 점차 증가하고 있는데 〈표 4-1〉에서 연령별로 보면 비교적 젊은 노인인 65~69세 노인들이 70세 이상 노인들보다 이러한

〈표 4-1〉 65세 이상 인구의 혼인상태별 분포

	2000					2005				
		미혼	유배우	사별	이혼		미혼	유배우	사별	이혼
65세 이상	3,372	0.3	52.0	47.0	0.7	4,365	0.5	55.4	42.9	1.1
65~69세	1,376	0.4	67.0	31.6	1.0	1,680	0.6	70.9	26.9	1.7
70~79세	1,519	0.3	47.2	51.8	0.6	2,020	0.4	52.4	46.3	0.9
80세 이상	477	0.2	23.6	75.8	0.3	666	0.5	25.6	73.4	0.5

자료: 통계청, 「인구주택총조사」, 각 연도 (단위: 천명, %, %p)

경향을 훨씬 많이 보인다.

이처럼 개인의 삶이 연장되는 한편 자녀양육 기간은 감소함으로써 자녀를 독립시킨 후 부부가 함께 생존할 기간이 장기화되고 있다. 평생 미혼이거나 이혼하는 경우를 제외하고 노년기에 부부가 함께 지내야 할 기간이 길어졌다는 사실을 바탕으로 노년기 부부관계의 특성을 몇 가지 측면에서 살펴볼 수 있다.

첫째, 도시화와 산업화로 인해 친족관계는 멀어졌고, 직장에서 은퇴를 하면서 일과 관련한 대인관계도 급격히 감소한다. 또한 부양의식이 변화함으로써 성인이 된 자녀들은 부모로부터 물리적으로 독립하여 분가하는 경향이 있으므로, 노인들이 접근할 수 있는 다른 종류의 친밀한 관계는 감소한다. 따라서 노년기에 부부관계에 대한 의존도가 커지고 이에 따라 노인의 삶에서 부부관계의 중요성이 증가하게 된다.

둘째, 노년기 부부관계는 노인에게 정서적 및 성적 친밀감과 상호의존성, 상호부양, 소속감을 제공해 준다. 노년기에 부부만 보내는 시간이 증가하면서 노인들은 부부간에 애정과 관심과 신뢰를 탐구할 기회를 가지게 된다. 그리고 부부간에 소득과 가사활동과 다른 가계자원을 공유하는 상호의존적인 경향이 젊었을 때보다 더 증가하게 된다. 부부로서의 동일시라거나, 가치와 관점의 공유, 그리고 안락한 상호작용이 서로에게 소속되어 있다는 안전감을 제공하기도 한다(Morgan & Kunkel, 2001).

셋째, 부부관계는 노인소비자에게 있어서 노년기 일상생활의 핵심일 뿐 아니라 상당한 위안과 지원의 원천으로 기능하기 때문에 배우자의 유무나 부부관계의 질적 특성이 노년기 삶의 만족도에 결정적으로 영향을 미치게 된다. 예를 들어, 배우자가 없는 노인에 비해 배우자가 있는 노인은 생활만족도, 정신적 · 신체적 건강, 사회적 지지에 대한 만족도가 더 높다(최혜경 · 강진경 · 신수진, 1999).

한국사회는 전통적으로 부계 중심의 수직적 가족관계를 강조하면서 부부관계는 부자관계를 위한 부차적인 관계로 여겨왔다(신수진, 1998). 좋은 배우자 역할은 좋은 부모 역할을 통해 이루어져 왔기 때문에 자녀양육의 의무에서 벗어난 노년기에 부부관계를 위한 배우자 역할에 대한 문화적인 지침이 아직 확립되어 있지 않은 상태이다. 그러므로 장기화된 노년의 부부관계를 보다 만족스럽게 유지하기 위해서는 먼저 노년기 부부관계의 특성을 이해하고 이를 통해 새로운 노년기 부부관계를 정립하기 위한 새로운 지침을 탐색할 필요가 있다.

(2) 노년기의 결혼만족도

결혼만족도란 결혼이 만족을 산출하고 기대를 충족시키는 정도이다. 대다수 노인들은 그들의 결혼을 행복한 것으로 평가하며 부부간의 사람에 대해서도 매우 높게 평가한다(최혜경 외, 1999). 배우자에 대한 헌신과 제도로서의 결혼에 대한 헌신, 배우자에 대해 가치 있게 여기는 개인적 특성들은 결혼 안정성에 가장 중요한 근거가 된다. 또한 경제적 안정성과 자신의 배우자를 가장 절친한 친구로 보는 것과 인생목표에 동의하고 결혼생활의 유머와 즐거움을 유지하는 사람으로 보는 것 또한 중요하다.

결혼만족도는 가족생활주기 전반에 걸쳐 매우 다양한 형태를 띠는 데 일반적으로 깊이가 얕은 사발모양의 U자 형태를 띤다(최혜경 외, 1999). 즉 신혼기에는 결혼만족도가 높다가 차츰 감소하기 시작하는데 대체적으로 자녀가 사춘기에 이르는 중년기에 가장 낮은 점수를 보인다. 그러다가 자녀가 성인이 되어 독립하면서부터 결혼만족도가 높아져 노년기에는 신혼기와 비슷한 수준의 결혼만족도를 보인다. 그러나 일부 학자들은 신혼기보다 노년기의 결혼만족도가 더 높다고 주장한다. 예를 들어, 벵슨(Bengtson, Losenthal, & Burton, 1990)은 결혼만족도를 긍정적 상호작용 측면과 부정적 정서 측면으로 구분하여 가족생활주기에 걸친 변화를 살펴보았다. 벵슨에 따르면, 결혼의 긍정적 상호작용 측면은 신혼기에 높고 중년기에 낮으며 노년기에 다시 높아지는 U자 형태를 보여준다. 그러나 부정적 정서 측면은 신혼기에 가장 높다가 점차 감소하여 노년기에는 가장 낮은 형태를 보여준다. 벵슨은 그 이유를 부부가 함께 생활하는 시간이 길어질수록 부부간에 부정적인 정서적 교류를 다루는 능력이 더 커지기 때문이라고 하였다. 그러므로 긍정적 상호작용과 부정적 정서의 양 측면을 구분하여 결혼만족도의 변화를 고려하면 긍정적 상호작용과 부정적 정서가 모두 높은 신혼부부보다 긍정적 상호작용은 높고 부정적 정서는 낮은 노년기 부부가 결혼에 대해 더 만족스러워한다는 것이다.

노년기 결혼만족도에는 은퇴 여부나 소득수준, 교육수준은 큰 영향을 미치지 못한다. 최근에는 노년기 결혼만족도를 감소시킬 수 있는 요인으로 한쪽 배우자가 취약해지면서 다른 배우자가 장기적으로 부양을 하게 되는 경우를 들 수 있다(Morgan & Kunkel, 2001). 아내든, 남편이든 배우자를 부양하는 경우 자녀나 다른 가족원이 부양하는 경우보다 훨씬 높은 수준의 스트레스와 부담을 호소한다. 한쪽 배우자가 만성질환이나 치매 등으로 장기간에 걸쳐 기능을 제대로 수행하지 못할 때 한쪽이 지나치게 의존적이 되면서 배우자 간의 상호호혜적인 관계는 깨지고 다른 배우자의 부담이 가중된다. 이는 부부간의 친밀감을 감소시킴으로써 결혼만족도를 저하시킬 가능성이 있다. 그러나 다른 한편 배우자를 부양함으로써 오히려 목적감과 유능감이 향상될 수도 있기 때문에 배우자 부양이 반드시 결혼만족도에 부정적인 영향을 미친다고 볼 수는 없다.

노년기에도 만족도가 높은 행복한 부부관계를 보여주는 노인들은 오랜 결혼생활을 통해 더욱 가까워진 경우이다. 그리고 부부가 오랜 기간에 걸쳐 가사 등에서의 성역할 경계가 점진적으로 흐려졌기 때문에 부부간에 많은 활동을 공유하고 공평성 있는 관계를 유지하고, 성적으로도 활발한 관계를 보여준다. 또한 한쪽 배우자가 질병에 걸렸을 때에도 상당한 정도의 상호의존성을 보여준다. 반면 오랜 결혼생활 동안 부부간에 의사소통이 그리 원만하지 않았었거나, 성관계가 즐겁지 않았을 경우에는 결혼 만족도가 낮다. 또한 성인이 되어서도 정서적, 경제적, 물리적으로 독립하지 못하고 의존상태에 있는 자녀가 있을 때에도 결혼만족도가 낮다.

(3) 배우자와의 사별

노년기에는 배우자와의 사별을 경험할 확률이 가족생활주기의 다른 단계보다 높다. 배우자와의 사별은 남은 배우자에게 정서적, 사회적, 경제적으로 많은 상실감을 야기할 수 있다(Moran & Kunkel, 2001). 배우자의 사망으로 남은 배우자는 인생의 가장 중요한 타인(significant other)을 상실함으로써 깊은 정서적 충격을 받게 되고, 소중한 사람이 없는 앞으로의 인생에 대한 심한 불안감을 경험할 수 있다. 배우자와의 사별이 주는 정서적 충격은 시간이 지나면서 점차 감소하지만 때로는 이를 극복하지 못하고 지속적으로 건강이 나빠지거나 우울감, 정신질환에 걸리거나 심지어는 자살하게 되는 경우도 있다.

배우자 사망이 홀로 남은 다른 배우자에게 어떠한 영향을 미치는가는 여러 가지 요인에 의해 좌우된다. 예를 들어, 배우자가 급작스럽게 사망함으로써 사별을 미리 예견하고 준비하지 못한 경우 배우자의 사망으로부터 받는 정서적 충격과 배우자 없이 살아갈 앞으로의 삶에 대한 불안감은 더 커질 수 있다. 그러나 대부분 노년기에는 친구나 친구들의 죽음을 경험하고 자신과 배우자의 죽음이 임박했다는 사실을 의식하게 되기 마련이다. 더구나 노년기의 사망은 대체적으로 장기간의 투병생활을 요구하는 만성적 질환에 의한 사망이기 때문에 예기치 못하게 사별을 경험하게 되는 경우는 그리 많지 않다.

노년기에는 배우자의 사망으로 야기되는 사회적, 경제적 변화로 인해 배우자와의 사별에 적응하기가 어려울 가능성이 더 많다. 사회적, 경제적 측면에서 배우자와의 사별은 남자노인과 여자노인에게 서로 다르게 영향을 미친다. 우선 배우자와의 사별은 남자노인에게는 사회관계망의 단절을 의미할 수 있다. 여자노인은 전 생애주기에 걸쳐 남편 외에 자녀나 다른 친족, 친구, 이웃들과의 관계를 유지해왔기 때문에 배우자를 상실한 후에도 다른 사회관계망을 유지하며 그 안에서 중요한 사회적 지지를 받을 수 있다. 반면 남자들은 대체적으로 직장 일을 우선적으로 하면서 아내를 매개로 하여 다른 관계를 접하는 경향이 있다. 따라서 노년기에 은퇴를 함으로써 직장을 중심으로 하는 사회관계로부터 유리되어 있는 상태에서 다른 관계와의 매개자인 아내를 상실함으로써 자녀를 포함한 비공식적 관계에의 접근도 어려워지게 된다. 따라서 남자노인들은 아내와의 사별 후 심한 고립감과 우울감에 시달리다 자살할 가능성이 더 크다 (Perlmutter & Hall, 1988). 여자노인들은 반면 남편의 사망으로 인해 경제적 수입원의 상실 또는 감소를 경험할 가능성이 크다. 여자노인들은 직장생활을 하였는지의 여부와 상관없이 대체적으로 남편의 소득에 의존하여 살아왔고, 은퇴 후에도 남편의 연금소득이 주 수입원인 경우가 많다(최혜경 · 정순희, 2001). 남편의 사망은 연금소득의 감소를 의미하기 때문에 줄어든 수입으로 생활하면서 경제적인 어려움과 불안감을 경험할 가능성이 크다. 그런데 여자노인들이 적절한 건강과 사회관계를 유지하기 위해서는 적당한 경제적 자원이 있어야 하므로 여자노인들은 경제적인 문제로 인해 건강이나 사회관계가 악화될 가능성도 있다.

(4) 재혼

노인들의 재혼율은 다른 연령 집단과 비교할 때 매우 낮지만 최근 계속 증가추세에 있다. 그러나 여기에서 성차가 있다. 〈표 4-2〉에서 보듯이 한국 노인들의 재혼 건수를 보면 남성이 여성보다 훨씬 많은 건수를 보인다. 노령기 인구 중 여성인구가 남성인구보다 더 많은 인구학적 경향을 감안할 때, 이러한 통계치는 남성의 재혼경향이 여성보다 훨씬 크다는 사실을 보여준다. 실제로 남자는 재혼의 욕구를 더 많이 갖고, 여자는 재혼의 훨씬 더 현실적인 측면을 생각하는 경향이 있다(Perlmutter & Hall, 1988). 여성노인은 남성노인보다 더 많은 가족지원을 받고, 계속 바쁘게 생활을 유지하는 경향이 있으

〈표 4-2〉 고령자의 이혼 · 재혼건수

	남자					여자				
	1995	2000	2003	2004	2005	1995	2000	2003	2004	2005
65세 이상 재혼건수	940	1,002	1,194	1,417	1,573	172	209	282	338	414
사별 후	691	628	594	661	689	97	115	122	143	172
이혼 후	249	374	600	756	884	75	94	160	195	242

자료: 통계청, 「인구동태통계」, 각 연도 (단위: 건)

므로 재혼이 자유와 자율성을 포기할 만한 가치가 있는지를 고려하게 되기 때문이다.

일반적으로 재혼의 가능성을 촉진하는 요인들로는 건강과 충분한 재정적 지원, 재혼에 대한 친구와 친척의 권유 등이 있다. 노인들의 재혼 동기를 보면 대부분의 노인들은 동료의식을 갖고 재혼을 한다. 낭만적인 사람에 대한 환상보다는 우애나 지속적인 애정과 관심에 대한 열망으로 재혼을 하며, 또한 자녀에게 의존하고 싶지 않아서 재혼을 하기도 한다. 노년기의 재혼에서는 이전 결혼에서의 경험이 재혼의 경향을 결정하는데, 이전 결혼생활이 행복했을 때 재혼을 할 가능성이 더 크고 이전 배우자를 상기시키는 비슷한 유형의 배우자를 재혼상대로 고르는 경향도 보인다(Morgan & Kunkel, 2001).

재혼 후의 생활을 성공적으로 유지시키기 위한 요소는 결혼을 성공적으로 유지시키기 위한 요소와 별반 다르지 않다. 즉 애정, 존중, 배려, 서로의 존재를 즐거워하는 것, 서로에 대한 불편이 적은 것, 결혼에 대한 자부심 등이 필요하고, 특히 결혼 전에 일정 기간 동안 서로를 잘 알았을 때 재혼생활을 성공적으로 유지할 가능성이 높다. 또한 재혼하는 배우자들이 서로 재정적으로 여유가 있을 때 성공할 확률이 더 높고, 재정적인 권한이 자녀가 아닌 배우자에게 있을 때 더 성공할 확률이 높다. 그런데 노년기 재혼에서 특징적인 것은 자녀와 친구의 결혼에 대한 승인이 재혼의 성공 여부에 중요한 요소라는 점이다. 노인들은 결혼할 필요가 없다는 잘못된 견해 또는 그들의 재산이 어떻게 될 것인가라는 우려로 인해 야기되는 사회적인 압력이 노인의 재혼을 방해할 수 있다. 이러한 반대를 받으면, 자녀와 친구들로부터 고립되어 재혼 생활이 성공하기 어렵다.

2) 부모자녀관계

(1) 성인자녀와의 동거

최근의 노년기 부모자녀관계에서 가장 먼저 눈에 띄는 현상은 노년기에 결혼한 성인자녀와 동거하는 3세대 이상의 가구가 감소한다는 사실이다. 〈표 4-3〉에서 65세 이상 인구의 세대구성별 분포를 보면, 2000년과 2005년 사이 5년 동안 노인 가구 중 3세대 가구는 줄어들고 1세대 가구와 2세대 가구가 증가하였는데 2세대 가구에 비해 1세대 가구의 증가폭이 더 크다. 3세대 가구가 감소하고, 2세대 가구의 증가폭이 1세대 가구의 증가폭보다 크지 않다는 것은 노인이 성인자녀와 동거하는 경향이 감소한다는 사실을 시사한다. 노인들을 연령별로 구분하였을 때 세대구성의 비율을 보면, 65~69세는 1세대 가구와 2세대 가구의 순으로 많고 1인 가구는 그리 많지 않다. 또한 연령이 증가할수록 3세대 이상 가구의 비율도 증가하지만 한편으로는 1인가구의 비율도 증가하는 현상을 보여 노년기에 성인자녀와 동거하는 경향은 전반적으로 감소한다는 사실을 유추할 수 있다.

이렇게 성인자녀와의 동거하는 경향이 감소하는 가운데, 노인들이 성인자녀와 동거하게 되는 경위는 몇 가지로 설명할 수 있다(Morgan & Kunkel, 2001). 첫째, 자녀와 오랜 기간 동안 같이 살아왔기 때문에 계속 동거하는 형태이다. 예를 들어, 외아들과 계속 살다가 결혼 후에도 분가할 필요성을 느끼지 않는 경우이다. 둘째, 성인자녀가 독립을 하였다가 이혼이나 실직 등 자신의 삶에 위기를 경험하게 될 때 성인자녀는 정서적이고 실제적인 지원을 얻기 위해 다시 노부모와 합쳐 살게 되는 경우이다. 셋째, 두 번째 경위와는 반대로 노부모가 이혼이나 사별을 해서 홀로 되었거나 건강이나 재정상의 위기를 경험하게 될 때 노부모를 부양하기 위해 성인자녀가 노부모와 다시 함께 살게 될 수도 있다. 넷째, 노부모나 성인자녀가 특별히 위기를 경험하지 않아도 서로 의지하고 싶은 욕구가 있거나 재정적인 자원을 합치기 위해 다시 동거를 하기도 한다.

동거를 하던 노부모와 성인자녀가 상호 분가를 결심하는 데에도 여러 가지 요인이 작용한다(Morgan & Kunkel, 2001). 우선 성인자녀의 필요에 의해 동거를 다시 하게 된 경우 성인자녀가 재혼을 하거나 재취업을 하는 등 더 이상 노부모에게 의존할 필요가 없어지면서 상호 분가를 하게 된다. 노부모의 필요에 의해 성인자녀가 노부모를 부양하기 위해 동거를 하게 된 경우에는 대개 노부모 부양이 성인자녀가 애초에 생각한

〈표 4-3〉 65세 이상 인구의 세대구성별 분포

	2000	2005	65~69세	70~79세	80세 이상
계	00.0	100.0	100.0	100.0	100.0
1세대 가구	28.7	33.0	39.6	33.1	15.9
2세대 가구	23.9	24.9	28.6	21.2	27.0
3세대 이상 가구	30.8	23.4	17.3	24.5	36.1
1인 가구	16.2	18.1	14.1	20.8	20.4
비혈연 가구	0.4	0.5	0.4	0.4	0.5

주 : 집단가구, 외국인 및 특별조사구 인구 제외
자료: 통계청, 「인구주택총조사」, 각 연도 (단위: %)

것보다 더 많은 긴장과 부담을 야기시킬 때 동거를 그만두게 된다. 예를 들어, 노인의 기능상태가 와해되어 더 이상 노부모를 가족이 부양하기보다는 전문적인 시설에 의탁하는 것이 더 효과적이라고 판단할 수도 있다. 또는 성인자녀가 자신의 직업생활과 노부모 부양을 양립하기가 매우 힘들다고 느낀다거나, 노부모 부양으로 인해 자신의 다른 가족원과 갈등이 심화될 때 부양을 그만두고 동거를 그만두게 되는 경향이 있다. 어떤 이유에서든 성인자녀가 노부모를 부양하다가 분가하거나 다른 시설에 맡기는 경우 성인자녀는 노부모를 버렸다는 죄의식을 가지게 된다고 한다.

(2) 성인기자녀와 노년기부모와의 결속

노년기 부모자녀관계를 설명할 때 성인기자녀와 노년기부모 간의 결속(solidarity)이라는 개념을 사용하기도 한다(Bengtson, Losenthal, & Burton, 1990). 벵슨은 성인기자녀와 노년기부모 간의 결속에는 연합적 결속, 애정적 결속, 교감적 결속, 기능적 결속, 규범적 결속의 5가지 차원이 있다고 하였다.

① 연합적 결속(associational solidarity)

연합적 결속은 노부모와 성인자녀 간의 전화, 편지, 방문 등의 접촉이나 상호작용의 양적 특성을 반영한다. 일반적으로 노부모와 성인자녀가 서로 다른 가구를 구성하고 지리적으로도 멀리 떨어져 거주하는 경향이 증가하면서, 노부모와 성인자녀 간의 연합적 결속은 점차 약화된다. 그러나 여기에는 노부모의 결혼 상태나 자녀의 특성에 따라 차이가 있다. 딸들이 아들에 비해, 결혼하지 않은 자녀가 결혼한 자녀에 비해 부모와 더 자주 접촉하고 상호작용을 많이 하며, 부모가 홀로 되신 경우 자녀들과 더 높은 연합적 결속을 보인다.

② 애정적 결속(affectual solidarity)

애정적 결속은 노부모와 성인자녀 간의 접촉이나 상호작용의 질에 대한 주관적인 판단과 관련된다. 예를 들어, 접촉이나 상호작용에 대한 만족도, 가까움의 지각, 따뜻함을 느끼는 정도 등으로서, 일반적으로 노부모와 성인자녀 간의 애정적 결속도는 매우 높은 수준을 보인다. 부모와 자녀는 서로의 생애를 통해 늘 중요한 존재로 남아 있다. 나이가 증가하면서 노부모는 자녀에게 정말로 근심거리를 함께 나눌 만큼 가깝다고 생각하게 되고, 자녀의 영향을 많이 받게 된다. 그러나 성인자녀가 문제를 경험할 때 부모에게 부정적인 영향을 미칠 수도 있고, 부모와의 갈등이나 부모의 의존성에 대처하는 것이 성인자녀에게 부정적인 영향을 미칠 수도 있다. 또한 형제간에 부모에 대한 의무의 공평한 몫을 수행하느냐에 따라 갈등의 정도가 좌우된다.

③ 교감적 결속(consensual solidarity)

종교나 정치적 이상, 세계관 등 가치나 신념에 대해 노부모와 성인자녀가 서로 얼마나 동의하는가의 교감적 결속 정도는 노년기 부모자녀관계에 영향을 미친다. 자녀가 어렸을 때에는 부모의 가치나 신념이 자녀에게 영향을 미치지만, 자녀가 성인이 되어감에 따라 부모가 자녀의 영향을 받기도 한다.

④ 기능적 결속(functional solidarity)

기능적 결속은 노부모와 성인자녀가 상호 간에 호혜적으로 보조나 지원을 교류하는 정도를 나타내는 차원이다. 노부모의 연령이 증가하고 취약성도 증가함에 따라 노부모가 성인자녀로부터 정서적으로나 도구적으로 많은 지원을 받는다는 일반적인 가정에도 불구하고, 생각보다 많은 노인이 자녀에 의존하기보다는 자녀와 동등하게 교류하는 것으로 알려졌다. 즉 노부모 중 많은 수가 성인자녀에게 정서적, 도구적, 또는 경제적으로 보조나 지원을 제공한다. 예를 들어, 위기나 갈등 상황에서 성인자녀는 노부모로부터 위안 받기를 원하고, 손자녀의 양육을 전담하거나 보조하는 노인들이 여전히 많으며, 결혼 후에도 보다 높은 수준의 교육이나 훈련을 받기 위해 노부모에게 학비를 보조받는 성인들도 있다. 그러므로 기능적 결속에서 모든 노부모가 의존적인 수혜자인 것은 아니며, 노인들의 사회경제적 지위와 건강상태, 보조나 지원의 유형에 따라 다를 수 있다.

⑤ 규범적 결속(normative solidarity)

규범적 결속이란 부모자녀 간의 접촉이나 교류에 대한 기대를 반영하는 가족주의 규범에 대한 태도가 노부모와 성인자녀 간에 얼마나 유사한지를 나타내는 개념이다. 다양한 가족 규범 중 효와 관련된 가족주의 규범에서 부모세대와 자녀세대 간에 태도 차이가 클수록 갈등의 정도도 더 크다.

(3) 노부모 부양

수명이 연장되면서 노부모 부양은 성인자녀의 가족생활주기에서 하나의 과업으로 자리 잡게 되었다. 그러나 부양을 필요로 하는 노인인구가 증가하는 반면, 한국사회에서 전통적으로 부양을 제공해왔던 가족의 부양능력은 점차 감소함으로써 노부모 부양을 둘러싼 성인자녀와 노부모 간의 갈등은 가족의 문제를 넘어 심각한 사회문제로 대두되고 있다.

한국사회에서는 전통적으로 효 사상을 기본으로 성인자녀의 노부모 부양을 부모자녀 간의 애정 이전에 의무로서 규정해왔다. 성인자녀 중에서는 아들, 특히 장자가 노부모를 우선적으로 부양하도록 되어 있으며, 노부모의 신체적 · 경제적 · 정서적 기능의 상실이나 의존성 정도와 상관없이 자녀가 부모에게 행해야 할 제반 행동을 모두 부양의 개념에 포함시켰다.

그러나 최근에는 노부모 부양에 대한 가치나 실행에 모두 변화가 일어났다. 우선 노부모의 기능이 약화되거나 의존도가 높아졌을 경우에 한해 부양을 제공하는 것으로 노부모 부양을 개념화하기 시작하였고, 부양 제공자도 아들에서 딸로, 딸에서 배우자로 이전되고 있다(김윤정, 2000). 또한 출산율의 저하로 노부모를 부양할 성인자녀의 수가 감소함으로써 부양자의 선택의 폭이 좁아졌다. 더구나 주 부양자가 간혹 노부모 부양을 위한 지원을 기대할 수 있는 형제자매의 수가 감소하다 보니, 주 부양자가 되는 자녀에게 부양부담이 집중될 가능성이 높아졌다. 그리고 부양을 담당할 여성의 생활양식이 변화하였다. 예전에는 여성은 가족 내 역할을 전담하며 자녀, 배우자, 노부모에게 부양을 제공해왔다. 그러나 점차 여성의 취업이 증가하면서 여성은 더 이상 가족 내 역할을 위해 가용하지 않게 되었으며 노부모 부양을 담당하는 여성들은 직업과 노부모 부양의 이중 역할로 인해 높은 부담감을 호소하고 있다. 또 한편으로 가족의 노부모부양 능력이 감소하는데도 불구하고, 한국사회에서 가족의 부양을 대체하거나 보조해줄 수 있는 사회적 자원은 아직 부족한 점도 가족부양의 문제를 가중시키는 원인이 되고 있다.

2. 노인가구의 소득수준과 소득구성

1) 노인가구의 소득수준

우리나라 근로자가 생애 주된 일자리에서 물러나는 공식적인 퇴직연령은 평균 약 54세 정도로 알려져 있다. 2005년 현재 55세 인구의 기대여명이 약 26년인 점을 고려하면 전체 생애 가운데 30여 년 동안 경제활동을 하는 기간에 퇴직 이후 사망까지 약 25년의 생활유지를 위한 경제적 대비가 이루어져야 한다.

은퇴 이후에는 교통비, 의복비, 외식비 등 직업 생활을 유지하기 위해 소비되는 지출이 줄고, 의료비 등 건강 관련 지출이 증가한다. 대략적으로 은퇴 전과 비슷한 수준으로 생활을 유지하는 데 소요되는 노후 생활비는 은퇴 전 생활비의 약 70% 정도로 알려져 있는데, 우리나라 60세 이상 노인 가구의 가계지출도 평균적으로 전체 가구 평균의 70% 정도로 나타나고 있다. 노인 가구 소득은 전체 가구 평균의 70%에도 못 미치는 수준이다.

〈표 4-4〉 가구주 연령 60세 이상 가구의 월평균 소득과 가계 지출(2인 이상 가구)

연도	월평균 소득(만 원)		월평균 지출(만 원)		전체 가구 대비 노인가구 소득비	전체 가구 대비 노인가구 지출비
	평균	60세 이상	평균	60세 이상		
2003	265	181	216	151	0.68	0.70
2004	281	199	230	162	0.71	0.70
2005	292	194	240	162	0.67	0.68
2006	307	202	252	171	0.66	0.68

2) 노인 가구 소득구성

노후의 주된 소득원은 크게 공적연금, 퇴직연금, 개인자산, 고령근로 네 가지로 구분된다. 공적연금과 퇴직연금제도가 시행된 지 얼마 지나지 않았기 때문에 아직까지 그 규모가 매우 작다. 현재 노인 가계에서 가장 비중 있는 소득원은 일로부터 벌어들이는 소득이다. 통계청의 가계조사에 따르면 2006년 현재 노인 가구 소득 중 가구주의 근로소득이 20.13%, 사업소득은 16.34%를 차지하여 노인 가구 전체 소득의 약 36.47%는 임금을 받거나 자영업에 종사하는 등 일을 통해 획득한 소득이다.

2006년 현재 노인 가구 소득의 약 30% 정도를 차지하는 이전소득에는 정부로부터의 기초생활보장 지급금, 경로연금 등의 공적 이전소득과 자녀 등 가족이나 친지들로부터의 사적 이전소득을 포함한다. 이전소득에서 정부 보조금이 차지하는 비중은 낮고 약 3분의 2 정도가 자녀로부터의 생활보조금이다. 배우자 이외의 다른 가구원의 근로소득이 노인 가구 소득에서 차지하는 비중도 20%가 넘는 매우 높은 수준인데, 이는 주로 함께 거주하는 자녀의 근로소득이다. 자녀의 노부모 부양의식이 약해지고 있다고는 하지만 아직까지 우리나라 노인은 자녀에 대한 경제적인 의존도가 높다고 할 수 있다.

다른 OECD 국가의 65세 이상 고령자 소득구성에서 가장 큰 비중을 차지하는 소득

〈표 4-5〉 가구주 연령 60세 이상 가구의 월평균 가구 소득구성(2인 이상 가구)

연도	총 소득	경상소득							비경상 소득
		경상소득합계	근로소득			사업소득	재산소득	이전소득	
			가구주	배우자	기타				
금액(만 원)									
2003	181	159	27	6	36	31	18	41	22
2004	199	177	32	6	41	34	19	45	22
2005	194	175	33	5	40	31	18	49	19
2006	202	181	37	5	38	30	17	55	20
구성비(%)									
2003	0.68	88.10	17.18	3.67	22.35	19.66	11.35	25.79	11.90
2004	0.71	89.03	18.02	3.31	23.33	19.24	10.54	25.56	10.97
2005	0.67	90.00	18.97	2.63	22.63	17.52	10.09	28.16	10.00
2006	0.66	89.89	20.13	2.98	20.89	16.34	9.30	30.36	10.11

〈표 4-6〉 65세 이상 고령자 소득구성 국제 비교

국가명	근로소득	자산소득	공적이전	사적이전	개인연금	기타	가구원
스웨덴	5.5	2.1	80.1	0.2	7.3	0.0	4.7
덴마크	5.8	6.5	67.1	0.2	15.7	0.1	4.7
네덜란드	4.5	3.4	55.8	0.1	28.3	0.2	7.6
스위스	5.4	6.1	61.0	0.1	17.7	0.3	9.4
미국	11.0	7.1	54.0	0.8	16.1	2.4	8.6
오스트리아	2.9	2.5	80.9	0.7	4.5	1.1	7.5
독일	5.7	4.7	75.4	0.3	6.5	0.1	7.4
스페인	5.1	2.8	80.5	1.0	1.0	0.2	9.4
이탈리아	4.6	2.2	76.2	0.2	4.0	0.1	12.7
그리스	5.1	4.1	84.6	2.0	0.8	0.1	3.4
한국	22.2	4.2	14.1	28.6	0.3	0.5	30.1

출처: 장지연(2007. 12). 중고령자 가구의 소득수준과 소득구성의 특징. 월간 노동리뷰 (단위: %)

원은 공통적으로 공적 연금 등을 통한 공적 이전소득으로서 적게는 전체 소득의 54%(미국), 크게는 84.6%(그리스)나 차지하며, 대체로 60~80% 정도는 공적 이전소득이다. 공적 이전소득 이외에 중요한 소득원은 나라에 따라 다른데 덴마크, 네덜란드, 스위스, 미국, 스웨덴에서는 개인연금의 비중이 크고, 오스트리아, 독일, 스페인, 이탈리아에서는 다른 가구원의 기여분이 상대적으로 높지만 그 비중이 10% 미만으로 우리나라에 비하면 소득원으로서의 중요도가 낮다.

3. 노후 소득보장 수단

1) 국민연금

우리나라에서 국민연금제도가 시행된 것은 1988년부터이다. 처음 시작할 때는 10인 이상 사업장의 근로자만을 대상으로 하였다가 1992년에 5인 이상 사업장으로, 그리고

1995년에 농어촌 지역으로, 1998년 말부터는 5인 미만 사업장 근로자와 도시 지역 자영업자까지 가입하도록 함으로써 전 국민을 포괄하는 제도로 성장하였다. 따라서 우리나라 국민연금 가입대상자는 공무원연금, 군인연금, 사립학교교원연금의 적용을 받는 공무원, 군인, 사립학교교직원을 제외한 18세 이상 60세 미만의 국민 모두가 된다.

연금의 재원은 부과방식(pay-as-you-go)으로 조달한다. 부과방식이란 현재 경제활동인구가 지불하는 갹출금으로 현재의 노령인구의 연금급여를 조달하는 방식이다. 따라서 현재 연금에 가입하여 납부하는 연금보험료는 본인의 노후 연금으로 되돌아오는 것이 아니라 그것은 현재의 노인 연금 지불금으로 사용되고 본인의 노후 연금은 이후 세대가 지불하는 보험료로부터 받게 되는 것이다. 우리나라를 포함하여 OECD의 거의 모든 회원국은 부과방식을 적용하고 있는 실정이다. 이와는 다른 방식으로 적립식 방식이 있는데, 적립식은 개인이 지불한 보험료를 적립해 두었다가 이후 이들의 노후 연금으로 지불한다. 적립방식에서는 본인의 연금 보험료 납부가 연금수급으로 직접적으로 연결된다.

(1) 국민연금 보험료 및 보험금

우리나라에서 국민연금 가입자가 납부하는 연금보험료는 사업장 근로자의 경우 가입자 본인과 사용자가 각각 가입자 표준소득월액[1)]의 4.5%를 납부하고 지역 및 기타 가입자의 경우는 가입자가 표준소득월액의 9%를 납부한다.

국민연금을 통해 받는 급여는 가입자가 노령에 달하면 받는 노령연금과 노령에 달하지 않더라도 장애를 입으면 받는 장애연금, 가입자 사망시 유족들에게 지급하는 유족연금, 그리고 반환일시금으로 구분된다.

일반적인 노령연금은 연금 가입기간이 20년 이상이고 60세에 달하면 이후부터 생존기간까지 지급한다. 가입기간은 10년 이상 20년 미만이고 60세에 달하면 노령연금액에서 일정한 금액을 감액한 감액 노령연금을 지급한다. 연령이 60세에서 65세 사이 기본연금액 이상의 소득이 있는 직업에 종사하는 경우 연금 가입기간이 10년 이상이면 재직자노령연금이 지급되는데 이 역시 노령연금보다 급여수준이 낮다. 조기노령연

1) 연금가입자의 소득월액을 기준으로 45단계의 등급을 구분하고 각 소득등급의 기준이 되는 금액을 표준소득월액이라고 한다.

금은 가입기간이 10년을 경과하면 55세부터 받을 수 있다.

장애연금은 국민연금 가입자가 질병이나 부상으로 신체나 정신상의 장애를 입으면 장애가 존속하는 기간 동안 지급한다. 유족연금은 연금 가입 기간이 10년 이상인 연금 가입자가 사망한 경우 부양을 받던 유족에게 지급한다. 반환일시금은 가입기간이 10년 미만인 가입자가 60세에 달하거나 국적을 상실 또는 외국으로 이주할 때, 연금에 가입한 지 10년이 되지 못하여 가입자가 사망한 경우 지급받을 수 있다.

국민연금 급여는 기본연금액과 가변연금액으로 구성되었다. 기본연금액은 전체 연금 가입자의 평균소득과 가입자 개인의 표준월소득액, 그리고 연금가입기간에 따라 결정된다. 기본연금액은 다시 모든 가입자에게 일정한 액수가 지급되는 균등부분과

〈소비자복지코너 4-1〉 노령연금 예상 수령액

연금액산정: 1.8(A+B)(1+0.05n/12)

- A는 연금수급 전 3년간 전체가입자의 평균소득월액의 평균액, B는 가입자 개인의 가입기간 중 평균소득월액, n은 20년 초과 가입월수

가입기간별, 가입인원수(홑벌이, 맞벌이)별 예상 노령연금 수령액(단위: 원)

가입 기간현재 소득수준	10년		15년		20년		30년	
	홑벌이	맞벌이	홑벌이	맞벌이	홑벌이	맞벌이	홑벌이	맞벌이
166만원	195,710	391,420	285,880	571,760	370,920	741,840	534,870	1,069,740
254만원	248,230	496,460	362,600	725,200	470,470	940,940	678,420	1,356,840
360만원	311,500	623,000	455,020	910,040	590,380	1,180,760	851,330	1,702,660

- 생계를 유지하고 있는 가족이 있을 경우 배우자 연 200,220원, 자녀/부모 1인당 연 133,470원의 부양가족연금액이 본인의 연금액에 가산됨.
- 2006년도에 최초 가입한 것으로 가정하여 현재의 "A"값(2007년도 적용 1,618,914원)으로 산정하였으며, 실제 연금수급월액은 연금수급 당시의 "A"값 및 재평가율을 적용함.
- 연금의 월지급액(가급연금액 포함)은 가입자였던 최종 5년간의 표준소득월액의 평균액과 가입기간 중의 표준소득월액의 평균액을 재평가한 금액 중에서 많은 금액을 초과하지 못함.
- 2007년도 현재 불변가치임.

출처: 국민연금관리공단 홈페이지(www.nps.or.kr)

가입자의 소득에 따라 변화하는 소득비례부분으로 나눌 수 있다. 균등부분은 가입자의 소득수준 고하와 상관없이 동일한 액수가 지급되므로 연금급여 가운데 이 부분이 클수록 소득이 높은 사람에게서 낮은 사람에게로 소득이 이전되는 소득분배 효과가 있다. 가급연금액은 연금가입자의 피부양자 — 18세 미만의 자녀, 60세 이상의 부모, 2급 이상의 장애 자녀와 부모 — 에 대해 부가적으로 지급되는 부분으로 배우자에 대해 연 10만 원, 기타 피부양자 각각에 대해 연 10만 원이 지급된다.

(2) 국민연금의 소득대체율

한 사회의 연금급여 수준이 어느 정도가 되는가는 소득대체율을 통해서 평가하는데, 소득대체율이란 경제활동시 소득에 대한 연금급여 수준의 비율이다. 최초 국민연금 설계에서 연금의 소득대체율을 70%로 설정하였다가 얼마 지나지 않아 60%로 하향 조정하였다. 즉 40년 가입을 기준으로 평균 소득자의 노령연금급여는 평균 소득의 60% 수준을 보장한다는 것이다. 세계노동기구(ILO)에서 권고하는 공적 연금제도의 소득대체율 40%에 비하면 우리나라 연금제도는 상당히 높은 수준의 소득보장을 목표로 출발한 셈이다.

우리나라 연금제도는 연금부담금에 비해 연금급여수준이 높게 책정되어 있는 문제점이 지적되고 있다. 연금제도가 시행된 지 얼마 되지 않은 현 시점에서는 수납된 연금보험료가 지출된 연금지급액보다 크지만 국민연금 시행 10년을 맞이하는 2008년부터 연금지급 지출이 본격화되면 연금재정이 급격하게 고갈될 것으로 예상되고 있다. 독일, 캐나다, 벨기에, 스웨덴, 스페인 등에서는 이미 갹출금만으로는 현재의 연금급여를 완전히 충당하지 못하고 있는데(OECD, 1996), 우리나라에서는 출산의 급격한 감소와 고령인구의 증가로 고령화가 급속도로 진행되기 때문에 연금재정 적자 문제는 더욱 심각할 것으로 전망된다.

따라서 연금 재정건전성 유지를 위해 소득대체율을 2004년부터 55%로 하향조정하고, 2008년부터는 50%로 낮추는 한편, 현재 소득의 9%인 보험료율을 2010년 10.38%로 올리는 것을 시작으로 5년마다 1.38%포인트씩 올려 2030년에는 15.9%로 상향조정할 예정이다.

2) 퇴직금제도와 퇴직급여(기업연금)제도

(1) 퇴직금제도

1961년부터 법정제도로 퇴직금제도가 제정된 이후 퇴직금제도 적용 사업장의 범위가 지속적으로 확대되었고, 1989년부터 종업원 수가 5인 이상 사업장에서는 퇴직금제도를 시행하도록 되어 있다. 퇴직금은 1년 이상 한 직장에서 근무한 근로자가 퇴직할 때 계속 근로연수 1년에 대해 30일분에 해당하는 임금을 일시금으로 지급한다.

우리나라에서 실업과 은퇴에 대비한 고용보험이나 국민연금 등 공적 사회보험 체계는 1998년 이후에야 비로소 제도가 정착되었는데, 이러한 제도적 장치를 갖추기 이전에 퇴직금은 실업보험이나 노후소득보장 등 사회보험의 역할을 어느 정도 하였다고 할 수 있다.

고용주가 퇴직금을 지불하지 못할 경우 3년 이하의 징역, 또는 2천만 원 이하의 벌금을 물도록 되어 있으나 퇴직금이 기업의 운영 경비로 사용되거나, 갑자기 도산하는 경우 퇴직금을 지급받지 못하고 체불되기도 하는 등 퇴직금 지급이 원활하게 이루어지지 못하는 경우가 많다. 또한 이직이 빈번해지고 직장 평균 근속연수가 6년 미만으로 짧은데다, 정기적으로 퇴직금 중간정산을 실시하는 기업이 많아지면서 퇴직금이 자녀교육비용, 결혼비용, 사업자금, 채무변제, 새로운 직장을 찾는 기간 동안 생활자금으로 사용되는 등 은퇴 후 생활을 대비하는 용도 이외의 여러 가지 다른 용도로 소진되어 버리고 노후 생활자금으로 이용하기 위한 원래의 목적이 제대로 달성되지 못하고 있다는 문제점이 있다.

(2) 퇴직급여제도

퇴직연금제도는 퇴직금제도와는 달리 외부 금융기관에 사용주가 부담하는 퇴직연금 적립금을 보관하면서 적절한 금융 자문을 받아 수익률을 달성하여 퇴직 시점에 연금 또는 일시금의 형태로 연금을 지급한다. 퇴직연금제도는 2005년에 5인 이상 사업장을 대상으로 최초로 시행되었는데, 2008~2010년 이후부터 4인 이하 사업장으로 확대될 예정이다. 퇴직연금은 소득대체율이 축소되고 있는 공적연금을 보완하기 위하여 국가가 개입하여 발전을 도모하는 준 공적연금의 성격을 띤다(노동부, 2007).

퇴직연금은 운영 방식의 차이에 따라 확정급여형(DB)과 확정기여형(DC)의 두 가지 유형이 있고, 퇴직일시금을 운용할 수 있는 IRA(개인퇴직계좌)를 설정할 수 있다.

① 확정급여형(DB) 퇴직연금

확정급여형의 특징은 퇴직연금 적립금의 운용방식을 사업자가 결정한다. 근로자가 지급받을 퇴직연금 수준은 노사가 합의한 퇴직연금규약을 통하여 사전에 결정되는데, 법정 퇴직급여 수준은 계속 근로기간 1년에 대하여 30일분의 평균임금 이상으로 정해져 있다. 퇴직연금 수급 자격은 연금의 경우 55세 이상 · 가입기간 10년 이상인 가입자로 지급기간은 5년 이상이며, 일시금 수령을 원하거나 연금수급 자격을 갖추지 못한 경우 일시금으로 받을 수 있다.

② 확정기여형(DC) 퇴직연금

퇴직연금 적립급의 운영방식을 근로자 개개인이 결정하고, 퇴직급여는 사용자가 매년 납부한 퇴직부담금에 운영수익률을 더하여 결정된다. 확정기여형의 부담금 수준은 가입자 연간 임금총액의 1/12 이상이다. 운용관리기관은 가입자에게 매반기 1회 이상 위험과 수익구조가 서로 다른 세 가지 이상의 적립금 운용방법을 제시하고, 운용방법별 이익 및 손실의 가능성에 관한 정보 등 가입자가 적립금의 운용방법을 선정하는데 필요한 정보를 제공하여야 하며, 가입자는 매 반기 1회 이상 적립금 운용방법을 변경할 수 있다. 퇴직연금은 55세 이상 · 가입기간 10년 이상인 가입자가 받을 수 있고, 연금 지급기간은 5년 이상이다. 일시금 수령을 원하거나 연금 수급 자격을 갖추지 못할 경우 일시금으로 받을 수 있다.

③ 개인퇴직계좌(Individual Retirement Account: IRA)

근로자가 퇴직시에 받은 퇴직 일시금은 개인퇴직계좌에 적립하여 운용하다가 55세 이후에 연금 또는 일시금으로 받을 수 있다. 직장을 옮기더라도 일시금을 계속 적립했다가 은퇴시점에 필요한 생활 자금을 조달할 수 있다.

3) 개인연금

개인연금은 개인이 자발적으로 금융기관을 이용하여 노후 자금을 일정기간 적립한 후 만55세부터 연금으로 지급받는 것으로 국민연금과 퇴직연금으로 충당되지 않는 노후 생활자금은 개인연금이나 기타 금융수단을 통해 마련해야 할 것이다.

개인연금으로서 연금저축보험에 가입할 경우 연간 300만 원까지 소득공제를 받지만 장래에 연금을 받을 때 소득세가 부과되기 때문에 소득세 납부를 장래로 지연시키는 세제 혜택을 받을 수 있다. 소득공제 혜택이 없는 일반 연금보험은 10년 이상 유지하면 이자소득세가 면제되는 비과세 혜택이 주어진다.

개인연금은 연금 수령 기간이 10년 또는 20년 등으로 일정하게 정해진 확정연금형과 사망시까지 연금이 지급되는 종신형이 있다. 연금이율 지급 형태에 따라 고정금리형, 변동금리형, 그리고 변액 · 신탁형으로 구분된다. 고정금리형은 향후 금리 변화에 상관없이 초기 가입시 확정된 이자가 지급되고, 변동금리형은 금리가 변화함에 따라 이자율이 변동하여 적립된다. 변액 · 신탁형은 주식이나 채권 등에 투자되어 얻은 수익률에 따라 연금 지급액이 달라진다.

개인연금은 물가상승으로 인해 생활비가 상승하더라도 지급되는 연금수준은 이자율이나 수익률로 고정되기 때문에 물가상승 방어 기능이 약하다는 취약점이 있다. 또한 종신형 연금은 평균수명이 연장됨에 따라 연금보험료가 지속적으로 상승하는 추세이다.

4) 기타 노후 소득보장 수단 – 역모기지론

역모기지론은 노년층이 자기 집에 계속 거주하면서 살고 있는 집을 담보로 금융기관으로부터 매달 일정액 또는 일시불로 자금을 빌려 쓰는 제도로서 주택을 소유하고 있으나 소득이 부족한 고령자의 노후 소득보장 수단으로 활용될 수 있다. 2006년 현재 65세 이상 노인 가구주의 자가보유율은 76% 정도로 대다수의 노인 가구가 주택을 소유하고 있기 때문에 역모기지제도는 노년층의 생활보장에 활용될 수 있다.

우리나라에 1995년부터 역모기지제도가 금융시장에 도입되었으나, 여러 가지 한계점을 지니고 있어서 역모기지 본래의 기능과 동떨어진 변형된 주택담보대출에 불과하다는 평가를 받았으며, 수요도 많지 않았다. 예를 들면 대출기간이 5년에서 15년으로 제한되어 있어서 노년기의 생활비를 충분히 보장하지 못하고, 만기시에는 반드시 주택을 매각하거나 일반 주택담보대출로 전환하거나, 자녀 명의로 대출 채무를 이전하는 방안 가운데 하나를 선택해야 하는 부담이 있었다. 또한 고정금리 대출을 선택하면 대출 기한은 5년으로 제한되고, 대출 기간이 10년을 넘을 경우 담보인정 비율이 60%

이하로 정해져 있어서 주택가격에 비해 실제로 대출할 수 있는 금액도 적고, 대출 이자율도 일반적인 주택담보대출보다 높다.

금융기관이 노후 소득보장에 실질적으로 유용한 종신 역모기지제도를 기피하는 것은 장기간의 역모기지 기간 동안 주택가격과 이자율의 불확실성에 따른 잠재적인 금융위험이 큰 데에 기인한다. 다음은 잠재적인 금융위험의 보장 장치를 마련하여 2007년부터 시행되는 새로운 역모기지제도의 내용을 알아보기 전에 역모기지와 관련된 금융위험과 우리나라 역모기지제도 도입의 모델이 되고 있는 미국의 역모기지제도에 대해 살펴본다.

(1) 역모기지론 금융 위험

오랜 기간 동안 유지되는 종신 역모기지제도는 경제 여건의 변화와 불확실성에 따른 다음과 같은 세 가지 잠재적인 금융 위험이 존재한다. 이러한 금융위험이 역모기지 상품에 반영되면 금융비용이 상승하게 되어 주택담보 가치가 떨어지고, 역모기지를 통해 얻을 수 있는 연금이 축소될 수밖에 없다.

◇ **부동산 가격 위험**: 담보로 제공된 주택 가격이 대출자 사망 시기에 어느 정도가 될지 불확실하고 특히 주택 가격이 하락할 경우에는 금융기관에 손실이 발생한다.

◇ **이자율 위험**: 대출기간이 장기일 경우 이자율을 예측하기 어렵고, 특히 이자율이 상승할 경우 금융기관에 손실이 발생한다.

◇ **장수 위험**: 예상보다 장수할 경우 주택매각을 통한 원리금 상환 시기가 지연됨으로써 금융기관이 손실을 입을 수 있다.

(2) 미국의 역모기지제도

미국에서는 노후 소득 부장 수단으로서 역모기지 시장을 활성화하기 위해 1989년 정부 기관인 연방주택국(FHA: Federal Housing Administration)이 보증을 하는 공적보증 역모기지(Home Equity Conversion Mortgage)제도를 도입함으로써 역모기지 활용이 크게 증가하였다. FHA는 공적 보증을 통해 금융기관에 대해 주택가격 변동, 이자율 변동, 대출자의 생존 기간 변동으로 인한 잠재적인 손실 위험을 보증해주고, 대출자에 대해 금융기관이 파산하더라도 생계비의 보증 지급을 보증함으로써 양 거래 당사자의 손실위험을 보장해 준다. 보증보험료는 역모기지 이용자인 대출자가 부담한다(조영무, 2004).

이외에 HECM는 다음과 같은 특징이 있다. 첫째, 역모기지 신청자 연령 제한이 있어서 최소한 62세가 되어야 한다. 둘째, 대출 규모는 대출자의 연령, 소유 주택 가치, 이자율의 3가지 요소를 고려하여 정해진다. 셋째, 역모기지 대상 주택 소유에 대해서 재산세를 감면해 주는 세제상의 혜택이 주어진다.

(3) 우리나라 역모기지제도

우리나라에서도 공적 보증제도를 도입하여 2007년 7월부터 주택금융공사가 잠재적인 금융위험을 보증하는 역모기지제도가 시행되고 있다. 부부의 최소 연령이 65세 이상일 경우 가입할 수 있으며, 보증보험료는 가입자가 부담한다. 초기보험료는 주택 가액의 1~2%이고 보험료는 연간 보험료 대출 잔액의 연 0.5%를 12개월에 걸쳐 나누어 납부한다. 역모기지 가입자는 몇 가지 세제지원을 받는데, 그 내용은 다음과 같다.

〈소비자복지코너 4-2〉 역모기지 상품 설계 사례

주택가격 6억 원, 대출한도 3억 원 이하의, 종신으로 매월 연금 형식으로 대출금을 지급하는 역모기지 상품 설계 사례이다.

월 지급금 규모 추정

주택가격 / 가입연령	주택가격 6억 원		주택가격 3억 원	
	대출한도	월지급금	대출한도	월지급금
65세	29,310	186	14,655	93
70세	30,000	198	17,882	118

주) 1. 주택가격 시가기준, 주택가격 상승률: 연 4%, 기대 여명: 83세

2. 대출한도 설정 할인율 8%: 주택가격하락, 장수(長壽)리스크 등을 감안하여 모기지론 금리(6.5%)에 1.5% 가산 [자료: 금융연구원]

출처: 재정경제부(2006). 역모기지 활성화 방안 (단위: 만 원)

(4) 역모기지 가입자 세제 혜택

◇근저당 설정시 주택가격이 과세기준 3억 원 이하인 경우, 설정 금액의 0.2%에 해

당하는 등록세가 면제되고 국민주택채권 매입의무가 면제된다.

◇국민주택규모가 85m² 이하, 주택가격이 과세기준 3억 원 이하이고, 연간소득이 1,200만 원 이하인 경우 역모기지 주택에 대해 재산세가 25% 감면된다.

◇국민주택규모가 85m² 이하, 주택가격이 과세기준 3억 원 이하이고, 연간소득이 1,200만 원 이하인 경우 연 200만 원 한도 내에서 연금소득이 공제된다.

〈소비자복지코너 4-3〉 역모기지론 제대로 받으려면!!

- 가입 전 주택금융공사와 상담을 통해 자격조건, 월 수령 가능액, 이자 및 기타 비용 부담 규모, 대출 중지 사유, 대출금 중도상환시 조건 등을 꼼꼼히 따져볼 것
- 주택연금은 연령이 높을수록, 주택가격이 높을수록, 금리가 낮을수록 월 지급금이 많기 때문에 시기 잘 선택해야
- 재건축 또는 재개발이 진행 중인 지역에 주택이 있을 경우 역모기지론 이용이 불가능하다. 역모기지론 이용 도중 재개발과 재건축이 진행돼도 계약해지 사유가 된다.
- 소유 주택에 보증금이 있는 전·월세 임대차계약이 체결되어 있는 경우 역모기지론 신청이 불가능하므로 임대차계약을 해소한 뒤 신청해야 한다. 단 보증금 없는 월세 세입자가 있는 경우는 가능하다.
- 금융기관에서 빌린 돈을 갚지 않았거나, 세금 체납이 있으면 보증·대출 심사과정에 탈락하게 되므로 사전에 연체나 체납 사실을 체크해야 한다.
- 대출금 중도상환 뒤 계약해지가 가능하지만 이때 초기보증료(주택가격의 2%)는 돌려받을 수 없다. 또 대출이자(3개월 양도성예금증서 유통수익률+1.1% 가산금리)는 계약이 종료됐을 때 한꺼번에 갚기 때문에 그동안 이자는 복리로 계산된다. 따라서 지급받은 금액보다 더 많은 돈을 돌려주어야 한다는 점을 유의해야 한다.
- 주택연금 지급방식 가운데 인출한도를 설정하는 종신혼합형을 선택했을 경우 인출한도를 사용하지 않고 사망하면 인출한도만큼의 돈은 상속되지 않고 자동 소멸된다. 따라서 인출한도 적정금액을 잘 따져 정할 것.
- 주택 소유권자가 사망했을 경우 6개월 이내에 배우자가 소유권을 이전등기해야 한다. 이 기간을 어기면 계약이 해지되고, 소유권이 이전등기될 때까지 월 지급금은 정지된다. 다만 소유권을 이전한 경우 그동안 받지 못한 월 지급금을 소급해 받을 수 있다.
- 역모기지론을 이용하는 동안 특별한 사유 없이 장기간 집을 비울 수 없고, 집을 팔고 이사갈 수 없는 등 재산권 제약이 있기 때문에 사전에 신중히 고려해야 한다.

출처: 중앙 이코노미스트, 2007년 9월 3일

4. 고령자의 근로 및 취업

1) 정년퇴직제도

노년의 경제 및 재무관리에 결정적인 영향을 미치는 요인은 퇴직이다. 퇴직이란 고용에 의한 유급의 직위에서 물러나는 것인데, 퇴직과 더불어 우리 가계의 가장 중요한 소득을 구성하는 근로소득이 중단되기 때문에 노인 경제에 미치는 영향이 지대하다. 퇴직에는 본인의 자유의사에 의해 선택하는 임의 퇴직과 연금수급연한이 되어 퇴직하는 자연퇴직, 일정 연령에 도달하면 강제적으로 퇴직하는 정년퇴직이 있다

우리나라 민간기업은 몇몇 기업을 제외하고 정년퇴직제도를 실시하고 있다. 대기업체인 삼성, LG, CJ 그룹 등은 대부분 임원을 제외한 사원의 정년을 55세로 규정하고 있고, SK 그룹은 비교적 높은 28~60세로 정하고 있다(권중돈, 2007). 2005년 한국노동연구원의 중고령자 고용안전 실태조사 결과에 따르면 91.3%의 기업이 정년제를 실시하고 있으며 정년제를 실시하고 있는 기업 중 정년 연령이 50세 이하인 경우도 20%에 달하고, 55세 이하인 경우가 절반 이상을 차지한다. 공공부문의 정년 연령은 약간 높

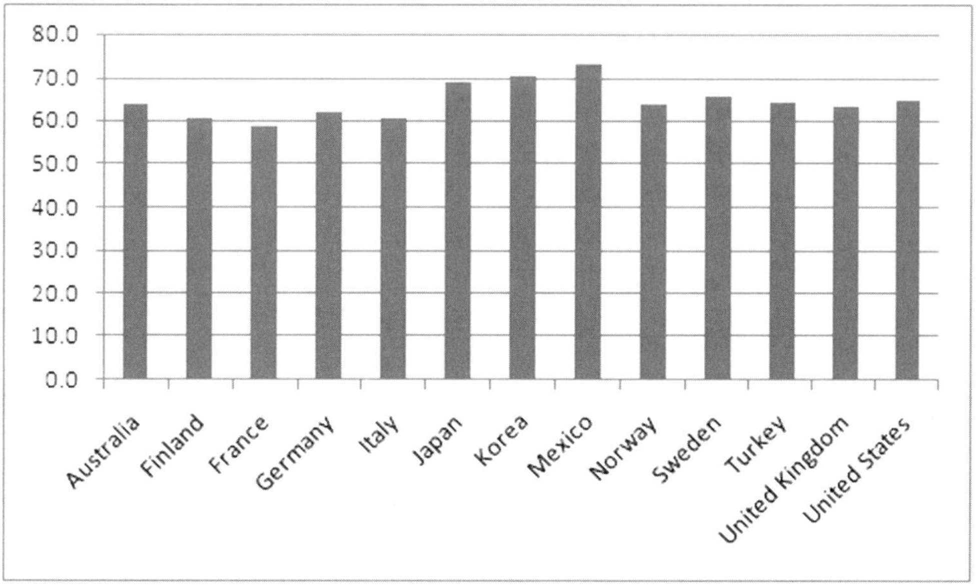

출처: OECD 홈페이지(www.oecd.or)

〈그림 4-1〉 OECD 국가의 유효퇴직연령

〈소비자복지코너 4-4〉 사오정과 오륙도

퇴직 연령이 앞당겨지고 평균수명이 길어지면서 '사오정'과 '오륙도', '3부 인생'이라는 신조어가 용어사전에 이름을 올리고 있다. 조기퇴직과 수명의 연장으로 노인의 취업과 노후 경제적 대비의 중요성이 더욱 커지고 있다.

- 사오정과 오륙도: 45세 정년, 56세까지 직장에 다니면 '도둑놈' 소리를 듣는다는 뜻이다. 경쟁이 치열해지고 정년도 갈수록 짧아지면서 나온 시대상에 대한 자조적인 표현이다.
- 3부 인생: 매경이코노미는 명예퇴직 나이인 '사오정'까지를 1부 인생, 이때부터 60세 이전까지를 2부 인생, 60대 이후의 노후 생활을 '3부 인생'으로 정의하였다. 3부 인생은 단순히 직업을 바꾸는 생활이 아니며, 3부 인생의 최대 관심사는 죽을 때까지 어떤 경제활동을 하며 생활하느냐이다.

출처: 야후 용어사전(www.yahoo.co.kr)

은데, 일반직 공무원은 5급 이상이면 60세, 6급 이하 행정직 정년은 57세이다. 교육공무원은 보다 높아서 초·중·고등학교 교원 정년은 62세, 대학교수 정년은 65세로 정해져 있다.

생애 주된 일자리에서의 평균 퇴직 연령은 약 54세 정도인데(노동부, 2006), 1997년 외환위기 이후 비자발적 조기퇴직이 일반화되면서 일할 능력과 의욕이 있는 고령자가 노동시장에서 급격히 퇴출당하고 있는 실정이다. 특히 연령이 증가할수록 임금수준이 올라가는 임금구조를 가진 기업에서는 생산성보다 높은 임금을 받는 고령자 고용을 기피하고 구조조정시 고연령자를 우선대상으로 고려하는 경향이 있다.

퇴직연령이 낮기 때문에 주된 직장에서 퇴직한 이후 새로운 일자리에서 제2의 근로생애를 보내는 경우가 많다. 따라서 우리나라는 실제 완전 은퇴 연령이 다른 OECD 국가와 비교하면 높은 편이다. 2000~2005년 동안 남성 근로자의 완전 은퇴연령은 약 70.4세인데 OECD 국가 가운데에서는 멕시코 다음으로 두 번째로 높다. 노후에 재취업할 경우 임금 등 근로조건은 매우 열악한 직장에 취업하는 경우가 많다.

2) 노인 취업 실태

경제활동에 참여하는 고령자 비율을 살펴보면 2005년 현재 60~64세 사이 남성의

〈표 4-7〉 고령자의 성별 경제활동참여율

구 분		1995	1996	1997	1998	1999	2000	2001	2002	2003	2004	2005
여자	전체	48.4	48.9	49.8	47.1	47.6	48.6	49.2	49.7	48.9	49.8	50
	60~64세	46	45.4	46.6	44.7	46.3	45.9	45.6	46.4	42.7	43.4	43.3
	65세 이상	20.2	21.1	22.2	19.8	21.4	22.8	22.9	23	21.5	22.2	22.4
남자	전체	76.4	76.2	76.1	75.1	74.4	74.2	74.2	74.8	74.6	74.8	74.4
	60~64세	73.7	73.6	73.6	68	65.5	63.4	65	66.5	63.7	64.8	66.5
	65세 이상	40.8	41	42	40.3	40.6	40.6	41.2	42.7	39.8	41.3	41.2

출처: 통계청 국내통계시스템 (단위: %)

경제활동참여율은 약 66.5%, 여성은 이보다 낮은 43.3%이고, 65세 이상 고령자의 경제활동참여율은 남성 41.2%, 여성 22.4% 정도이다. 60~64세 고령자의 경제활동참여율은 낮아지고 65세 이상 고령자의 경제활동참여율은 변동이 크지 않지만 점차로 증가하는 경향이 있으며, 우리나라의 65세 이상 고령자의 경제활동참여율은 다른 OECD 국가와 비교하면 가장 높은 수준으로 알려져 있다. 노후 소득보장 체계를 갖춘 국가에서는 은퇴연령이 낮은 경향이 있는데, 우리나라는 전 국민을 대상으로 공적 연금제도가 시행된 지 얼마 되지 않았기 때문에 국민연금 등의 연금 소득이 없는 노인이 대다수이고 따라서 생계유지를 위해 근로활동을 유지하는 노인이 많다.

65세 이상 고령 취업자는 과반이 농림어업에 종사하고, 도소매 음식 숙박업 등에 취업이 집중되어 있다. 이는 전통적으로 농업 및 임업 종사자 중 고령자가 많고, 고령자는 주로 영세 소매 및 무점포 소매 등에 종사하는 특성을 반영한 것으로 보인다(한국고용정부원, 2007). 따라서 고령자가 종사하는 직종은 단순노무직과 서비스 및 판매직에 집중되었다. 65세 이상 고령 임금 근로 취업자는 90% 이상이 임시근로 또는 일용근로자이고 상용근로자는 10% 정도이다.

〈표 4-8〉 고령 취업자의 종사 산업 분포

구분	농림어업	광공업	건설업	도·소매 음식 숙박업	사업 개인 공공서비스	전기 운수 창고 금융
남성	46.6%	536%	3.5%	14.5%	23.8%	5.9%
여성	54.8%	5.0%	0.5%	21.2%	17.9%	0.5%

출처: 통계청, 2006 경제활동인구연보

고령 취업자는 주로 단순노무직, 임시 및 일용직에 종사하기 때문에 임금수준이 낮다. 60세 이상 남성 근로자의 55.4%, 여성 근로자의 78.6%는 전체 상용근로자 임금 중위 값의 2/3 미만의 저임금을 받고 있는 것으로 나타나고 있다.

〈표 4-9〉 고령자 근로자의 고용상태

	상용근로자	임시근로자	일용근로자
전체	50.5%	34.7%	14.8%
50~64세	37.9%	36.0%	26.1%
65세 이상	9.9%	43.7%	46.4%

출처: 통계청. 2003 경제활동인구연보

〈표 4-10〉 저임금* 발생 비율

구 분	남 성	여 성
전체	15.1	45.9
60세 이상	55.4%	78.6%

* 전체 상용근로자 임금 중위값의 2/3 미만을 받는 상용근로자의 비중
출처: OECD(2005) 저, 노동연구원 역, 한국의 고령화와 고용정책 (단위: %)

3) 고령자 고용촉진정책

우리나라 고령자 가운데 상당수가 취업을 희망하고 있다. 2007년 고령층 대상의 경제활동인구 부가조사 결과에 따르면 55~79세 사이 남성의 약 71.6%, 여성의 약 45.5%가 취업을 희망하는 것으로 나타났다. 사회적 관점에서도 인구의 고령화로 인한 사회보장비용 지출 부담을 줄일 뿐 아니라 출산율 저하에 따른 생산가능인구 감소가 예상되는바, 이로 인한 인력난 해결을 위해서도 고령 인력이 적절하게 활용될 필요가 있다. 우리나라에서는 고령자의 취업 촉진을 위해 다음과 같은 정책이 실행되고 있다.

(1) 정년퇴직 연령 상향조정

2003년 프랑스를 시작으로 독일, 이탈리아, 영국 등의 나라에서 정년 연장 방침을

발표하였는데, 독일은 67세, 싱가포르 62세, 영국은 72세, 일본 65세로 정년을 연장하였고 미국은 정년 자체를 불법으로 금지하고 있다(대한상공회의소, 2007).

우리나라에서는 고령자고용촉진법에서 정년퇴직 연령을 60세 이상으로 규정하고 있으나 권고 사항에 불과하고 법률적인 강제력이 있는 것은 아니다. IMF(2004)은 2050년에 한국이 현재 수준의 노동공급을 유지하기 위해서는 은퇴 연령을 11세 정도 늘려야 한다고 권고한 바 있다. 정년을 연장하기 위해서 현행의 연공임금 체계의 개혁이 불가피하며 임금피크제 등 정년 연장을 지원하는 제도 도입의 필요성이 제기되고 있다.

(2) 연공임금체계 개혁

연령이 증가함에 따라 임금이 높아지는 연공체계는 고령근로자 유지율을 낮추는 원인으로 작용한다. 고령자 고용에 따른 기업의 임금 지급 부담을 줄이기 위해서는 연공서열이 아니라 성과에 기반한 임금체계로의 개혁의 필요성이 지적되고 있다. 정부와 공공기관, 공기업 등 연공급 성격이 강한 부문에서는 임금 피크제, 민간부문에서는 연봉제 등 성과주의 보상시스템이 기업의 고령자 고용 부담을 줄일 수 있는 대안으로 제시되고 있다(대한상공회의소, 2007). 임금피크제란 일정 연령(피크연령)이 지나면 생산성에 따라 임금을 줄이는 대신 정년을 연장하거나 일정기간 고용을 연장해 주는 방식의 임금제도이다. 임금피크제는 다음의 3가지 유형으로 운영되고 있다.

◇ **정년보장형**: 이미 정해진 회사의 정년을 기업이 그대로 보장하는 것을 전제로 일정 연령이 지나면 그 시점부터 임금이 일정 비율로 줄어든다.
◇ **정년연장형**: 국민연금 수급개시연령의 상향조정에 맞춰 정년을 연장하는 대신 기존 정년의 몇 년 전부터 임금이 줄어든다.
◇ **고용연장형**: 정년이 되어 퇴직한 근로자를 계약직이나 촉탁직 등의 비정규직으로 다시 고용하는 방식이다.

우리나라에서는 2003년 7월부터 신용보증기금이 국내에서 처음으로 임금피크제를 실시했는데, 고용연장과 정년보장의 두 가지 유형으로 운영되고 있다. 55세가 되면 명예퇴직하여 채권추심, 법률소송 등 경륜이 필요한 전문업무를 다루는 별정직으로 직군을 전환하거나, 54세 임금을 정점으로 하여 55세부터 1년차 75%, 2년차 55%, 3년차

35% 등으로 임금이 줄어들고 58세에 정년을 맞는다(대한상공회의소, 2007).

(3) 고령자 기준고용률제도

기업의 고령자 고용을 촉진하기 위하여 300인 이상의 근로자를 고용하는 사업주에게 고령자 기준고용률을 제시하고 그 이상으로 55세 이상의 고령자 고용을 권장하고 있으나 권고사항에 불과하고 법률적 강제력은 없다. 고령자고용촉진법에 따르면 업종별로 기준 고용률을 달리 하고 있는데 제조업 2%, 운수업 · 부동산 및 임대업 6%, 기타산업 3%로 정해져 있다. 또한 노동부에서는 고령자 우선고용직종을 선정하여 이들 직종에서는 고령자를 우선적으로 고용하도록 권고하고 있다.

(4) 고령근로자 고용보조금

고령근로자를 고용한 사업주에 대해 고령자 고용지원금을 지급함으로써 고령자 고용을 촉진하는 제도인데, 다음의 세 가지 유형이 있다.

- ◇ **고령자 신규고용 장려금**: 고용지원센터 등에 구직신청한 날부터 3개월 이상 실업상태에 있는 준(50~54세) · 고령자(55세 이상)를 고용한 사업주에 대해 1인당 최초 6개월은 월 30만 원, 이후 6개월은 월 15만 원을 지원한다.
- ◇ **고령자 다수 고용 장려금**: 전체 근로자 수 대비 고용기간이 1년 이상인 고령자 수의 비율이 지원 기준율 이상일 경우 최대 5년 동안 지원기준율을 초과하는 고령자 1인당 분기별 15만 원씩 지원한다. 지원기준율은 산업 부문에 따라 차이가 있는데, 2007년 현재 제조업 4%, 부동산업 42%, 사업지원서비스업 17%, 기타 7%이다.
- ◇ **정년퇴직자 계속고용장려금**: 정년을 57세 이상으로 정한 사업장에서 정년을 맞이한 고령자를 퇴직시키지 않거나, 정년퇴직 후 3개월 이내에 재고용한 사업주에 대해 계속고용 1인당 월 30만 원씩 6개월간 지원하며, 500인 이하 제조업은 12개월간 지원한다.

많은 OECD 국가에서 고령근로자를 채용할 경우 보조금을 지급하는 제도를 시행하고 있는데 그 내용은 〈소비자복지코너 4-5〉에 나와 있다.

〈소비자복지코너 4-5〉 OECD 국가의 고령근로자 임금보조금제도

- ■오스트리아: 50~55세 근로자를 채용하면 고용주의 실업보험료 50% 삭감, 55세 이상 근로자 채용시 실업보험료 면제
- ■벨기에: 45세 이상 장기 실업자 채용 고용주는 5년 동안 사회보장기여금 일부를 면제 받음
- ■덴마크: 48세 이상의 18개월 이상 장기실직자를 채용한 지방정부에 무기한으로 연간 DRK 100,000의 임금보조금 지급
- ■프랑스: 50세 이상 실업자를 채용한 고용주에게 사회보장 보험료 감면
- ■독일: 50세 이상의 6개월 이상 실업자를 고용한 고용주에게 보조금 지급. 보조금은 임금의 최대 50% 수준.
- ■스웨덴: 57세 이상의 2년 이상 장기실업자를 채용한 고용주에게 최대 24개월 동안 보조금 지급

출처: OECD(2002) 저, 노동연구원 역. 한국의 고령화와 고용정책

5. 노인가계의 소득확보 대비 방안

1) 노후 생활 자금

노후 경제적 대비의 첫 단계는 노후에 얼마나 많은 생활비용이 필요할 것인지 산정하는 것이다. 노후 필요 생활 자금을 산출하는 과정은 〈표 4-11〉에 제시되었다.

국민연금, 퇴직연금, 개인연금 및 개인자산 등으로부터 어느 정도 소득을 얻을 수 있을지 노후 소득 예정 금액을 산출하여 필요 생활 자금과 비교함으로써 노후를 위한 저축이나 투자가 얼마나 더 필요한지 파악할 수 있다.

2) 다층 노후 소득보장 체계(Multi-Pillar System)

우리나라 가계의 약 과반수 정도는 국민연금을 주된 노후 준비 방법으로 여긴다. 2007년 통계청 사회조사 결과에 따르면 국민연금이 주된 노후 준비 방법이라고 응답

〈표 4-11〉 노후 필요자금 산출 과정

과정	내용	산출방법
1단계	연간 생활비 산출	◇ 기본생활비+기타 정기적 지출
	기본생활비	◇ 의식주와 의료비 등 일상적 생활 유지에 필요한 기본 생활경비 • 현재의 생활수준을 기준으로 필요 자금 산정 • 부양가족 감소에 따른 생활비 감소분 반영 • 은퇴 후 생활 패턴의 변화 내용 반영
	기타 정기적으로 이루어지는 지출	◇ 기본 생활비 이외에 해마다 발생하는 비용 • 재산세, 정기 검진 비용, 명절 및 기념일 비용 등
2단계	은퇴 후 생존 기간	◇ 기대여명－은퇴연령
3단계	은퇴기 총 생활비용	◇ 연간생활비×은퇴 후 생존기간
4단계	일회성 비용	◇ 세계일주여행경비, 손자녀결혼기념자금 보조 등 은퇴기 내에 한두 번 정도 일괄적으로 지출될 비용
5단계	은퇴기 총 비용	◇ 은퇴기 총 생활비용+일회성 비용
6단계	은퇴까지 남은 기간	◇ 은퇴 연령－현재 연령
7단계	은퇴기 총비용을 물가상승률로 조정	◇ 은퇴까지 남은 기간 동안 예상되는 물가 상승률을 추정하여 5단계의 은퇴기 총비용에 곱하여 물가상승을 고려한 총 노후 필요자금을 산출

〈표 4-12〉 우리나라 가계의 주된 노후 준비 방법

국민연금	기타 공적연금	사적연금	퇴직금	예적금 저축성보험	부동산 운용	주식 채권 등	기타
41.1	8	16.2	3.8	23.1	6.9	0.9	0.1

출처: 통계청 2007년 사회조사 (단위: %)

한 가구가 전체의 약 41.1%에 달하고 기타 공적 연금까지 합하면 약 49.1% 정도가 주된 노후 소득원으로 공적 연금을 들고 있다.

그러나 고령사회 또는 초고령사회의 도래와 더불어 증가하는 연금지급 수요를 현행의 공적연금체계가 지탱할 수 있을지에 대해서는 회의적이다. 많은 나라에서 소득대체율을 낮추거나 연금수령 연령을 지연시키는 등 공적 연금제도 개혁과 더불어 노후소득보장 체계를 공적연금체계로 국한시키지 않고 퇴직연금과 개인연금 및 저축을 포함한 다층연금체계(multi-pillar system)를 확립하는 등 노후소득보장 수단을 다원화하려는 노력을 하고 있다.

1층은 국가에서 운영하는 사회보험제도에 의한 보장으로 구성되며 국민연금이 이에 해당 한다. 국민연금은 소득이 있는 경우 의무적으로 가입하여야 하며, 연금 수준은 기초적인 생활을 보장하는 데 그친다. 2층은 직장에서 제공하는 퇴직금이나 퇴직연금으로 구성되며, 근로소득이 있는 경우 가입 가능하고, 회사 또는 근로자가 자산을 운용하게 된다. 3층은 개인이 자유롭게 선택하여 가입하는 개인연금 등 개인 자산으로 구성된다.

〈소비자복지코너 4-6〉 OECD 다층구조 연금제도 개선 권고안

연금 종류		소득대체율(%)	누진소득세율(%)
3층	개인 연금	20	60
2층	기업 연금	20	40
1층	공적 연금	20	20

출처: 노동부(2007), 퇴직연금제도 도입·운영 매뉴얼

우리보다 먼저 고령화를 경험한 선진국에서는 공적 연금 규모의 축소가 불가피해짐에 따라 공적 연금 비중을 낮추고, 2층, 3층의 소득보장 기능을 강화하는 방안을 권장하고 있다.

제5장 노인의 소비자복지

1. 노인의 개념과 노인소비자 특성
2. 실버산업 시장의 현황과 전망
3. 노인 소비자문제 및 피해구제방안
4. 노인 소비자복지정책

제 5 장

노인의 소비자복지

1. 노인의 개념과 노인소비자 특성

1) 노인의 정의 및 현황

일반적으로 65세 이상을 노인으로 간주하고 있다. 그러나 최근의 연구들을 살펴보면 노인소비자를 구별하는 기준 연령이 49~65세 이상까지 다양하다. 노인학, 정부 통계 등에서는 65세 이상을 노인으로 간주하는 반면, 마케팅 측면에서는 일반 기업체의 정년인 55세를 기준으로 노인소비자를 분류하고 있다. 김동기 · 채서일 · 이성근(1992)은 노인의 연령조차도 생물학적 나이, 사회적 나이, 지각적 나이(지각연령), 인생주기의 개념으로 구분할 수 있다고 주장하였다. 그러나 노인을 연령만으로 일괄적으로 규정하기 어렵다. 노인은 단순히 실제 나이에 의해서만 정의되는 것이 아니라 노인의 신체적, 정신적, 사회적 환경 등 복합적인 요소들이 반영되어야 하므로 연령만으로 노인을 정의하기 어려운 면이 있다. 노인은 노화에 따른 변화로 인하여 특정 욕구가 발생한 집단으로 정의하는 것이 적합하다는 의견도 제기되고 있다(Neugarten, 1974). 이민표(1994)는 노인소비자를 연령 구분에 국한하지 않고 스스로 시장에서 구매의사결정 및 사용, 처분에 참여가 있는 사람으로 정의내린 바 있다. 이처럼 노인에 대한 다양한 정의가 존재하고 있음에도 불구하고 「노인복지법」에서는 65세 이상의 자를 노인으로 규정하고 있는 등 노인을 65세 이상으로 분류하는 것이 가장 일반적인 방법으로 받아들여지고 있다.

우리나라는 그동안 지속적인 생활수준 향상과 보건 · 의료기술의 발달로 인한 수명 연장으로 인해 노인인구가 크게 늘어나고 있다. 1960년에는 65세 이상 노인인구가 전체 인구의 약 3%에 불과했으나 1999년 약 7%, 2000년 7% 이상으로 고령화 사회에 진입하였고, 2022년에는 14%를 넘어 고령 사회가 될 전망이다.

〈노인 사회 관련 개념〉
◇65세 이상 노인 인구가 전체 인구의 7% 이상 → 고령화 사회
◇65세 이상 노인 인구가 전체 인구의 14% 이상 → 고령 사회
◇65세 이상 노인 인구가 전체 인구의 20% 이상 → 초고령 사회

여기서 우리는 우리나라 노인인구의 증가속도가 특히 빠르다는 사실에 주목하여야 한다. 노인인구비율이 7%에서 14%로 증가되는데 소요된 기간이 프랑스는 115년, 미국 75년, 서독 · 영국 45년인 데 비해 우리나라는 22년밖에 걸리지 않을 것으로 전망되고 있다(연합뉴스, 2002년 7월 18일). 이는 오랜 기간에 걸쳐 인구고령화에 대처해 온 선진국과는 달리 우리나라의 경우 고령화 사회에 대한 준비가 그만큼 부족했음을 의미한다. 노인인구의 빠른 증가와 함께 노년부양비도 급격히 늘어가고 있다. 경제활동인구(15~64세) 대비 노인인구 비율인 노년부양비는 1998년 기준 9.2%이나 2030년에는 이 비율이 29.8%로 늘어나 생산연령 인구 3.4명이 1명의 노인을 부양해야 할 것으로 전망되고 있다. 또한 고령화 사회의 급속한 도래는 노인부양을 위한 국민 부담증가 이외에 장기요양시설 부족, 경제성장률 둔화, 노인 일자리 부족, 소외현상 등을 초래할 것으로 보인다.

2) 노인의 특성

노인은 다른 연령대의 소비자와 다른 특성을 가지고 있다. 주요 특성별로 살펴보면 다음과 같다.

(1) 소득과 소비

우리나라는 그간 높은 경제성장을 이룩하였음에도 불구하고 과거 경제발전에 많은 기여를 해 온 65세 이상 노인이 소득의 대부분을 자녀에게 의존하는 등 대다수 노인이 경제적으로 어려운 생활을 유지하고 있음은 익히 알려진 사실이다. 노인의 경우 전체 국민 중 생활보호대상자 비중이 다른 연령층에 비해 약 3~4배 정도로 높은 편이다. 배우자 사망, 퇴직으로 인한 소득 절감, 무수입 상태의 경제적 어려움은 노인에게 가장 심각한 문제이다. 김영숙(2002)은 노인 단독가계의 3/4은 하위 40% 빈곤계층에

속하고 있는데 재산소득이나 고정소득이 아닌 부업소득, 비정기적 소득에의 의존도가 높고 건강유지 관련 의료비 부담이 높으며 생계위주의 소비지출구조를 가지고 있어 생활수준이 매우 낮음을 발견하였다. 여기서 노인들은 동질적 집단이 아니고 건강, 경제적 여건에 따라 상이한 이질적 집단이며, 이에 따라 각 노인 가계의 소득과 소비수준이 다름에도 주목해야 한다.

(2) 건강

65세 이상 노인의 많은 수(약 87%)가 장기간 치료 · 요양을 요하는 당뇨, 관절염, 고혈압 등 만성퇴행성 질환을 앓고 있으며, 전체 노인의 약 4%가 일상생활을 위한 동작수행을 전혀 할 수 없는 것으로 조사되고 있다(한국보건사회연구원, 1998). 대다수의 노인이 만성질환을 앓고 있고, 인구고령화 추이에 따라 치매 · 중풍(뇌졸중)노인이 증가하고 있으나, 이들을 효율적으로 치료 · 요양할 시설과 프로그램이 매우 부족한 실정이며 이로 인해 노인부양 가정에 경제적으로 큰 부담을 주고 있다. 노인 인구의 진료비는 전체 인구의 진료비 증가율보다 훨씬 빠른 속도로 증가하고 있다(1985년 이후 1998년 전체증가율 16.6배, 노인 54.2배).

(3) 부양 및 보호

얼마 전까지만 해도 우리 사회에서 노인이 자녀들에 의해 봉양되는 것은 당연한 것으로 받아들여지고 대부분의 노인이 자녀 · 손자와 함께 노후를 보내왔다. 그러나 도시화 · 산업화와 함께 직장이동, 핵가족화, 여성의 사회참여 증가 등으로 부모를 모실 수 있는 사회 · 경제적 환경이 변하고 있다. 또한 가치관의 변화와 함께 전통적인 부모봉양 의식이 약화되고 있으며 노인들 자신도 점차 자녀와 별도로 생활하기를 바라는 비율이 증가하고 있다. 그 결과 최근 가족의 연대감이 약화되고 노인 부부 또는 독거노인이 늘어나고 있다.

(4) 역할상실 및 사회 · 심리적 고립과 소외

과거 전통사회에서 노인은 전통적 규범과 생활양식의 전수, 개인 상담, 손자 교육,

집안 대소사를 도맡아서 주관하는 중요한 역할을 해 왔다. 그러나 핵가족제도로 바뀌면서 가정생활이 부부, 아동 중심으로 되어감으로써 노인은 가정에서 보조적, 주변적 역할만 담당하게 되어 사회·심리적으로 소외 당하는 위치에 놓이고 있다(정용선 · 김인숙, 1998). 노인의 심리적 특성을 설명하는 유리이론(disengagement theory)의 관점은 노인이 사회적 상호관계에서 역할, 활동, 자아관여의 양이 감소한다고 보고 있다(김동기 · 채서일 · 이성근, 1992). 특히 퇴직으로 인해 사회와의 상호작용 감소가 일어나 고독 또는 소외 당하는 현상이 발생한다는 것이 유리이론이다.

3) 소비자로서 노인

과거에는 노인이 소비자의 한 계층으로 인식되지 않았으며 노인소비자라는 개념 또한 부각되지 못했다. 그러나 점차 사회가 고령화되고 평균수명 연장이 가속화되면서 노인이 소비자로서 점차 부각되고 있다. 60세 이상 노인이 차지하는 인구비율은 1990년 7.6%에서 2,000년 10.7%, 2010년 13.7%로 증가될 전망이고, 이에 따라 자연스럽게 소비자로서, 소비의 주체로서 노인소비자의 중요성이 부각되고 있다. 그러나 노인소비자의 양적 팽창에도 불구하고 노인소비자의 소비자주권, 노인 소비자복지는 달성되지 못하고 있다. 노인의 소비자주권이 실현되지 못하는 가장 큰 원인은 경제력 상실로 인해 낮은 구매력을 보이고 있고 이로 인해 시장에서 영향력을 행사할 수 없기 때문이다(정용선 · 김인숙, 1998). 노인은 일반 다른 소비자집단과 달리 노인 개인의 기능적 문제보다는 시장환경적 소비자문제를 더 많이 경험하는 것으로 나타나 노인 소비자문제는 시장구조적 차원의 문제임을 알 수 있다(정지영, 1992).

그러나 미래 노인소비자는 소득수준이나 자산보유액 증가, 구매수요 증가, 교육 및 정보 · 지식 습득능력의 지속적인 향상과 문화 · 여가활동의 보편화 등 질적인 변화가 일어날 것으로 예상되고 있다. 즉 현재 우리사회의 노인과 미래의 노인은 서로 다른 특성을 가질 것으로 보인다. 향후 노인은 구매력을 가진 집단으로서 시장경제에서 무시할 수 없는 소비자가 될 것이다. 노인소비자는 정치적 투표권을 가진 집단으로 정부와 정당에 정치적 압력을 행사하게 되고 구매력, 즉 'money vote'를 통해 소비자복지 실현을 행사할 수 있는 능력을 가질 것이다. 앞으로 길어진 노년기를 의존적인 존재로 생활하기보다 생산적이고 자율적으로 살 수 있는 지금과 다른 노인의 모습이 나타날 것이다. 따라서 노인에 대한 이미지, 사고, 관념도 바뀔 것으로 예측된다. 노인을 무조건 비생산적 소비자로 간주하는 부정적인 태도에서 변화하여 노인을 자신이 갖고 있는 경륜과 능력을 발휘하여 사회에 기여할 수 있는 존재로 인식전환할 것으로 보인다.

(1) 취약자로서 노인소비자

노인은 배우자의 사망, 퇴직으로 인한 소득 절감 상태에서 경제생활 악화를 경험한다. 이와 같은 노인의 특징은 경제, 사회, 심리, 가족 측면에서 독립적이지 못하게 되며 경제력의 악화로 인하여, 즉 낮은 구매력으로 인하여 기업의 관심이 되지 못하고 시장에서 영향력을 행사할 수 없게 된다(정용선 · 김인숙, 1998). 결국 소비자로서 노인은 노년기에 직면하는 신체적, 정신적, 사회적인 여러 변화로 인해 취약성을 나타낸다(박명희 · 이민표, 1992). 노인소비자는 취약 소비자로서 다음과 같은 특성을 보인다.

① 사회적 소외

사람은 보통 사회적으로 소외되었을 때 구매에 대한 정보원천, 구매의사결정 관련 경험을 가질 기회가 적어지며, 사회 환경에 대응하는 정보, 능력이 부족하기 때문에 마케팅 관련자, 사업자, 판매자 등으로부터 외부영향을 받기 쉽다. 다른 사람들과의 접촉으로부터 고립된 노인은 불리한 거래조건이나 광고에 더 쉽게 노출될 수 있다. 노인은 대체로 위험을 피하고 안전과 보장을 받고자 하는 욕구가 강하며, 노화에 따른 스트레스와 소외, 고독을 느낀다(Waddell, 1975, Crandall, 1980). 이들은 옛 것을 선호하며 인생을 회고하는 과정을 보이지만, 타인에게 자신이 노인으로 인지되는 것을 싫어한다(Tongren, 1988). 또한 노인은 소극적, 수동적, 내성적 행동을 보이며 경직성이 강하여 안전한 방법을 찾는 경향이 있다. 건강보조식품, 심리적 보상 서비스 등 신체의 노화로 말미암아 여러 가지 유혹에 이끌리기 쉬우며 사기에 희생되는 경우가 많다.

② 건강 및 심리적 장애

노인이 되면서, 시각, 청각 능력과 같은 감각기관의 변화 또는 쇠퇴 그리고 인지적 능력의 감소로 인해 상품정보 등 소비자에게 제공되는 정보를 쉽게 얻지 못하는 결과를 초래한다. 그 결과 노인은 다른 연령층에 비해 부당한 영업행위에 대응할 수 없게 된다. 또한 노년기 이전 시기에는 경험하지 못 했던 배우자의 죽음, 은퇴 등에서 오는 생활환경의 변화로 인해 우울증, 외로움 등의 정서적 변화도 맞게 된다. 이러한 신체적, 정신적 변화들은 제품이나 서비스의 의사결정에 부정적 영향을 미치면서 노인소비자가 불합리한 조건의 거래, 소비자 피해발생, 피해구제의 어려움 등 다른 소비자에 비해 불리한 위치에 처하게 될 가능성이 높다.

③ 경제적 소외 및 빈곤

최근 소비자로서 노인은 어느 정도의 힘을 형성하고 있으나 아직도 구매력 면에서 그 힘은 미흡한 실정이다. 노인의 경제적 문제는 직장에서의 조기 은퇴, 사회보장제도의 미흡, 자녀양육으로 인한 과다지출, 자녀들의 노부모 부양의식 감퇴 등이다. 이 같은 노인의 경제적 어려움은 구매력 부족으로 이어지면서 시장에서 소비자로서 소외되고 심한 경우 빈곤에 처하게 되어 최소한의 경제생활을 하지 못하고 낮은 소비자복지 상태를 유지하게 된다.

(2) 노인소비자의 소비행동 특성

노인소비자는 다른 소비자와 구별되는 소비행동을 보이고 있다. 예를 들어, 노인들은 다른 연령층 소비자들보다 점포에 대한 충성도가 높으며, 정보원의 활용에 있어 젊은층과 달리 친구, 가족 등과 같은 인적 정보원의 의존도가 상대적으로 높다(서정희, 1992). Wadell(1975)은 노인소비자의 특성 몇 가지를 제시하였는데 이는 저소득으로 저가격 구매, 낮은 교육수준으로 인해 잘못된 정보를 접하는 성향, 타인의 의견이나 속임수에 쉽게 현혹, 판매원의 감언이설에 속아 넘어 감, 독거노인의 소비자정보교류의 어려움, 건강유지와 관련한 강한 욕구 등이다. Tongren(1988)은 노인소비자의 특성으로 가격보다 견고함 중시, 쇼핑을 여가와 운동의 방편으로 간주, 혼자보다는 친지나 친척과 같이 쇼핑하며 공동의사결정, 상점 내 정보를 잘 이용하지 않으며 노인우대 등 직접적으로 노인임을 상기시켜 주는 것에 비우호적, 광고 및 매스미디어에 대한 높은 신뢰 등이라고 제시하였다. 지금까지 알려진 노인소비자의 특성을 다음 세 가지 측면에서 설명할 수 있다.

① 사회 · 생물학적 변화와 소비행동

노인소비자는 생물학적 노화에 따른 여러 신체기능의 저하로 젊은 소비자와는 다른 소비자욕구 체계와 소비자행동양식을 가지게 된다. 예를 들면, 노화에 따른 청각기능의 저하는 보청기에 대한 수요를 증가시킬 뿐 아니라 정보 취득의 불편함은 노인 소비자행동의 변화를 유발시킨다. 협심증이라든가 관절염 등의 노환은 노인 관련 의료서비스 수요를 증가시키고 구매소비행동에도 영향을 미친다. 한편 심리적 노화는 인지적 기능의 노화를 동반하고 개성이나 자아의 변화를 초래한다. 노인들은 노화정도에 따라 사물을 분석, 추리, 기억, 해결하는 능력이 감퇴하며 젊은층과는 다른 자아나 개성을 형성하게 된다. 게다가 노인의 심리적 특성을 설명하는 활동이론(activity theory)에 따르면 노인은 은퇴자, 고령자 등 사회적으로 다른 역할을 부여받게 되어 자신의 역할을 재조정하게 된다. 퇴직 등으로 인하여 노인과 사회 시스템 간의 상호작용이 급격히 감소하고 그 결과 노인의 소비자행동에 변화를 가져오게 된다. 마케터의 관점에서 보면, 사회에서 유리된 사람은 고립적 생활로 인하여 상대적으로 적은 소비욕구를 가지게 되고, 개인적 정보원천 또는 TV 등의 매스미디어에 더 의존하게 된다는 것이 공통적 견해이다. 한편 노인들은 나이가 들수록 노인 커뮤니티에서의 활동 증가로 말미암아 다른 노인들과의 접촉은 증가하는 반면 젊은층과의 교류가 감소함으로써, 그들만의 동질성이 강해져 젊은층과 구별되는 하나의 독특한 하부문화(subculture)를 형성하게 된다.

지금까지 내용을 정리 · 요약하면, 노인층은 사회적, 심리적, 생리적 성숙도에서 젊은층과는 구별되므로, 이러한 차이점에 의해 노인층은 욕구체계나 소비행태가 젊은층과 다른 독특한 시장을 형성하게 된다는 것이다. 예를 들면, 소비자의 소비생활 또는 소비행동은 인생의 여러 단계에 따라 다른 의미를 가지고 변화한다는 것이다. 예를 들면, 집을 구매하는 것이 젊은 소비자에게는 투자나 신분상징의 의미가 되지만, 노인소비자에게는 자신의 독립성을 유지하는 수단으로 간주될 수 있다. 소비행동의 차이로 말미암아 노인 시장은 다른 시장과 구별되는 독특한 시장을 형성한다.

② 인생경험과 소비행동

노인층은 젊은층과는 달리 오랜 인생을 통해 여러 다양한 경험을 겪었고 이러한 경험은 상품이나 서비스 등에 대한 평가기준 및 소비행태 등 전반에 걸쳐 젊은 소비자층과 구별되는 특징을 갖게 된다. 예를 들어, 각종 전자제품이나 컴퓨터에 많이 노출되지 못한 노인소비자는 신기술에 대해 젊은 소비자와는 다른 태도를 가진다. 노인들은 대체로 ATM, CD, 신용카드 등의 사용에 젊은층보다 더 거부감을 느끼며 사용실적도 저조한 것으로 나타났다. 이러한 각종 유사경험의 차별성으로 인해 노인층은 젊은층과는 다른 소비행태를 보이는 독특한 시장을 형성하고 있다. 구체적으로 느낌을 중요시하며, 구매 전 장시간의 생각을 하는 경향이 많고, 상품의 값에 대한 관심이 높고, 풍부한 선택의 폭(선택의 가능성에 만족하는 경향)에 만족하는 경향이 높고, 특별 서비스(자신만이 특별히 존경 받는다는 느낌)에 매우 민감한 편이다. 결국 노인시장은 다른 시장과 구별되는 독특한 시장을 형성하고 있으며 노인소비자층을 겨냥한 마케팅 활동도 그들의 필요에 맞게 조정되고 있다. 급증하는 노인시장의 규모를 감안할 때 국내 기업들도 노인 소비자시장을 겨냥한 마케팅 프로그램의 활성화가 시급한 실정이다. 예를 들면, 노인의 상품구매에서 과거보다 노인이 직접 구매하는 비율이 높은데, 특히 약품의 직접 구매율이 가장 높다. 그 다음은 개인잡화용품, 의류, 생활용품 및 가족공동용품, 식품, 가전제품 순서로 나타나고 있다(한국소비자원, 1999). 그런데 최근 노인이 모든 상품에서 직접 구매하는 비율이 전반적으로 높아지면서 최근 이들을 대상으로 한 제품, 예를 들면 액정과 버튼이 큰 휴대폰, 혈당체크 기능이 있는 휴대폰 등이 출시되고 있으며, 백화점의 노인의류 전문매장도 늘어나는 추세다. 이 밖에 유언이나 상속 등 자산관리 서비스를 제공하는 실버금융상품이나 노년층을 대상으로 한 여행상품 개발도 활발히 이루어지고 있다.

③ 마케팅 믹스와 노인 소비자행동

i) 소비자정보탐색 및 이용

노인들은 나이가 들면서 사회와 상호작용이 적어지고, 사회로부터 유리되어 신문, TV 등과 같은 대중매체와 많이 접하게 되다 보니 제품구매의 정보원으로 대중매체에 많은 의존을 하게 된다는 것이 지배적인 견해이다. 그러나 최근 상반되는 연구결과도 많이 나오고 있다.

Lumpkin과 Greenberg(1982)는 노인들이 의류구매시 신문, 친구, 판매원을 중요 정보원으로 이용하는 반면 젊은이들은 TV를 중요 정보원으로 이용하는 것으로 나타나 노인들이 대중매체를 젊은이들보다 많이 시청하는 것은 사실이지만, 이들이 텔레비전이나 라디오를 주요 소비자정보원으로 이용하지 않음을 알 수 있다. 대중매체를 통해 전달되는 정보는 그것의 양이나, 속도의 측면에서 노인들이 정보원으로 이용하기엔 무리가 있기 때문이라는 설명도 제기되었다(Phillips · Sternthal, 1975).

유재홍(1992)은 많은 노인이 점포에 들어가기 전, 점포 입구에 노출된 정보에 대하여 관심이 있고, 젊은층보다 상대적으로 판매원과 많이 상호작용하는 것으로 나타났지만 정작 제품구매에 있어서 판매원의 영향은 크지 않음을 밝혔다. 이 결과는 노인들은 상품 선택시 적절한 정보가 부족하므로 판매원의 설명과 배열된 상품을 직접 보고 선택하는 경향이 있지만 판매원으로부터 얻는 정보는 신뢰하지 않음을 알 수 있다.

ii) 가격

초기의 연구들이 대체적으로 노인소비자가 가격에 민감하다고 하였으나, 최근 Bernhardt · Kinnear(1976), Lumpkinm · Greenberg(1982)의 연구결과에 의하면 노인의 가격에 대한 태도는 오히려 젊은이들에 비해 덜 민감하거나 차이가 없는 것으로 보고되고 있다. 또한 노인들이 할인점을 주로 이용한다는 기존의 견해와 달리 백화점이나 전문점에서 더 많은 쇼핑을 한다는 연구결과가 발표되고 있다. 이러한 결과는 노인들이 사회경제적인 지위가 향상되고 충분한 구매력이 있음을 말해 준다.

iii) 유통

Lumpkin과 Greenberg(1982), Gelb(1978)은 노인들이 점원들과 상호작용을 중요시하며, 특히 비슷한 연령대의 점원을 선호하며, 호의적인 태도를 가진 점원을 좋아한다고 주장하였다. 그러나 노인들이 소매점 내 노인들을 위한 특별 구매보조장치에 대해서는 별다른 관심을 보이고 있지 않다고 주장하였다. 대체로 노인들은 잘 아는 점포를 좋아하지만 노인만을 위한 보조장치 등은 중요하게 생각하지 않음을 알 수 있다.

지금까지 마케팅 관련 요인에 따라 노인들의 소비자행동에 대해 논의하였는데, 최근 연구결과를 정리 · 요약하면 다음과 같다. 첫째, 노인들은 적극적인 제품구매자이고 공동의사결정을 하며 정보이용에 있어 젊은층에 비해 별다른 차이가 없다. 또한 노인들은 의복에 대해 비노인소비자와 비슷한 지출을 하고, 쇼핑을 통해 상품에 관한 정보를 직접 획득하고, 여가를 즐기며 운동을 한다. 셋째, 노인의 점포선택기준은 다른 비노인 소비자집단과 크게 차이가 없으며, 점포의 이동이나 점포 내의 노인을 위한 특별 보조시설물이나 서비스, 편의시설 등에도 영향 받지 않는다. 그러나 노인시장을 세분화할 때, 자신들이 늙었다는 사실에 대해서는 비우호적이다.

④ 구매의사결정과정과 노인 소비자행동

i) 문제인식 단계

사회적, 환경적 변화로 인해 발생한 노인문제에는 도시화로 인한 노인들의 역할 상실, 수입 절감, 의료서비스의 발전으로 인한 평균수명의 연장, 부양 및 보호문제 등이 있다. 노인의 많은 여가시간과 건강상의 문제는 비노인들과는 달리 여가 또는 건강관련 제품구매를 유도하는 원인이 된다. Mason과 Bearden(1979)은 노인들의 구매수요 요인 중 하나가 여가시간을 보내기 위한 활동에서 비롯된다고 하였고, Bernhardt과 Kinnear 외(1976), 김종숙(1984)의 연구에서도 노인들이 오락, 종교활동, 독서에 많은 시간을 할애하고 이는 제품구매동기에 영향을 미친다고 하였다.

ii) 정보탐색 단계

노인들의 제품구매 전 정보처리능력은 비노인들에 비하여 떨어질지 모르겠으나, 정보탐색은 비노인들보다 광범위하다 할 수 있다(홍은표, 1997). 정보탐색 단계에서 노인들이 많은 시간을 텔레비전, 신문, 라디오 등과 같은 대중매체에 노출되긴 하나 정보의 이용방법에 대한 주장은 연구마다 상이하다.

Friedman과 Wasserman(1978)은 노인들이 제품 구매시 과거의 지식이나 경험을 이용한다고 하였고, 한국소비자원(1999)에서 노인의 정보탐색행동을 조사한 결과 가족, 친척의 말을 정보원으로 사용하는 노인이 많은 것으로 드러났다. 유재홍(1990)은 노인들이 대중매체 및 광고를 더 많이 수용한다고 주장하였다. 이처럼 연구결과들이 상이한 이유는 노인 가계의 소득수준 및 가구의 형태, 다양한 구매경험, 교육수준에 따라 상이하게 나타났을 것으로 예상된다.

iii) 구매 단계

노인에 대한 초기 연구에서 노인소비자는 가격에 민감한 태도를 보인다는 것이 지배적이었으나 점차 후기 연구들로 옮겨 갈수록 비노인소비자에 비하여 노인이 가격에 덜 민감하거나 차이가 없는 것으로 밝혀지고 있다(Bernhardt · Kinnear, 1976, Lumpkin · Greenberg, 1982).

우리나라 노인소비자의 연구에서도 노인소비자들과 비노인소비자들 간에 가격에 대한 민감성에 있어서 차이가 없는 것으로 조사된 연구가 있다(김동기, 1994). 이렇게 초기 연구와 최근 연구결과가 차이를 보이는 것은 노인의 경제적 여건의 성장 때문으로 볼 수 있다. 또한 가격제도가 안정되어 가고 있기 때문에 가격에 민감하지 않다고도 볼 수 있으며, 노인과 비노인을 직접적으로 가격에 대하여 비교한 연구가 많지 않고, 대부분이 가격에 대한 민감도만 연구하였기 때문에 연구결과가 상반된다고 이해할 수 있다.

또한 Martin(1976)은 여성 소비자만을 대상으로 다른 세대의 여성소비자와 이들의 쇼핑 및 구매행동을 비교한 결과 여성 노인소비자의 패션인지수준이 높아졌음을 발견하였다.

Togren(1988)은 노인소비자는 검소한 구매자이며, 전문적 상표에 충성하지 않고, 쇼핑도구로서 신용카드를 사용하는 사례가 증가하고 있다고 지적하였다.

이민표(1994)는 노인소비자의 구매행동은 자원절약적 그리고 절약적 소비습관을 가지고 있다고 지적하였다. 최근 연구결과들에서 노인소비자의 할인점과 백화점 간의 이용 빈도의 차이, 점원과의 상호작용, 주거주위 점포 선택 여부, 점포 내 노인을 위한 특별시설 등에 대한 결과가 일치하지 않고 있다.

iv) 구매 후 단계

일반적으로 노인소비자는 퇴직과 신체적 제약 등으로 시장참여율이 낮아지고, 노인소비자의 고령, 저교육수준, 빈곤 등과 같은 특성으로 인해서 소비자피해를 더 받기 쉽다고 알려지고 있다(이기춘, 1979). 그런데 점차 노인소비자는 지금까지의 관점과 달리 적극적인 소비자로 전환되고 있다. 최근 연구일수록 노인이 생물학적인 능력감퇴로 정보처리능력에 제한받을 것이라는 사고가 인정되지 않고 있으며, 가격에 대한 민감도, 할인점의 이용 등에서 비노인소비자와 차이가 없는 것으로 밝혀지고 있다.

한편 대부분의 노인소비자가 구매 후의 불만족에 대해 그 불만을 호소하지 않는 것으로 알려져 있다. 그러나 노인들이 구매 후 전혀 불만을 표시하지 않는 것은 아니다. 식품구매 후의 불만족 경험을 조사한 Mason, Bearden(1979)의 연구결과에 따르면 노인들이 한두 개의 식품구매 후에 불만을 경험했으며, 불평행동유형은 상점 주인에게 불평하거나, 다른 품목으로 교환하는 것으로 나타났다. 하지만 대체적으로 노인소비자는 자신의 잘못이나 구매장소의 책임으로 돌리려는 성향이 있다는 것이 아직까지 공통된 견해이다(Perloff, McCaskey, 1978).

(3) 변화하는 노인소비자

노인은 새로운 소비계층으로 부각되고 있다. 미국의 유명한 경영학자인 톰 피터스는 여성과 노인이 미래 트렌드를 주도할 것이라고 전망하였으며(연합뉴스, 2006년 4월, 24

일). 삼성경제연구소에서는 단독 노인 가구 증가가 한국 트렌드 형성에 막대한 영향을 미친다고 주장하고 있다. 소비자로서 노인은 여러 측면에서 변화를 보이고 있다. 노인 소비자의 변화에 대해 살펴보면 다음과 같다.

① 소득증가로 노인제품 수요 증가

미국과 일본 등 선진국과 마찬가지로 우리나라 노인도 향후 정년퇴직 후 연금, 저축, 자본소득 등 고정소득원을 갖고 있는 부유한 노인층이 증가하여 구매력이 높아질 것으로 예상된다. 전반적으로 국민소득수준이 향상되고 있으며 각종 연금제도의 확대로 정년퇴직 후에도 고정수입을 갖는 고령자가 증가하고 있다. 2000년대 이후 상대적인 고학력과 경제발전에 의한 자산축적을 이룩한 현재의 50대들이 고령화 세대로 등장함으로써, 노인 소비자시장의 구매력 확충이 이루어질 것으로 예상된다.

이렇듯 최근 노인층은 가처분소득 면에서 자산(주택 및 주식 자산)을 보유하고 있다. 향후 노년기의 경우 주택융자상환도 끝내고 자녀교육도 마무리한 상태이므로 경제적, 시간적으로 상대적인 여유가 있어 여타 소비자층보다는 다양한 소비생활을 추구할 수 있는 여유를 가질 것이다. 그러므로 향후 노인의 생활은 건강, 의료, 복지, 레저, 취미, 여행, 일상생활 관련 서비스에서부터 각종 가족 연출 서비스에 이르기까지 전 소비분야에서의 지출이 늘어날 것으로 예상된다. 특히 핵가족화로 인한 가족기능 감퇴로 노후부양을 가정 외부에서 해결하려는 경향이 늘어남으로써 고령자와 관련된 서비스에 대한 수요가 급속히 증가할 것으로 보인다.

② 노인의 도시 편중 심화

노인층의 규모가 날로 확대되고 있는 상황에서 노인층의 도시 편중현상도 주목할 만하다. 구매력이 높은 대도시 거주 노인층이 많다는 것은 마케팅 전략적 측면에서 노인소비자, 노인 시장이 의미 있는 세분시장이 됨을 시사해 준다. 예를 들면, 노인 단독가구의 비율이 증가하므로 도시거주 노인계층을 위한 새로운 제품과 서비스 개발이 가속화될 것이다.

③ 노인에 대한 인식 변화

노인 시장의 팽창은 기업으로 하여금 노인소비자에 대한 인식을 새롭게 하도록 한다. 이미 미국, 일본 등 선진 국가들에서는 많은 기업이 노인의 구매욕구와 구매행동을 파악하여 상품개발, 촉진활동 등 마케팅 활동을 노인 대상으로 펼치고 있다. 예를 들어, 고급양로원과 실버타운 건립 작업이 진행되고 있고, 은행, 보험회사, 투자신탁, 신용금고 등 금융기관마다 노후연금, 퇴직금 관리 등을 통한 안락한 노후생활보장을 앞세워 노인 고객에 초점을 맞추고 있다. 유통업체들도 실버에이지 코너 등 노인용품점을 운영하고 있다.

④ 노인 라이프스타일의 변화

최근 노인은 자녀에게 재산을 물려주기보다는 그 돈으로 여생을 즐겁게 지낸다는 자립적 가치관을 가지고 있다. '노후는 부양 받는다'라는 수동적인 생각과 정년퇴직이 인생의 은퇴라는 통념에서 탈피하여 스스로 부양하고 자립하는 능동적 가치관, 새로운 라이프스타일을 보이고 있다. 또한 이들은 직업생활을 통해 축적해 왔던 지적재산을 가진 소비자로서 그리고 구매 주체로서의 소비자 능력을 가지고 있다. 1960년대 구미 히트 팝송의 애청자였으며 과반수가 자동차면허를 갖고 있었던 오늘날의 노인은 향후 다양한 욕구를 충족시키는 다양한 소비생활영유 그리고 새로운 생활문화의 창조자로서 활기차게 노후를 즐기는 소비사회의 새로운 주역으로 떠오르고 있다.

(4) 노인 소비자 유형

노인은 연령 등 인구·통계적 특성, 과거 직업, 현재 사회경제적 위치, 건강상태 등 여러 측면에 따라 다른 특성을 가지고 있다. 김동기, 채서일, 이성근(1992)은 60~64세, 65~69세, 70~74세, 75세 이상으로 노인을 분류할 경우 이들의 욕구, 태도, 지각 그리고 소비행동에서 많은 차이가 있다고 주장하였다. Tongren(1988)은 노인을 취업여부로 구분함이 적절하다고 주장하였고 이용학(1990)은 빈곤, 질병, 고독의 노인 3고를 중심으로 노인을 세분화시켜야 한다고 주장하였다. Sherman과 Schiffman(1984)은 노인을 55세 이상으로 규정하고 55세에서 64세 노인은 Mature, 65세에서 74세 노인은 Young-old, 74세 이상은 old-old로 구분한 후 또한 남녀로 나누어 6개 집단으로 구분하였다. 김영숙(2000)은 노인들의 건강이나 경제적 여건에 따라 소비패턴, 소비욕구가 다르게 나타남을 주장하였다. 노인을 연령에 따라 분류하여 그들의 특성을 파악하는 것 이외에 노인은 신체적, 정신적, 사회적 환경 등 복합적인 요인에 의해 이질적인 특성을 보이므로 다양한 기준으로 노인을 구분하고 유형화시키는 연구·분석이 많이 수행되어 왔다. 특히 노인을 대상으로 하는 산업분야에서 상품개발 및 마케팅 전략을 수립하기 위해서는 서로 이질적인 노인들에 대한 명확한 분류를 통해 이들에 대해 차별적인 정책 수립이 필요하다.

① 라이프스타일에 따른 노인의 세분집단

Bartos(1980)는 노인들이 자녀를 모두 출가시키고, 퇴직, 배우자와의 사별, 그리고 병들어 감에 따라 시간과 돈 그리고 건강의 변화에 어떻게 적응하는가를 기초로 하여 노인을 6가지로 세분화했다. 첫째, 활동적인 부유층(active affluents)으로서 여전히 일하고 있으며 상대적으로 건강상태가 좋다. 그들은 시간의 제약을 받으며 수입이 높으며 건강한 소비자이다. 이 집단은 재무계획 프로그램, 연금 및 기타 다른 유형의 투자, 고급 여행, 레스토랑 그리고 극장 등에서 공략 대상 소비자가 되고 있다. 그들은 자유시간에 가치를 두며, 편리함과 서비스, 그리고 신속한 편익을 제공하는 것에 대해서는 기꺼이 대가를 지불하고 있다. 둘째, 활동적인 퇴직자(active retires)로서 50세 이상의 노인으로 여전히 좋은 건강상태에 있으나 조기에 퇴직한 사람들이다. 이 집단에 속한 사람들은 혼자가 되는 것을 원하지 않고 모든 연령층의 사람들과 함께 생활하기를 원한다. 이들은 사치스런 쾌속선이나 항공기는 이용하지 않을지라도 장기간의 휴가를 즐긴다. 셋째, 주부 소비자로서 빈곤을 약간 넘어선 수준으로 이 집단에 속한 여성들 사이에는 폭넓은 다양성이 존재한다. 남편이 활동적인 부유층으로부터 경제적으로 그리 부유하지 않은 여성에까지 상대적으로 젊은 여성에서부터 나이 들고 교육받지 못한 여성까지 다양하다. 이외에도, 라이프스타일에 따른 경제적 상황이 좋지 않은 노인, 건강상태가 좋지 않은 노인, 기타 집단이다.

② 노인 묘사적 특성에 따른 세분집단

삼성경제연구소에서는 55세 이상 5,300만 명의 노인소비자들을 대상으로 분류한 결과 4개의 세분화된 소비자 집단, 즉 건강한 수행자(health hermits), 병든 외향주의자(ailing outgers), 허약한 은둔자(frail recluses), 그리고 건강한 만족 추구자(healthy indulgers)로 유형화시켰다. 이들의 연구결과에 따르면 각 집단에 속한 사람들은 기업의 마케팅 노력에 반응하는 방식을 포함하여 몇 가지 특성으로 묘사하면 〈표 5-1〉과 같다.

〈표 5-1〉 노인집단별 마케팅전략

세분 집단	마케팅 전략 수단			
	제품	가격	유통	촉진
건강한 만족추구자(13%)	◇ 일상 벗어나도록 돕는 G&S	기꺼이 지불하려는 라이프스타일로 돈이 많음	쇼핑 좋아함 독립 원함	점내촉진 직접우편
건강한 수행자(38%)	◇ 내적목표성취 G&S ◇ 외향 신경쓰지 않음	가치는 스스로 활성화, 사회적으로 좌우되지 않음	직접마케팅	직접우편 인쇄매체
병든 외향 주의자(34%)	◇ 사회적, 활동적 돕는 G&S	활동적 라이프 유지를 위해 지불함	선별적 상점이용 가정배달	판매촉진 매스미디어
허약 은둔자 (15%)	◇ 일상생활편리, 가정용건강관리제품	가치는 삶의 편함, 제품의 내구성이 아님	직접마케팅, 재택구매, 직접배달	매스미디어 보조서비스

③ 라이프스타일 및 심리 묘사적 모형

Langer(1981)는 50세 이상의 노인을 태도 요인과 라이프스타일 요인을 사용하여 다음의 세 집단으로 분류하였다. 첫째, 대단한 활동가들로서 이들은 바쁘며 세계를 발견하고, 삶이 발전하는 느낌을 경험하는 데 열중하는 노인 집단이다. 둘째, 수용자들로서 이들은 객관적인 어려움, 즉 고정수입의 한계 그리고 건강문제 등을 겪고 있으나 이를 받아들이고 극복하는 방법을 배워 온 노인들이다. 셋째, 곤경에 빠진 노인 집단으로서 이들은 여러 가지 어려움으로 난처해 하고 있으며 자신의 문제에 대처할 수도 없어 미래를 불안히 여기는 노인들이다.

④ 새로운 노인 소비자 유형

노인소비자의 새로운 유형으로 통크족이 떠오르고 있다. 통크족(Tonk: Two only no kids)이란 자녀에게 부양받기를 거부하고 부부끼리 독립적으로 생활하는 노인세대를 말한다. 손자·손녀를 돌보느라 시간을 빼앗기던 전통적인 할아버지와 할머니상을 거부하고 자신들만의 인생을 추구하는 이른바 신세대 노인층을 표현하는 용어이다. 향후 고령화 진전에 따라 구매력을 갖추고 자기중심의 소비를 지향하는 이러한 통크족을 대상으로 한 실버 마케팅의 눈부신 성장이 예상된다.

한편, 오팔족(OPAL: Old People with Active Life)이라 해서 탄탄한 경제력을 바탕으로 현재 삶에 만족하지 않고 적극적이고 활동적으로 자신의 삶을 가꾸는 노인을 일컫는 말

〈표 5-2〉 노인층의 라이프스타일의 변화

항 목	종 래 의 노 인 층	신 세 대 노 인 층
심신상태	병약, 어둡고, 고집셈	건강, 밝고, 유연함
생활의식	보수, 비관적인 인생관	합리, 미래지향적 인생관
노년기의 인식	인생의 종말기	자기실현의 기회, 제3의 인생
삶의 태도	검약, 소박, 무취미	여유, 즐김, 여러 취미
독립성	자녀 등에 의지, 독립성이 약함	배우자와 사회시스템에 의지, 독립적
노후설계	자녀 세대에 의존	계획적인 노후설계, 독립세대 유지
가치관	노인은 노인답게	나이와 젊음은 별개
레저관	일하는 재미, 여가는 수단	여가 자체가 가치, 목적화
자산처분권	자손에게 상속	자기를 위해 처분
여행형태	친목단체 등 단체여행	여유 있는 부부여행
취미생활	게이트볼 등 노인끼리의 교류	취미의 다양화, 다른 세대와의 교류
생활스타일	순일본식, 애연가가 다수	타문화 교류적 생활, 금연파가 다수
유행감각	둔함, 후기추종자 내지 외면	예민, 초기 채용자

출처: 야마우치히사시(1991), 뉴거대시장 실버산업, 경영정보출판, 108쪽; 김종호, 박래규, 2004 재인용.

로 이들을 겨냥한 마케팅 사업이 2005년 새로운 전략 트렌드로 떠올랐고, 이 흐름은 앞으로 더욱 활성화될 전망이다(한국경제신문, 2005년 7월 6일). 지난해 12월 삼성경제연구소 시니어마케팅포럼은 2005년 시니어 마케팅 베스트 10을 선정하고 실버시장의 마케팅활동 성공사례에 대한 분석을 발표했다. 주목할 만한 점은 문화, 생활, 금융에 걸쳐 노인층의 수요 폭이 눈에 띄게 상승한 것과, 결과에 따라 노년층 구매 욕구를 충족한 상품, 회사가 급성장을 이뤘다는 점이다(부산일보, 2005년 3월 28일).

(5) 노인소비자의 소비지출 및 소비 트렌드

한국보건사회연구원(2005)에 따르면 2007년 실버시장 규모는 25조 원, 2010년에는 37조 원으로 확대될 것으로 추정된다. 이 같은 상황에서 노인소비자의 소비지출, 소비트렌드, 웰빙 추구성향 등에 변화가 일어나고 있다.

① 노인의 소비지출 증가

최근 연금시장 확대 등 노년층의 경제력 향상으로 이들의 구매력 증가가 두드러지고 있다. 보건복지부(2005)에 따르면 1990년 이후 55세 이상 노인가구의 소득은 매년 10%씩 늘어나고 있고, 2010년에는 국민연금 등 연금수급권자가 400만 명에 달하는 등 경제력을 갖춘 고령인구가 소비의 주체 세력으로 등장하고 있다. 최근 조사결과에 따르면, '노후대비 자금을 마련하고 있다'고 응답한 경우가 과거에 비해 상당히 늘어나고 있어 향후 노인의 경제력향상 및 소비자층은 증가할 것으로 보인다.

② 자기중심적이고 감각적인 노인소비 트렌드

소비 집단으로서 신세대 노인층의 영향력이 증대되고 있는 가운데 핵가족화의 진전과 연금시장 확대 등으로 '통크族'이 등장하는 등 자기중심적이고 감각을 중시하는 소비성향이 전체 노년층에까지 확산되고 있다(대한상의, 2005). 최근 감성과 뷰티에 대한 소비자들의 욕구가 다양화, 심화되면서 개성이 뚜렷한 20~30대 젊은층을 중심으로 감각과 느낌을 중시하고 자기중심적인 소비를 추구하는 소비패턴이 확산되고 있는데 이 같은 경향이 신노인층으로 확대되고 있는 추세다. 자기중심적이고 감각적인 소비유형이 향후 노년층에까지 확대될 것으로 전망되면서 주목해야 할 마케팅 대상으로 통크족(Tonk)이 떠오르고 있다.

노인의 의식 및 소비트렌드가 변화하고 있는데 이는 〈표 5-3〉에 제시하였다. 이들

〈표 5-3〉 노년층의 변화

	과거 노인	신세대 노인
신 체	병약, 노쇠, 체력이 떨어진 체념된 삶, 죽음이 다가오는 삶	건강, 원기왕성, 기력 분발, 생기 있고 모습이 활력 넘침
경 제	궁핍, 낮은 소비수준, 부양가족, 종속인구	1인당 소비지출 높음, 독립세대
생활의욕	보수적, 소극적, 여론 추종자, 미신, 인습, 완고, 여생감각, 고정적 발상, 자식의존, 생활환경 편협, 위축, 희생적	진보적, 적극적, 여론주도자, 합리성, 진취성, 본성, 감각, 자유로운 발상, 사회와 일체된 생활, 생활반경 넓음, 당당, 이기적
소비행동	전통적 라이프스타일, 게이트볼, 오래된 것 선호, 저가격지향	현대적 라이프스타일, 패션, 스포츠, 단독, 소수그룹여행, 진짜선호, 비용에 여유, 부가가치중시

출처: 정영학(1994), 신주택사업실무편람, 신주택미디어.

을 공략하기 위해서는 노년층을 타깃으로 한 소비자 조사연구가 필요하다. 지금까지 주로 20~30대 젊은층의 감각을 따라잡기 위한 리서치와 마케팅 전략이 주였다면 이제는 노인들의 감성과 트렌드를 적극적으로 활용할 수 있는 전략 마련이 필수적이다. 또한 이들의 필요에 부합하는 제품을 출시하고 원 스톱으로 이들의 요구를 해결해 줄 수 있는 맞춤형 서비스를 적극 제공하여야 한다. 노년층뿐만 아니라 전반적으로 느낌과 감각을 추구하는 새로운 소비패턴이 확산되는 추세인 만큼 경영전반의 감성화와 소비자들의 체험기회 확대 등 마케팅 전략 마련이 필요하다. 노인소비자의 감각과 취향을 최대한 빨리 파악하기 위해서는 기업 조직 자체가 노인소비자와 닮아가는 것이 가장 효과적이다.

③ 노인소비자의 웰빙 트렌드

웰빙 트렌드는 우리 사회의 전반적 이슈로 등장하고 있는데, 노인소비자 증가에 따른 웰빙 소비트렌드 및 웰빙 문화는 노인소비자에게도 최고의 관심사로 대두되고 있다. 예를 들면, 급격한 노년 인구의 증가로 우리나라에서도 실버산업이 점차 활성화되고 있는 가운데 최근 들어 노인들의 웰빙 보금자리인 실버타운이 진화를 거듭하고 있다(헤럴드생생뉴스, 2006년 3월 8일).[1] 달라진 노년층의 라이프스타일에 맞춰 이전의 휴양과 호텔식 서비스 외에 실속을 결합시킨 새로운 개념의 실버타운이 속속 선보이고 있다. 이 같은 실버타운의 진화는 노년층의 세대교체와 맞물려 있다는 것이 전문가들의 분석이다. 즉 전에는 은퇴 후 실버타운에서 살면서 여생을 즐긴다는 측면이 강했기 때문에 멀리 떨어진 휴양시설과 호텔식 서비스가 그들의 주된 관심사였다. 하지만 최근 실버타운의 주 고객은 노년층 가운데서도 이른바 신세대(?) 노인들로서 이들은 은퇴 후 길어진 인생을 재정적으로 어렵지 않게 사는 것에 우선 목표를 둔다. 따라서 비용 지출이 많은 호텔식 서비스보다도 실속 있는 실버타운을 우선시한다. 향후 실버타운의 성공 여부는 이들 신세대 노년층의 사회 · 경제적 특성과 현실을 얼마나 정확히 반

---

1) '양로원' 개념의 공공시설을 제외하고 현재 실버타운이라 부를 만한 시설은 대부분 민간에서 건설해 운영하고 있다. 「노인복지법」상 공식 명칭은 유료노인 복지주택이다. 따라서 보통 실버타운이라 하면 이들 복지주택을 지칭한다. 입지에 따라 도심형, 도심근교형, 전원형으로 나뉜다. 향후 실버타운의 선호도 및 공급 추세는 도심형 → 도심근교형 → 전원형 순이 될 것이란 게 건설업계의 예상이다.

영해 만족을 주는가에 달려 있다.

〈소비자복지코너 5-1〉

미 중산층 "죽기 전에 쓰고 간다, 노년층 마케팅 필요"

2006년 현재 60세가 되는 미국 베이비붐 첫 세대 중산층 사이에서 명품 및 웰빙 소비가 급속히 확대되고 있다. 마케팅 전문가들에 따르면 이런 현상은 내가 죽으면 뭐하겠나, 죽기 전에 다 누리고 가겠다는 미국 노년 중산층의 마음을 대변한다고 말하고 있다.

전미소매업연합회(NRF) 연차총회에 참가한 마케팅 및 컨설팅 전문가들은 미국에서 소득 10만 달러 이상 중산층의 57%에 해당하는 베이비붐 세대가 60세를 맞이하면서 왕성한 소비력을 보이고 있다고 분석했다(2004년 미국가계평균소득 6만 500달러, 7만 5000달러 소득 가구수는 3,020만 가구). 따라서 이들을 위한 맞춤 마케팅전략 수립이 시급하다는 지적이다.

명품 마케팅 전문 조사기관 유니티 마케팅에 따르면, "설문조사 결과 지난해 중산층의 명품 소비지출은 5만 2,588달러로 전년에 비해 3.8% 증가했다"고 밝혔다. 흥미로운 것은 고급 주택용품에 대한 중산층의 소비는 4.6% 감소한 반면 의류, 액세서리, 보석, 시계, 와인, 명품, 애완동물 용품, 사무용품 등 개인 사치품 소비는 1만 7달러로 5.6% 증가했다는 점이다. 고급 주택용품 지출이 준 것은 베이비붐 세대들이 자녀가 독립함에 따라 주택규모를 줄이고 인테리어에 더 이상 투자할 필요성을 느끼지 못하기 때문이다. 또 여행이나 외식, 오락, 온천 및 미용 서비스 등 웰빙 서비스를 위한 평균 지출금액은 전년의 1만 1,632달러에서 2만 2,746달러로 배가 증가했다.

한편, 온라인쇼핑을 즐기고 아이포드를 듣는 신 중산 노년층이 증가하는 등 미국 중산층이 점점 더 부자가 되고 있다. 55~61세 소비자의 3명 중 1명이 온라인 쇼핑을 선호하며 이들은 아이포드나 디지털 카메라와 같은 하이테크 제품을 적어도 5.9개 보유하고 있는 것으로 조사됐다. 또 65세에서 74세 사이 노년층은 1년에 평균 2.5회 휴가를 즐기고 3명 중 1명이 최신 유행 패션의류를 구입하기 좋아하는 것으로 나타났다. 콘로이 대표는 "마케팅 부서는 이전 노년층과 뚜렷한 차이를 보이고 있는 현재 미국 노년 중산층의 소비성향과 요구를 파악하고 이들을 집중 공략해야 한다"며 "모든 사업 분야가 노년층에 의해 영향을 받게 되며 엄청난 기회와 도전을 불러일으키고 있다"고 말했다.

출처: 내일신문, 2006년 1월 17일.

2. 실버산업 시장의 현황과 전망

최근 평균수명연장 등 고령 사회로의 진전 추세가 가속화되고 노인들의 구매력이 증가하면서 은빛으로 표현되는 노인시장이 급부상하고 있다. 노인 인구의 급속한 증가와 노인들의 경제적 여건 향상으로 노인시장이 미래 유망시장으로 각광받고 있다. 실버산업의 시장규모는 2010년 약 53조 원, 2020년 116조 원으로 전망했으며 고용창출효과도 2010년 41만 명, 2020년 66만 명이 될 것으로 전망했다(박수천, 2006 재인용). 노인 소비자시장의 크기는 2020년 전체시장의 27.2%를 차지할 전망이다(이코너플러스, 2008년 1월 16일).

1) 실버산업이란?

실버산업은 '늙었다'는 말과 '어두운 이미지를 싫어하는 노인들의 심리'를 겨냥하여 '백발'을 은백의 기품에 비유한 일본식 상술이 만들어낸 조어이다. 노인소비자를 주요 고객으로 하는 관련 산업을 흔히 실버산업, 노인산업, 실버 비즈니스, 실버 서비스 등으로 부른다. 실버산업의 개념을 정의하는 데 있어 협의의 개념과 광의의 개념으로 구분할 수 있다. 즉 협의의 실버산업에는 노인용 주택 등 주거서비스, 가사대행 · 수발 및 간호, 입욕, 주간보호, 단기보호 등의 사업이 포함되며 광의의 실버산업에는 노인층은 물론 노인이 아닌 연령층의 노후대책으로 소비에만 한정되지 않고 자산관리, 삶의 보람과 관련된 생활, 고용, 생활설계 등의 모든 상품과 서비스가 포함된다. 이와 같이 광의로 보게 되면 실버산업의 대상은 노후를 대비하는 청 · 장년층까지 포함되게 되고 그 범위도 포괄적이다. 실버산업은 일반적으로 중심의 민간부문이 노인을 소비대상자로 시장원리에 입각하여 상품이나 서비스를 공급하는 산업의 한 형태라고 정의

실버산업의 중요성

◇ 평균 수명의 증가 → 노인 인구 증가 → 절대적 실버시장 크기의 증가

◇ 경제 수준 향상 → 노인의 구매력 증가

◇ 실버 소비자의 충성도가 높음 → 시장 선점의 중요성

◇ 복지제도의 한계 → 노년기의 삶의 질 향상을 위해 민간 차원에서의 개입 필요

한다. 즉 실버산업이란 노인층을 겨냥한 서비스 상품 등을 칭한다. 실버산업의 종류에는 고령 노인층을 대상으로 생활건강 여가 활동 등 여러 가지 서비스를 한꺼번에 받을 수 있는 실버타운이 대표적이며, 의료계 쪽을 전문적으로 받을 수 있는 실버 클리닉, 노인들에게 나타나는 요실금 등을 보조해 주는 보조 상품 등 많은 측면에서 실버산업이 이루어지고 있다.

2) 실버산업의 과제

실버산업이 발전하고 있음에도 우리 사회는 많은 과제를 안고 있다. 주거는 물론 의료와 여가, 생산 등이 복합된 전원형 복합 실버타운 등이 보급되어야 한다. 노인수요가 많은 의료용구 및 노인용품 관련 산업이 취약하고 이들 분야의 연구와 개발이 부족하다. 금융 분야의 상품개발 부족이나 지원 부족, 연금지급방식 개발 부족 등 과제가 산적한 상황이다.

어려움을 살펴보면 첫째, 평균수명 증가로 요보호 노인이 크게 증가하고 의료비용도 급증하고 있어 사회적 과제로 대두되고 있다. 너무 많은 노인이 치매 등으로 장기적인 시설 요양 및 재가 서비스가 필요하나 인프라가 미흡한 상태이다(2003년 장기요양

<소비자복지코너 5-2> 실버산업 뉴스

정부가 노인 전용 임대주택건설 등 고령친화산업을 적극 육성키로 한 것은 우리 사회에 고령화가 급속히 진행되고 있어 이에 대한 대비책을 마련하지 않을 경우 사회경제적으로 치러야 할 비용이 엄청나기 때문이다. 그러나 관련 부처가 보건복지부, 산업자원부, 재정경제부, 건설교통부 등으로 분산돼 종합대책 마련이나 유기적인 지원체계가 미비한 형편이다. 고령친화산업 관련 예산만 해도 산업자원부, 보건복지부 등 극히 일부에만 반영되어 있을 뿐이다. 산업 지원 시스템도 턱없이 부족하다. 예컨대 의료기기 상용화를 위한 제조(수입) 품목허가의 경우 안전성 및 유효성 심사(80일), 기술문서 심사(65일) 등에만 4개월 이상을 잡아먹힌다. 장기적 관점에서 일관성을 가지고 정책을 추진할 의지와 정책이 반드시 필요하다. 정부에서는 '고령사회대책추진단', '고령친화산업 활성화추진단'을 설치하여 범정부적으로 지원할 계획이다. 그러나 R&D 투자와 전문인력 부족, 고령자용 주택이나 의료기기 등에 대한 소비자보호제도 등이 미흡하다.

출처: 이코너플러스, 2008년 1월 16일.

시설 충족률 35.5%). 둘째, 실버산업의 공익성과 수익성 보장을 위해 저렴한 시장가격 형성이 필요함에도 지원시책 미흡으로 시장형성이 미비하다. 노인전용주택, 노인요양시설 등은 택지공급부족, 시설건축융자 및 세제 지원 미흡으로 민간공급자 진입이 저해되고 있다. 셋째, 중·상위층을 기준으로 한 실버정책의 경우 형평성이 떨어지고 있다. 고부담의 이용료로 인해 실제 요보호자도 가정 내에 방치되고 있는 실정이다. 넷째, 노인용품·기기 분야의 산업여건이 취약한데다 이와 관련한 연구개발 및 투자부진으로 노인용품산업 등의 발달이 미진해 왔다. 결국 우리의 실버산업은 걸음마 수준이다. 하지만 이 같은 상황은 위기인 동시에 기회이기도 하다. 앞으로 실버산업의 빅뱅시기를 '어떻게 대비할 것인가'가 중요한 시점이다.

3) 노인 관련 산업

노인 관련 산업의 분야는 매우 다양하다. 삼성경제연구소(1992)의 실버산업 분류에 따르면 크게 5가지이다(송순영, 1999, 삼성경제연구소, 1992).

(1) 노인 주거 산업

노인 주거와 관련한 시장은 주거시설 부문(유료 양로원, 노인아파트, 노인촌, 요양원)과 재택 서비스(개호서비스, 급식, 목욕 서비스)로 구분할 수 있다(표 5-4 참조). 최근 노인복지 주거산업에 개인 또는 영리 법인의 참여를 허용하는 법 개정이 이루어짐에 따라 주택건설업계, 콘도업계, 금융보험업계를 중심으로 주거 관련 산업의 활성화가 기대된다.

현재 유료 노인시설로는 경기도 수원의 유당마을, 경남 양산의 혜성원과 성지원 등이 있다. 보건복지부에 따르면 2004년 말 등록된 전국의 유료 양로시설은 41개로 2003년 29개에서 1년 사이 12개가 늘었고, 무료 양로시설의 경우 2004년 말 78개로 2003년 85개에서 7곳이 줄어 이러한 사회적 현상을 반영하고 있는 것으로 보인다. 한편 정부는 향후 60세 이상 고령자를 위한 국민임대아파트를 건립하고자 하는데 노인복지 시설과 연계할 수 있는 지역에 주로 건설할 계획이며, 고령자에게 우선 청약자격이 있다.

노후 주거생활의 대안인 실버타운은 다양한 문화 프로그램과 운동을 즐길 수 있고, 커뮤니티가 활성화되어 있어 활동적인 노후를 즐기려는 사람들에게 인기가 높다. 고

〈표 5-4〉 실버산업 대상 분야

분 야	대 상 범 위
1. 주거관련사업	유료노인홈(유료양로원), 누워서 생활하는 노인전용 유료노인홈(요양원), 노인대상가정 간호형 노인대상치료(의료)맨션, 노인 아파트, 실버타운, 노인전용주택 등
2. 가정간호서비스 관련사업	재가서비스, 입욕서비스, 급식서비스, 침구의 세탁 및 건조서비스 등
3. 의료관련사업	보건의료(의약품, 의료기구, 의료서비스), 가정용 진단, 치료기구 및 가정 간호용품
4. 금융관련사업	노후자금관리, 암보험, 개인연금, 노후연금 신탁 등
5. 시간활용사업	노인스포츠클럽, 체력단련기구, 노인대상교양강좌, 효도관광 등 국내외 여행, 노인호스텔, 노인대학, 노인문화센터, 노인용장난감, 서적, 아르바이트나 취업알선, 가족임대 등
6. 식품관련사업	알로에제 등 건강보조식품, 인삼가공식품, 영지버섯 등 건강식품, 소화가 쉬운 일반식품, 특수영양식품, 기능성식품
7. 의류관련사업	노인용 상·하의, 노인용 신발, 내의, 이불 등
8. 생활 기기	욕창방지매트, 노인용 침대, 변기, 종이기저귀, 돋보기, 의자 등 생활기구, 노인용 가전제품, 노인용자동차, 화장품
9. 정보	노인대상정보지, 잡지, 신문, 생활설계대행

출처: 황의독·이은경(1992). 노령화사회와 노인소비자: 한국노인산업의 현황과 전망. 한국소비자학회 총회 및 학술대회. 56-83.

〈표 5-5〉 노인복지 시설현황

	무료 시설			실비 시설			유료 시설				
	양로	요양	전문	양로	요양	전문	양로	요양	전문	병원	주택
시설 수	78	131	108	12	42	1	41	41	34	22	8
정원	4,972	9,384	8,539	363	2,310	100	2,853	985	1,564	3,119	1,232
소계 시설 수	317			55			146				
소계 정원	22,895			2,773			9,753				

출처: 보건복지부(2005). 노인복지시설현황.

령부부와 독신가구의 증가로 고령자 부양문제를 가족보다는 외부 기능에 의존하려는 사회적 분위기도 있지만, 경제력 있는 노인이 증가하면서 은퇴 후 복지서비스와 문화적 환경을 갖춘 고급형 유료 노인주거시설, 실버타운에 대한 관심이 높아지고 있는 추세다.

실버타운은 노인과 관련된 주거, 요양, 레저시설 등이 복합적으로 갖추어진 곳을 의미한다. 현재 민간에서 운영하는 실버타운은 주거비용을 입주자가 전액 부담하는 고급 주거시설로 양로원이나 요양원과는 전혀 다르다. 주거뿐만 아니라 의료와 문화시설 등이 갖춰져 단지 내에서 모든 일상생활이 가능한 이들 실버타운은 보증금 약

<소비자복지코너 5-3>

최고급 유료 실버타운 현황: 노블레스 타워(Noblesse Tower)

경기도 용인 삼성 노블레스타워(카운터)는 상류층 노인을 위한 대표적인 유료 실버타운으로 "가족과 함께하는 노블레스 타워"란 이념으로 의료간호, 사회복지, 질병예방 안전관리, 생활편의, 주거시설, 건강한 식사, 의료간호 및 맞춤운동, 다양한 레저문화와 공동체 문화를 추구하고 있다. 업체의 주장에 따르면 세계 최초 유비쿼터스(어르신들이 생활하시기에 편리한)를 지향하는 실버타운, 전문 인력들이 제공하는 1인 맞춤서비스가 가능한 실버타운, 황혼의 여유를 만끽할 수 있는 서비스를 제공하고 있다.

노블레스타워는 급속한 고령화 사회에 대한 민간기업의 역할 제고, 최고급 실버타운의 대중화 및 각종 실버산업 도입, 고령사회에서의 국가 성장 동력의 유지 및 입주자의 삶의 질(Quality of life) 향상, 새로운 노인주거문화 및 커뮤니티 형성에 운영 목적을 두고 있다고 한다. 분양가격(기준일자: 2007년 4월 2일) 및 관리비를 살펴보면 6층 이상 평당 1,300만 원 기준으로 19평형 분양가는 2억 4,700만 원, 22평형~44평형 6억 1,600만 원이었다. 관리비의 경우 19평형의 경우 1인 거주일 경우 월 평균 69만 7천 원, 2인 114만 7천 원, 44평형의 경우 각각 102만 원, 140만 2천 원 정도이다. 입주자격은 일상생활에 지장이 없는 60세 이상의 남녀(배우자는 60세 미만도 함께 입주), 건강진단 결과 독립된 주거 생활에 지장이 없는 경우, 단독취사 및 독립된 주거생활을 하는 데 지장이 없는 경우로 되어 있다. 주요 서비스는 건강식사서비스, 행사식 지원서비스(각종 모임, 연회, 생신 및 기타 축하 이벤트 등의 행사시 원하는 비용에 맞는 호텔식 제공), 영양처방식 서비스(고혈압식, 당뇨식, 비만식, 영양식 등), 안전관리(안전관리시스템, 방범 및 방재 시스템, 고령자 신체치수 적용 설비) 등이다.

출처: 노블레스 타워 홈페이지.

5000만 원부터 4억 원 이상, 월생활비 40만 원(1인당)에서 300여 만 원에 이르기까지 가격이 천차만별이다. 실버타운은 입주 방식에 따라 크게 분양, 종신이용, 임대 등 세 가지 방식으로 분류되며, 조성되는 위치에 따라 도시형, 도시 근교형, 전원형으로 구분할 수 있다. 초기 실버타운이 전원형이 많았다면 최근에는 도시형이 붐을 이루고 있다. 고층 오피스텔형인 도시형 실버타운은 자녀와 접촉 빈도를 높이려는 노인층의 심리를 반영해 인기가 높은 편이다.

우리나라 노인주거산업은 이제 막 개척되는 산업이기 때문에 시장이 협소하고, 공급 가격이 높아 소비자는 과다한 비용 부담이, 운영자에게는 적자가 누적되고 있어 유료 실버타운의 부도로 인한 피해도 발생하고 있다. 또한 시설을 이용할 수 있는 고소득층 노인과 그렇지 못한 노인의 위화감 조성으로 인한 계층 간 갈등 문제가 초래되고 있는데 재가노인 서비스 확충, 노인 영구임대주택 건설과 연금제도를 조속히 안정화하는 것이 대안이 될 수 있다.

(2) 의료 관련 분야

노인 관련 의료분야는 병원부문(노인전문 병원, 노인 전문 치료), 제약부문(노인성 질환 약품), 의료 기기부문(의료 전문기기, 복지 기기), 의료정보 부문(병원 관리, 의학 정보, 건강 체크 프로그램)으로 구분할 수 있다. 그런데 노인 의료 분야는 공급 및 서비스 제공 등에서 매우 미비한 편이다. 서울경로병원 등 노인병 치료를 위한 소규모의 몇몇 의료 기관이 있을 뿐이다. 의료기기의 경우 노인들이 많이 사용하는 쑥찜팩, 혈압계, 지압기, 안마기, 안락의자, 자석벨트 등 건강기기의 수요는 급증해 연간 2천억 원 규모의 시장으로 부상했다. 특히 노인층을 겨냥한 보청기, 종이 기저귀, 특수 욕조, 간호 베드, 욕창 예방 용품 등의 간호 용품 경우에는 노인인구 증가에 따른 유병률 증가로 시장성이 좋을 것으로 전망된다.

(3) 여가활동 분야

여가 분야는 사회활동 부문(취업, 교육)과 스포츠, 취미생활, 오락, 관광 등의 순수한 여가활동으로 구분할 수 있는데 최근 노년기의 소외감, 허무감 등을 떨쳐버리는 데 초점을 맞춘 각종 노인 대상 레저산업이 탄생되어 노인 소비자계층의 주목을 받고 있으며 업계의 참여도 다양하게 이루어지고 있다. 이 중 휴양 및 관광, 평생교육원, 노인대학 등의 노인교육 프로그램, 노인 스포츠클럽 등이 특히 활기를 띠고 있다.

휴양 및 관광업 분야에서는 여행사를 중심으로 효도관광 프로그램이 활기를 띠고 있으며, 각 여행사마다 매년 50~100% 정도 매출이 증가하는 추세이다. 이미 국내 효도관광 프로그램은 정착된 지 오래이며 동남아, 미주관광 등의 해외 효도 관광 프로그램도 노인층의 인기를 끌고 있다. 노인 스포츠클럽도 최근 노인 계층의 사회적 교류 필요성과 건강에 대한 관심이 커짐에 따라 새로운 실버상품으로 자리를 잡아가고 있다. 수영, 에어로빅, 게이트볼, 포크댄스 등 고령자의 능력에 알맞도록 무리가 없는 운동 및 건강 체크 프로그램으로 짜여 있고 회원 간의 친목도모도 상당해 노인층에 인기가 높다.

(4) 금융 관련 분야

연금(공적연금, 사적연금), 보험(개호보호보험, 장기간병보험, 노후대비 연금형 보험), 자산관리(신탁, 부동산 관리)분야로 구분할 수 있다. 은행, 투자신탁 회사, 보험회사 등의 금융기관들도 노인들의 여유자금을 겨냥하여 활발하게 노인 소비자시장을 개척하고 있다. 특히 노후설계 연금보험은 유망한 실버산업으로 부상하고 있다.

(5) 생활 관련 분야

의류 부문(일상복, 정장, 환자복, 운동복), 식품 부문(건강식품, 치료식, 기호식품), 생활용품(가전제품, 일상용품) 등에서 노인을 위한 제품이나 서비스가 제공되고 있다. 최근 중년 이상의 장년, 노년층을 대상으로 하는 인삼가공식품, 자연식품, 무첨가 식품, 저염 식품 등의 건강식품 시장이 확대되고 있는 추세이다. 유통업계는 노인소비자들의 구매력이 향상된 사실에 주목하여, 노인 소비자시장을 겨냥한 각종 마케팅 프로그램을 개발하고 있다(예: 롯데백화점: 노인의류전문매장 실버 에이지 코너, 신세계백화점: 55~65세 노인들을 판매사원과 모니터로 고용하여 노인매장과 노인상품 개발 건의).

〈소비자복지코너 5-4〉 노인 소비용품 실제사례

① 물이 필요 없는 샴푸와 바디 샴푸: 몸이 불편해 머리를 감거나 몸을 씻기 어려운 노약자를 위해 물을 전혀 쓰지 않는 세정제품이 나와 있다. 미국 NASA의 우주비행사들이 우주에서 쓰는 제품으로, 머리나 몸에 샴푸액을 묻혀 문지른 후 수건으로 닦아내면 된다.

② 자유자재로 구부러지는 수저, 포크: 팔에 힘이 없거나 치매, 관절염, 뇌혈관장애, 신경손상이 있는 노약자가 식사할 때 요긴한 제품. 개개인의 신체에 맞는 각도로 구부려 쓰면 된다. 접시에서 음식물을 뜬 후 손목의 변화 없이 그대로 입에 넣을 수 있게 해준다. 손잡이를 고무재질로 만들어 물기가 묻어도 미끄러지지 않는다.

③ 스쿱접시: 접시에 죽이나 건더기가 있는 음식을 담아 먹을 때 손힘이 부족하면 수저에 음식물이 잘 떠지지 않는다. 이러한 고충을 해소해 노약자가 음식물을 쉽게 떠먹을 수 있도록 한쪽 면을 경사지게 만든 접시이다.

④ 미끄럼 방지 양말: 미끄럼 방지 양말은 거실바닥 등에서 넘어지는 것을 방지하기 위해 양말 밑 부분을 고무로 처리한 것이다. 밑창에 고무 스토퍼를 부착해 실내용 슬리퍼처럼 신을 수 있는 케어 슬리퍼가 시중에 나와 있다.

⑤ 노인용 신발: 다리에 힘이 없는 노약자용 신발인 만큼 무엇보다 가벼운 게 특징. 작은 크기의 휴대폰 정도 무게이며 신발 밑창에는 미끄럼 방지 처리가 돼 있다.

⑥ 욕실 미끄럼 방지 매트: 바닥에 미끄럼 방지 매트를 깔면 화장실에서 발생하는 낙상사고를 예방하는 데 도움이 된다. 매트 밑에 흡반을 넣어 매트 자체가 바닥에서 미끄러지는 것을 방지한 제품도 나와 있다.

⑦ 이동식 소변기: 거동이 많이 불편하거나 병상에 있을 때 노인 혼자서도 소변을 받을 수 있는 이동식 소변기가 있다. 노인 힘으로 열 수 있도록 뚜껑의 개폐가 용이하다.

⑧ 요실금 팬티: 요실금 팬티는 얇고 색상이 화사해 외관상 일반 팬티와 같고 착용감이 좋다. 아래쪽에 얇은 패드를 덧대 가벼운 실금증상에 적합하다.

⑨ 실버카: 걸음걸이가 불편하거나 걷기 연습이 필요한 노인은 보행기를 사용한다. 시중에 다양한 형태와 크기의 보행기가 나와 있지만 디자인이 산뜻한 다목적 실버카가 주목받고 있다.

⑩ 노인용 기능성 의류: 몸이 불편하면 속옷이나 겉옷을 자주 갈아입지 못하는 경우가 많다. 아픈 환자일수록 청결이 중요하며 기분전환을 위해서도 밝고 화사한 기능성 의류를 입으면 도움이 된다. 입고 벗기 편하며 뒤쪽 하단에 찍찍이가 부착돼 용변을 처리하기가 쉬운 의류다. 치매성 노인을 위해 상하 일체형으로 된 우주복 타입의 의류도 있다.

⑪ 욕창 예방 쿠션: 욕창의 원인이 되는 체중의 압력을 분산시키는 데 도움이 된다. 베개

대용이나 다리를 올려두는 데 편리한 큰 베개, 어깨부위의 욕창을 예방하고 다리나 겨드랑이 사이를 분리시키는 데 사용되는 높은 베개가 있다. 또 누운 상태에서 자세를 바꿀 때 편리한 등받이쿠션, 가운데에 구멍이 있어 상처를 보호하고 꼬리뼈 부분의 욕창을 예방하는 원좌쿠션 등이 있다.

⑫ 식사용 에이프런: 중풍을 앓거나 신체가 마비된 환자가 식사할 때 혹은 구강 세척시 사용된다. 방수성이 뛰어난 코팅 원단으로 만들었으며 에이프런에 음식물이 묻으면 물수건으로 닦아 내면 된다.

⑬ 죽병: 손힘이 없어 혼자 수저를 들기 어렵다면 죽병을 이용할 수 있다. 유아용 젖병과 비슷한 구조이며 용기를 눌러 죽 등 걸쭉한 음식을 먹을 수 있다.

출처: 2006년 5월 소비자시대

지금까지 노인용품 및 관련 산업에 대해 살펴보았다. 여기서 중요한 것은 노인용제품이나 서비스의 개발이 확대되어야 한다는 것 이외에도 노인을 위한 제품이 노인에게 적절하도록 안전성, 쾌적성, 윤리성 등 기본 요건을 갖추어야 한다는 것이다. 또한 이들 제품에 대한 표준, 규격, AS 등과 관련한 제도 및 체제구축이 병행되어야 한다. 게다가 이들 제품이나 서비스에 대한 지식과 이해를 충분히 갖추고 노인소비자주권 확립을 위해 중립적으로 그리고 윤리성을 확보할 수 있는 노인 관련 전문가를 양성해야 한다(박수천, 2006). 한편 실버산업의 발달로 인해 새로운 직종, 유망업종이 나타나고 있다. 방문 및 재택간호서비스, 고령자 건강 카운셀링(운동처방 서비스업), 실버시티 파견업, 실버용품 전문점, 노인벤처창업 서비스, 실버시터산업, 실버전용 댄스교실(여가접목의 노인대학), 고령자 위험방지주택이나 중저가 실버타운, 실버효도미팅 관련업(실버재혼 정보업), 자서전 집필대행서비스, 실버도시락 시터업(식사 택배서비스), 장의서비스 등이 그것이다.

4) 실버산업 시장에서의 마케팅 전략

소비침체의 경제상황에서는 경제적으로 안정되고 여유가 있는 50대 이상 고객에 대한 의존도가 높아지게 된다. 그래서 기업들은 시니어 소비 집단을 대상으로 한 타깃 마케팅 전략에 집중하고 있다. 최근 액정이 큰 휴대폰, 혈당체크 기능이 적용된 휴대폰 등 시니어를 대상으로 한 제품 출시가 늘고, 백화점 내 시니어층을 타깃으로 한 의류브랜드 등 전문매장도 확대되고 있는 추세다. 고령친화 제품은 단순하고 혜택이 명확해야 하며 실버용품 시장에 대한 이해, 적합한 시장 발견, 상품화 기회포착, 차별성(새로움, 의미성) 부여 등이 중요하다(충북영동대학교 고령친화산업 지역정보센터, 2007). 1인 가구 및 독거노인가구의 증가, 소득양극화, 가족개념의 다양화 등은 우리나라의 소비패턴을 바꾸어 놓고 있으며 소비자트렌드를 형성하는 데 중요한 요인이 되고 있다. 이 같은 상황에서 최근 실버산업에서의 마케팅 전략도 다양하게 변화·발전되고 있는데 다음과 같다.

① 소프트화 마케팅: 상품 자체보다도 사용법, 정보제공, 판매 후 관리 등
② 불안해소형 마케팅: 건강, 노후 생활, 재산 관리 등의 불안감 해소
③ 3세대를 겨냥한 마케팅: 자식세대인 중년층, 청소년층까지 함께 겨냥
④ 수요를 일깨우는 마케팅
⑤ 세분화한 마케팅
⑥ 포지셔닝 전략
◇안락함에 초점을 맞춘다.
◇안전함을 판다.
◇편리함을 추구한다.
◇목적의식을 복돋운다.
◇신뢰감을 준다.
◇확신을 준다.
◇사회적 연계를 유지한다.
◇향수를 자극한다.
◇유형성을 제시한다.
◇신속하게 응답한다.
◇공감하고 있는 것을 보여 준다.
⑦ 제품 전략: 안전하고 고령자의 감성에 적합한 충분한 정보를 이용하여 마음에 닿는 서비스나 제품을 제공한다.
⑧ 가격 전략: 고품질 저가 전략을 기본으로 삼는다.
⑨ 유통전략: 필요한 때와 장소에서 편리하게 구매할 수 있도록 공급되어야 함. 유통비 절감 방식 강구 필요

⑩ 판매촉진 전략: 과장 · 허위 광고는 절대금물, 젊은 사람보다 더욱 강력한 색상, 디자인 율동을 겸비한 광고나 홍보, 교육에 관심을 보임. TV광고 이외에 인터넷 마케팅 등 고학력노인을 위한 광고매체의 다양화가 필요하다. 남성용, 여성용, 독신용, 부부용, 고령용 등으로 노인의 세부적인 특성과 개성에 맞추어 차등화시키는 전략 필요

지금까지 실버산업에 적합한 마케팅전략에 대해 간단하게 살펴보았다. 실버산업의 발달은 단순히 노인 수의 증가가 아니라 구매력을 가진 노인들의 '양보다 질'의 소비패턴에 초점을 두어야 한다. 최대수요층인 노인과 실버시장의 특성을 잘 살펴보고 이에 대한 전략이 필요하다. 노인들은 겉으로 드러난 것과 내면이 다르며, 향후 노인층이 될 베이비붐세대들(현 40~50대)은 젊은층이 좋아하는 것을 내심 선호하며 노인용은 거부하는 경향이 있고 평균수명이 더 길어지는 노인여성 중심의 소비성향에 관심을 갖고 이에 대응하는 마케팅전략이 요구된다.

〈참고 1〉 우리업계의 최근 실버마케팅 전략사례

신세계백화점 전체 매출에서 50대 이상 시니어층이 차지하는 비중은 2004년 상반기 32%에서 2005년 상반기에는 34%까지 늘어났다. 당연히 백화점을 이용하는 고객 수 면에서도 고령층이 늘어나는 추세다. 이용객 총 55만 명 중 50대 이상의 시니어 세대는 전년비 9% 늘어난 15만 명을 차지하여 전체 고객 수 가운데 27% 이상의 비중을 차지했다. 은행권에서는 주요 소비주체로 부상하고 있는 시니어층을 대상으로 마케팅 공략에 나서고 있다. 국민은행은 50세 이상 시니어층을 겨냥한 'KB시니어웰빙통장'을 출시해 가입자에게 24시간 헬스케어 주치의 서비스와 검진예약 대행, 검진료 할인, 건강정보 제공 등 서비스를 제공한다. 그밖에 상품 출시를 기념해 고객 3쌍을 초청하여 은혼식을 열어줬으며, 사진촬영권 증정 및 경품행사도 진행한다.

한편, 건강이나 체력을 기르는 운동과 더불어 주름이나 요실금, 노안, 나빠진 치아 등을 교정하는 적극적인 치료요법까지 웰빙이 다양하게 접목되고 있다. 건강보조용품, 의료용 기구, 건강보조식품 등 건강을 증진시키고 외모를 젊게 보이게 하는 웰빙상품 출시도 활발하다. 건설업체들은 주택 분양시장 침체를 극복하기 위해 실버 주택 공급에 적극 나서고 있다. 건물 내에 주치의가 상주하며 병원과 연계해 건강관리 서비스, 청소 서비스 등을 제공한다.

출처: 월간마케팅, 9월호

〈참고 2〉 일본의 실버마케팅 사례

일본에서도 시니어 마케팅이 뜨고 있다. 시니어층의 특징은 비싼 비용을 지불하더라도 건강과 지적 호기심 충족, 여가에 대한 만족을 느끼고 싶어 하고, 시니어 마케팅이 활발한 분야는 여행업계와 교육, 건강 분야 등이다. 즉 일본에서는 참가자를 50세 이상으로 한정하고 초급영어회화의 학습메뉴와 박물관 견학 등 지적 호기심을 충족시켜 주는 장소 위주의 여행상품이 등장했다.

건강에 대한 관심이 높아지면서 피트니스 클럽에서도 시니어층을 대상으로 하는 프로그램을 선보여 인기가 높다. 병원과의 제휴를 통한 건강진단 결과를 기초로 한 개별 운동메뉴 '메디컬 피트니스'를 제공하고 있다. 50대 주부를 대상으로 한 영어회화교실인 '성인 영어회화'도 인기다. 같은 연령대의 주부들로 학생을 구성하고 수업 진도도 여유롭게 진행하는 것이 특징이다. 취미와 정보수집 등의 다양한 서비스 수요에 대응하기 위해 인터넷 통신회사들도 50대를 위한 사이트 개설을 준비 중이다.

출처: 박규상 · 이영철, 2007

〈참고 3〉 시니어 마케팅 Best 사례

삼성경제연구소가 제시한 시니어 마케팅 베스트 10가지 중 몇 가지를 살펴보면 다음과 같다.

① 에너지시민연대의 내복입기 캠페인: 에너지시민연대의 내복입기 캠페인으로 노년층과 중 · 장년층에까지 내복입기 바람이 불었다는 언론보도가 최근 잇따랐다. 내의 회사들의 매출이 오른 것은 물론이고 50세 이상 중장년층이 에너지 절약운동에 동참하면서 시니어마케팅으로 성공했다는 평가다.

② KBS 콘서트 7080 프로그램: 최근 젊은 가수들의 방송프로그램이 고전을 면치 못하는 것과 달리 '콘서트7080'은 장수프로그램으로 자리 잡아 가고 있다는 평을 듣고 있다. 젊은 시절의 추억을 떠올리는 등 지난날을 자극하는 건 성공적인 시니어마케팅의 핵심 포인트다. 얼마 전에는 실버TV가 개국해 좋은 반응을 얻고 있다.

③ 영화 〈웰컴 투 동막골〉: 영화 〈웰컴 투 동막골〉은 세대와 이념을 뛰어넘는 콘셉트로 만들어진 작품으로 찬사를 받았다. 노인들이 온 가족과 함께 영화를 즐길 수 있다는 점에서 세대 사이의 간격을 좁혔으며 더 넓은 시장을 점유할 수 있었다는 점이 시사하는 바가 크다.

④ 국민은행 KB시니어 웰빙 통장: 50세 이상인 시니어들을 상대로 한 금융상품으로 성공

한 사례다. 365일 24시간 건강 상담, 각종 건강정보제공, 건강검진 및 간병인 할인제 적용 등 헬스케어서비스와 복합한 게 큰 호응을 받았다. 노인들이 가장 관심 있는 재산관리와 건강관리 두 명제를 상품으로 잘 접목, 손님사냥에 나섰다는 은행 측 아이디어가 적중했다.

⑤ 산업계의 임금피크제 도입: 일정 나이가 되면 임금액을 줄이는 대신 정년을 보장하는 제도가 바로 임금피크제 내용의 주요 뼈대이다. 고령화시대에 따른 기업의 인건비부담을 덜 수 있으면서 한 직종에서 평생을 보낸 고령층 직장인의 풍부한 경험과 노하우를 살릴 수 있는 이점이 있다. 특히 시니어들의 계속적인 소득보장으로 시니어층 소비자들의 실질구매력 증대를 통한 실버시장 확대에도 톡톡히 한몫할 것으로 보인다.

⑥ 농수산홈쇼핑 등장: 홈쇼핑 제품들의 질이 나쁘지 않다는 인식이 확대되면서 음식재료의 홈쇼핑 구매비중이 크게 높아져 가고 있는 흐름에서 농수산홈쇼핑은 방송프로그램 구성을 시니어층이 좋아하는 제품군을 중심으로 선정, 매년 시니어들의 구매가 활성화되고 있다.

3. 노인 소비자문제 및 피해구제방안

최근 소비자로서 노인이 부각되면서 다양한 형태의 소비자문제가 제기되고 있다. 한국소비자원에 접수된 피해구제사례 중 60세 이상 노인소비자들이 접수한 불만피해 건수는 해마다 증가하고 있다. 노인층의 신체적, 정신적 특성상 상담이나 피해 구제가 용이하지 않은 점을 고려할 때, 실제 피해는 더욱 빈번할 것으로 예측된다.

1) 노인 소비자문제 및 피해유형

노인 소비자문제 및 피해유형은 다양하게 나타나고 있다. 구체적으로 살펴보면 다음과 같다.

(1) 불균형적 소비시장환경 문제: 노인용 제품 / 서비스 공급 부족

실버산업의 성장 가능성에 비해 현재 우리나라 실버시장 형성은 매우 미미한 수준이다. 노인 주거분야를 살펴보면 유료 양로원, 유료 요양원, 유료 노인복지주택, 실버타운 정도가 설립되어 있으나 양적으로 매우 부족하다. 노인 전문병원은 치매치료전문병원까지 포함하여 전국적으로 20여 개에 불과하며, 실버용품을 전문적으로 제조하는 업체와 이를 판매하는 매장도 극히 적다. 백화점에 개설된 실버용품 매장에 대한 소비자들의 호응도 적다. 금융상품으로는 실질적인 세제 혜택과 높은 이자율을 적용하고 있는 개인연금이 유망한 실버상품으로 자리 잡고 있다. 그러나 이 밖의 노인을 대상으로 한 몇몇 금융 상품은 수요부족으로 유명무실한 상태이다. 반면 노인들의 실버상품에 대한 노인들의 수요는 상당히 높다. 노인소비자의 50% 정도가 가정 봉사원이나 노인 전문병원, 실버용품 전문상점을 이용하기를 희망하는 것으로 나타나고 있다. 노인소비자의 실버상품에 대한 욕구가 높음에도 불구하고 아직 우리나라에서는 노인을 위한 시설과 제품은 부족하다고 할 수 있다.

(2) 상품구매환경의 문제

사회는 고령화되고 있지만 노인 세대 취향을 맞추지 못한 상품, 쉽게 바뀌는 제품모델, 외국어의 지나친 사용 때문에 노인들은 상품과 서비스 이용에 어려움을 겪는다. 물건을 사기 위해 매장을 찾기도 불편하다. 지역밀착형이라 할 수 있는 정기시장과 소규모 쇼핑센터 등은 줄어들고 있는 반면, 백화점과 할인점은 급속도로 증가하고 있다. 소규모 상점은 지역 안에서 인간관계를 바탕으로 운영되기 때문에 거래나 상품 지식이 부족한 노인이 물건을 살 때 불리하지 않도록 배려해준다. 하지만 백화점과 할인점은 다르다. 우선 차를 가지고 가야 하는 시내와 변두리에 위치해 있어 찾아가기 쉽지 않고 매장이 넓고 사람이 많아 노인이 쇼핑하기에는 적당하지 않은 실정이다. 노인들이 상품구매시 겪을 수 있는 일반적인 애로점을 조사한 결과, '상품설명서 내용이 어렵고 외래어가 많아 이해하기 힘들다', '상품설명서의 글자 · 표시가 작아 잘 볼 수 없다', '새로운 가전기기 등 상품이 복잡해서 다루기 어렵다' 등이라고 한다.

(3) 소비자안전의 문제

노화로 생활기능이 저하된 노인들은 사회적 관계가 축소되고 생활의 주된 시간과 공간을 가정에서 보내게 되는데, 안전하다고 생각하기 쉬운 가정 내에서 시설물이나 일상적으로 사용하게 되는 물품에 의한 사고로 골절에서부터 사망에 이르기까지 많은 사고가 발생하고 있다. 가정 내 노인 안전사고의 발생 원인을 살펴보면 주택구조 및 생활용품이 노인이 사용하기에 어려움, 노인 본인의 부주의 및 방심에 의해서, 노인질환 및 신체기능의 약화, 주택 및 생활용품을 잘못 이용함으로써, 주택구조 및 생활용품의 결함 등의 순서로 나타나고 있다. 즉 사고의 원인이 질환을 앓고 있거나 신체기능이 약화되어 몸을 가누기 힘든 상태에서 피치 못하게 사고가 난 경우보다 앞서의 원인에 의한 것이 빈번함에 주목하여야 한다. 이 같은 문제를 사전 교육으로 예방하거나 결함 제거 등으로 해결할 필요가 있다. 가정 내 노인 안전사고의 대부분은 주택의 안전저해요인을 제거하여 방지할 수 있는 만큼 주택의 안전점검을 강화해야 한다. 노인 스스로 주택의 안전을 평가할 수 있도록 자가 안전평가점검표를 제작 · 배포하고, 주택의 구조적 문제 등의 안전평가를 위한 노인 보건복지 차원의 주택에 대한 안전평가반을 구성할 필요가 있다. 노인 거주 주택의 개 · 보수 작업은 노인복지정책 차원에서 지원이 검토되어야 한다.

(4) 거래 및 상술로부터의 노인 소비자피해

노인소비자의 중요성이 나날이 부각되는 상황에도 불구하고 60세 이상 노인소비자들의 피해사례가 계속 증가 추세에 있고, 실버산업의 규모는 계속 증가하고 있으나 그 문제점들이 계속 나타나고 있다. 노인소비자 피해는 정상적인 판매보다는 주로 방문판매를 통해 이루어지며 판매방법도 공공기관 사칭이나 효도관광 빙자 등 허위나 강박에 의한 소위 악덕 상술이 대부분이다.

악덕상술 유형에는 사은품 제공 상술, 강연회 상술, 효도관광 상술, 경로잔치(제품설명회) 상술, 공공기관 사칭 상술, 당첨 상술, 설문조사 상술 등이 있다. 피해물품의 종류는 한약 및 건강보조식품(42.9%)이 가장 많으며, 그 다음이 의료보조기구(14.8%), 주방용품(13.1%), 건강속옷(12.5%) 순서이다. 노인들은 악덕상술에 의해 물건을 구입한 후 55.9%가 가정 내에서 가족 간의 불화를 경험한다. 물건구입 후 후회와 불만에도 불구하고 노인소비자의 87.0%는 그대로 대금을 지불하며, 반품이나 해약을 요구한 소비자는 10.7%에 불과하다. 20~59세 일반 국민들의 60% 이상이 잘못된 상품, 구입시 구입처에서 끝까지 따져 교환 · 환불을 받는다거나 소비자고발센터에 고발한다는 경우를 감안하면 노인들은 소비자 피해를 그대로 떠안고 있다고 할 수 있다. 노인들은 불만이

〈표 5-6〉 노인의 소비자피해 사례

피해 유형	피해 내용	노인소비자의 대응방법
사은품 제공상술	정보가 부족한 노인들을 대상으로 사은품을 주면서 신상정보를 알아내 무조건 집으로 제품을 배달하거나 대금을 청구하는 수법이다.	사은품에 현혹되기보다는 계약 조건과 제품의 품질을 살펴보고 구매하는 습관이 중요하며 사은품으로 보기에 과하다고 생각되면 판매를 목적으로 하는 제품인지 등을 반드시 확인한다.
무료관광 상술	전형적인 노인 대상 악덕상술로서 유명관광지를 무료 혹은 저가로 구경시켜 준다고 하고 막상 관광지에 도착해서는 건강식품이나 의료 기구를 강매한다.	너무 저렴하거나 무료로 제공하는 관광에는 참가하지 않는 것이 최선의 예방책이다.
관공서·공공기관 사칭	노인, 주부만 있는 시간대에 방문하여 관공서 혹은 공공기관에서 왔다고 속여 소비자를 안심시키고 제품을 강매한다.	사전에 예고 없이 찾아오면 소속, 방문목적을 해당 관청에 문의한다.
종교행사 빙자	신앙생활을 하는 노년층을 대상으로 성전증축 등의 명목으로 서명을 받고 건강식품 등을 무료로 증정한 뒤 일방적으로 대금을 청구한다.	노상에서 이뤄지는 종교인을 사칭하는 행사는 대부분이 물건을 강매하기 위한 악덕상술이므로 신상정보를 알려달라는 요청은 단호하게 거절해야 한다.
신용카드 도용 상술	신용카드 사용이 익숙하지 않은 노인에게 접근해 카드를 잠시 보여 달라고 해서 임의로 매출 전표를 끊거나 카드번호를 알려달라는 수법으로 물품 대금을 청구한다.	신용카드는 결제할 때 직접 내용을 확인하고 서명해야 한다. 또한 잘 알지 못하는 사람에게 신용카드를 보여주거나 빌려주는 것은 금물이다.
경로잔치 제품설명회 상술	상가 사무실 등을 6개월 정도 임대하여 상설제품 전시장을 차려놓고 현혹한다. 하루 두세 차례 일정시간에 여흥과 사은품을 미끼로 사람들을 모아 건강관련 제품을 강매하는 형태이다.	이웃사람이나 친지들이 여흥을 제공하고 사은품을 주는 곳이 있다고 하면 의심해봐야 한다. 일단 구입했다면 영수증과 계약서 등을 받아 잘 보관한다.

출처: 송순영(2006), 노인소비자 피해현황 및 정책 대응 방향, 한국소비자원 정책세미나 발표집.

나 피해에도 불구하고 요금을 지불한 이유로, 정확히 판단하지 못한 것은 본인 잘못이라는 생각, 세상을 살다보면 이런 일도 있을 수 있다는 생각 때문인 것으로 나타나고 있다. 이는 노인들이 소비자 불만이나 피해의 원인을 구조적 차원으로 생각하기보다는 개인적 차원의 것으로 생각하고 있음을 나타낸다.

한편, 노인소비자의 경우 상품해석의 어려움(28.9%)을 소비선택에서 가장 큰 어려움으로 꼽고 있었다. 판매원의 사기와 기만(20.5%)도 문제로 지적되어, 노인소비자의 경우 정상적인 판매보다는 주로 방문판매를 통해 이루어지며, 판매방법도 공공기관을 사칭하거나 무료나 효도관광 빙자 등 허위나 유인 강박에 의한 악덕상술에 의한 것이었다. 따라서 노인소비자를 고려하여 제품의 사용법이나 유통기한 등의 상품 표시제도의 전반적인 개선이 요구되며, 특히 노인의 상품구매 참여정도가 높은 약품부터 설명서를 쉽게 하고 글자크기를 크게 하는 등의 표시제도 개선과 판매원의 친절교육에 힘써야 한다. 신제품설명회를 연다며 사람들을 모아놓고 처음에는 휴지 등 일용잡화를 배포해 환심을 산 뒤 고액의 물건을 판매하는 설명회 상술에 넘어간 노인의 피해, 전화를 통해 회사 창립 기념일이거나 새로운 제품이 개발됐는데 당첨됐다며 물건이나 경품을 무료로 보내준다고 한 뒤 인적사항을 확인 마치 구매계약을 한 것처럼 해 판매하는 전화당첨 상술, 각종 건강 학술 세미나나 강습회 등을 연다며 사람들을 모은 뒤 적당한 강연이나 시연 후 건강식품, 신상품을 판매하는 강습회 상술 등으로부터 노인소비자 피해를 방지하기 위한 다양한 노력이 필요하다.

〈소비자복지코너 5-5〉 실버타운 관련 피해

① 실버타운 부도

2007년 KBS 2TV '추적60분'에서는 기형적으로 운영되는 일부 유료 노인복지시설의 실태를 고발하는 '부도난 황혼, 실버타운의 함정'을 방송한 바 있다. 방송에서는 평생 모은 노후자금으로 실버타운에 입주했지만 업자의 부실 경영으로 부도 사태를 맞은 노인들의 사례를 소개하였다. 노인들은 보증금을 다 날리고 길거리로 내쫓기는 등 큰 피해를 입고 있는 것으로 나타났다. 제작진은 유료 노인복지시설이 갖는 특혜와 세제감면 등을 이용해 악의적으로 이윤을 창출하려는 움직임이 있다고 주장한다. 일본에서는 업자들이 유료양로원협회를 자체적으로 운영하며 시설 부도와 입주자들의 피해 예방에 만전을 기하고 있다. 하지만 한국의 유료 노인복지시설은 개인시설이기 때문에 부도가 날 경우 정부가 나서서 해결할 수 없는 상황이라고 지적한다. 최근 정부에서는 이 같은 문제를 예방하고 해결하기 위해 노인복지법 시행규칙을 개정하였다. 유료 노인복지시설(일명 실버타운)이 부도를 당했을 때 입주 노인들이 입주 보증금을 받을 수 없는 피해를 막기 위해 설치자금 융자한도를 제한하고, 지자체의 노인복지관 신설을 활성화하기 위해 시설 규모를 대폭 완화하였다. 운영비 때문에 지방자치단체들이 노인복지관을 짓지 않는 기피현상을 타파하기 위해 시설 규모를 대폭 완화해 노인복지관을 손쉽게 설치할 수 있도록 하고 있다. 또한 양로시설 주거환경의 질을 높이기 위해 합숙용 거실에 묵을 수 있는 입소노인의 정원을 현행 6명에서 4명 이하로 대폭 축소 조정하고, 음식의 질을 제고하기 위해 조리원의 배치기준을 강화하기로 했다.

현재는 입소자 50명 당 1명의 조리원만 있으면 되지만 앞으로는 2명을 둬야 한다.

② 실버타운 투자 사기, 다단계(SBS 뉴스 2007년 2월 5일)
최근 고액의 배당금을 주겠다며 2천 명이 넘는 투자자들을 모아 거액을 가로챈 일당이 경찰에 붙잡히는 사건이 보도된 바 있다. 뉴스에 따르면, 이온수기와 실버타운 사업을 한다며 투자자를 모아왔다. 지난 2년 동안 최고 연리 1,200%의 배당금을 준다고 속인 뒤 전국 12개 지사를 통해서 2,600여 명을 끌어들여 1,680억 원을 투자하도록 했다. 하지만 새로 끌어들인 투자금을 기존 투자자에게 주는 수법을 써왔다고 한다. 수법은 피라미드식으로 투자자를 유치하면 팀장이 40만 원 수당을 받도록 하였는데, 자꾸 돈을 받다 보니까 소개를 계속시키면서 피해는 급증했다. 이들은 투자자들을 안심시키기 위해 일간지 광고와 함께 주식양수 확인증을 만들어 가짜 주식을 지급하기도 했다. 사기 피해 규모는 수천만 원에서 많게는 수억 원으로 노인 2명이 화병으로 숨졌고 70살 이모 씨가 음독자살하는 등 후유증이 엄청났다.

2) 노인 소비자피해구제 예방 및 해결 방안

노인소비자는 일반 소비자와 의식이나 시장환경 면에서 큰 차이가 있고 여러 가지로 불이익을 당할 우려가 있는 취약한 소비자 계층이다. 따라서 노인소비자는 별도로 구분하여 그들에게 적절한 소비자보호 장치를 마련해야 한다.

(1) 노인 소비자교육 실시 및 강화

평소 노인소비자들은 소비자피해를 당했을 경우 그냥 참거나 사업자 요구대로 하고 자신의 잘못이라 생각하고 그냥 넘어가는 경우가 대부분으로 나타나 노인소비자 스스로 능동적인 해결방안을 교육하는 것이 필요하다.

노인들을 대상으로 적극적으로 본인의 문제를 해결해 나가려는 적극적 자세, 객관적으로 시시비비를 가려 다시는 피해를 입지 않으려는 의지, 그리고 주위의 상담 시설을 찾아보고, 혹은 소비자 스스로 모임이나 센터를 만들어 진정한 소비의 주체가 되어 권익을 찾도록 하는 소비자 교육이 필요하다. 노인소비자의 소비활동이 점차 활발해짐과 동시에 피해도 증가하는 추세이므로 노인소비자를 위한 각종 소비자교육이 시급

〈표 5-7〉 소비자불만, 피해 감수 이유

방문 · 통신판매 피해여부	빈도(명)	비율(%)
정확히 판단치 못한 것은 본인 잘못이라는 생각에	41	33.6
세상을 살다 보면 이런 일도 있을 수 있다는 생각에	23	18.9
절차는 알고 있지만 귀찮다는 생각이 들어서	23	18.9
어떻게 처리해야 할지 절차를 몰라서	16	13.1
오랜 시간이 지난 후 피해사실을 알게 되어서	9	7.4
남들에게 이런 사실을 말하는 것이 창피해서	8	6.5
기타	2	1.6

출처: 한국소비자원(1999), 노인 소비생활 실태 및 소비자문제 연구 결과. 연구보고서.

하다. 노인소비자 모니터단 모임이 결성된 바 있어 좋은 사례가 되고 있다. 2005년 5월 진주 YMCA에서는 노인소비자 사업(노인소비자 강사교육)에 대한 설명과 질의 시간을 가졌고 간단한 민들레 의식으로 서로의 마음을 다졌다고 한다. 이들은 따로 모집된 노인소비자 강사교육 참가자들과 함께 강사훈련을 받은 후 노인 단체에 강사로 봉사할 계획이라고 한다.

노인은 객관적 정보보다는 구전적 정보에 의존하여 상품을 구매하는 경향이 높으며, 소비자 피해시 그 원인이 구조적인 것임에도 개인적인 잘못으로 생각하는 경향이 높다. 또한 금융기관 거래시 자동인출기를 사용하는 데 불편을 겪는 등 정보화사회의 흐름에 잘 적응하지 못하고 있는 것으로 나타났다. 따라서 노인학교에 소비자교육 관련 프로그램을 추가하고, 소비자단체 등에서 노인 소비자교육을 실시하여 노인의 소비생활을 도와 줄 필요가 있다.

(2) 노인소비자에 대한 사회적 인식 전환

이제까지 노인문제는 사회복지의 차원에서 다루어졌으며, 소비활동도 그다지 활발하지 않았기 때문에 노인을 소비자로 인식하는 시각이 확립되어 있지 않았다. 노인들의 소비활동이 점차 활발해지며, 노인들의 소비자피해도 증가하는 양상을 보이고 있으므로 노인소비자를 소비자로 인식하여 각종 소비자보호 장치를 마련할 수 있는 사회분위기 조성이 필요하다.

(3) 실버산업 육성을 위한 지원책 마련

실버상품에 대한 노인소비자의 요구가 높다는 점을 감안하여 실버산업을 육성하기 위한 여러 지원책을 강구해야 한다. 실버산업은 영리활동인 동시에 복지활동이므로 노인주택 등에 정부의 재정적 지원, 세제 또는 융자상의 혜택, 지방자치단체의 실버산업에 대한 안내 및 실버용품 전시, 노인용품 개발을 촉진하기 위한 연구개발 지원, 노인용품 보급 확대 지원, 노인용품 관련 유통구조 개선 등의 지원책이 필요하다. 송순영(2000)은 노인용품 유통구조 개선 방법으로 상설전시장, 판매점 전문화, 전문관리자 육성 및 배치, 판매점에 대한 품질인증마크제 실시 등을 제시한 바 있다. 또한 그는 노인용품 업체에 대한 금융 및 세제지원, 노인용품 수입관세 감면제도 확대 실시, 노인용품 품목 및 가격 정보제공 및 홍보 확대, 노인용품 품질확보를 위한 연구개발 체계 구축, 노인용품 품질평가와 표준화 추진 등을 제시하였다.

또한, 노인 수발 및 실버산업제품 및 서비스와 관련하여 전문가를 육성하여야 한다. 노인용 제품이나 서비스에 대한 충분한 이해가 있고, 중립적 입장에서 윤리성을 확보한 전문자격제도의 도입을 통해 노인 전문가를 육성하여야 한다. 일본의 경우 복지용구전문원, 복지용구플래너, 주임케어매니저 등의 자격제도를 두고 있음을 벤치마킹할 필요가 있다(박수천, 2006).

〈표 5-8〉 시장환경 개선점 조사

상품에 대한 표시가 외국어로 표기	76명(38.0%)
노인이 원하는 다양한 상품의 구비	69명(34.5%)
상점에서 노인소비자를 위한 편의시설	33명(16.5%)
소매상인의 서비스 개선 및 자질향상	17명(8.5%)
기 타	5명(2.5%)

출처: 한국소비자연맹 전남 · 목포지회 월간소비자, 2003년 9월호.

(4) 노인 소비자복지 법제도 구축

노인 소비자복지를 향상시키기 위한 법제도 구축이 필요하다는 논의가 오랫동안 제기되어 왔다. 노인을 위한 복지제도가 산업육성이나 효율성 제고에 편향되지 않고 노인의 소비주권을 우선시하는 차원에서 설계되어야 한다(박수천, 2006). 예를 들면, 고객이 노인이므로 노인용품 및 서비스의 방향이 안전성, 쾌적성, 윤리성에 적합하여야 하는데 이를 위해 표준과 규격, AS 체제가 잘 구축되어야 한다. 구체적으로 살펴보면 다음과 같다.

① 노인 소비자보호 관련 법제도 구축

최근 소비자정책은 소비자의 자율적인 선택을 전제로 하고 있고 규제완화가 전반적인 추세로 인정받고 있다. 그렇지만 노인의 신체적, 정신적 수준을 생각해 볼 때, 일반성인 기준에서 판단하는 것은 효율적인 분류가 아니다. 60세 이상 노인소비자 보호를 목적으로 한 노인복지 차원에서 예외적인 보호규정이 필요하다. 예를 들면, 개별법에 노인소비자보호 별도 조항을 마련할 필요가 있다. 구체적으로, 노인 소비자피해가 많이 일어나는 방문판매 등에 관한 법률에 65세 이상 노인소비자들을 보호하는 조항을 별도로 마련할 필요가 있다. 구체적으로 청약철회 기간을 특별 연장하고 계약할 때 보다 자세한 정보를 제공하는 것은 물론 노인소비자용 약관과 계약서를 제작하고 이를 반드시 제공하도록 의무화해야 한다. 선진국의 경우, 연령만을 기준으로 고령자를 특별 취급하는 정책에 대해서는 일반적으로 부정적이나, 노인소비자의 신체적, 정신적 취약성을 감안하여 일부 법률에서 예외적으로 취급하거나 노인 소비자보호에 중점을

〈표 5-9〉 노인복지 관련 법령

관련 법령	주요 내용
노인복지법	노인복지 일반
국민연금법	노령연금
생활보호법	65세 이상 무의탁자 보호(생계보장, 의료보호, 자활보호, 장제보호 등)
사회복지사업법	사회복지 일반법인의 설립 및 시설 운용 등
의료보호법	생계보호노인에 대한 의료보호, 시설수용노인에 대한 의료보호
상속세법	노부모 봉양가정 세제혜택(상속세 인적 공제 주택상속공제)
소득세법	노부모 봉양가정 세제혜택(소득세 인적공제 경로우대특별공제)
주택건설에관한규칙	노인정 설치 의무화(100가구 이상 공동주택 15m^2 이상 노인정 설치)
고령자고용촉진시행령	고령자 고용 의무화(300인 이상 업체 3% 이상 고용 의무화)

출처: 황의독 · 이은경(1992). 노령화사회와 노인소비자: 한국노인산업의 현황과 전망. 한국소비자학회 총회 및 학술대회. 56-83.

두는 제도도 있다. 일본의 경우 「특정상거래에관한법률」과 「소비자계약법」에 의거, 방문판매와 전화권유판매의 경우 노인 등 판단력이 부족한 자를 이용해 계약하는 것을 금지하고 있다. 또한 일본 전국에 45개의 고령자 종합상담센터를 두고 무료 상담 전화번호 #8080을 누르면 거주 지역의 고령자종합센터에 연결되어 소비자 불만 등 고민을 상담해 준다.

② 성년 후견인제도 개선

노인이 상품거래나 계약체결 등 법률적인 행위를 할 때 쉽게 도움을 받을 수 있도록 법제도가 개선되어야 한다. 현행법에서는 20세 이상 성년자는 정신적인 판단 능력이 전무하여 정상적인 법률생활을 할 수 없는 경우에만 법률상의 후견인 보호를 받을 수 있도록 규정하고 있다. 노인처럼 정신적 판단 능력은 미약하지만 법률이 정하는 심신 상실자나 심신 미약자가 아닌 경우에는 후견인제도가 적용되지 않는다. 미성년자와 동일하게 노인의 경우에도 일반적인 후견제도를 도입하되, 대상자의 잔존능력, 보호를 필요로 하는 필요성 정도에 합치하여 탄력적인 조치를 취할 수 있도록 민법의 자연인의 권리 능력에 관한 부분과 같은 종전의 법률제도를 정비해야 한다(이준우, 2006).

③ 노인 소비자교육 확대

노인소비자가 사회의 흐름에 빨리 적응하고 피해를 입었을 때 제대로 보상받게 하기 위해 노인 소비자교육을 강화해야 한다. 노인 학교에 소비자교육 프로그램을 추가하고 소비자단체 등에서 노인 소비자교육을 실시하여 노인의 소비생활을 도와줄 필요가 있다. 은행 등 금융기관에서의 첨단금융환경 적응을 위한 교육, 자산 등 재무관리교육, 건강 및 영양 관리 관련 소비자교육, 여행이나 스포츠 소비 관련 교육 등 노인에게 중요하고 필요한 내용의 소비자교육이 필요하다(송순영, 2001).

④ 노인 소비자전용 상담체계 구축

소비자상담 기관에 노인전용상담창구를 설치하고 전국적으로 동일한 전화번호의 노인전용상담 전화를 마련해 어디서든 쉽게 소비자상담을 할 수 있는 체제를 구축해야 한다. 노인이 소비자피해에 대해 의식하면서도 감수하는 가장 큰 이유는 절차는 알고 있으나 귀찮다는 생각이 들어서이다. 이외에도 노인은 심리적, 육체적으로 불리한 취

〈표 5-10〉 노인소비자의 온라인 소비자 교육내용 요구

요인	순위	요인의 하위 항목
보건 · 복지 정보	1순위	의료 관련 정보, 주거서비스 정보, 교육여가시설 정보, 재가서비스 정보, 의약품 및 가정용 의료기기 문제와 정보
소비자 문제 관련 정보	2순위	의류 관련 소비자문제와 정보, 주택 관련 소비자문제와 정보, 가구 및 가정기기 문제와 정보, 식품 관련 소비자문제와 정보
상거래·안전	3순위	허위과장광고, 표시계량 규격, 부당거래, 특수거래, 악덕상술, 가격요금, 상품품질기능, 안전위해사고
소비자 정보 활용법	4순위	소비자정보이용가치판단관리, 새로운 소비자정보만들기, 개인소비자정보관리보호, 좋은 소비자정보찾기, 인터넷 소비자정보 수집관리, 소비자 관련 사이트 검색
소비자 보호	5순위	개인적 소비행위 생태적 결과, 피해 보상 기준, 소비자 권리, 소비자 보호법, 개인적 소비행위 사회 결과, 소비자 보호기관, 피해구제기관 절차방법
정보사회와 노인소비자	6순위	정보사회와 노인 소비생활, 노인 소비자문제 발생요인, 노인 소비자문제 특성, 생산자와 소비자의 위치
인터넷 거래 이용법	7순위	전자금융거래법, 인터넷쇼핑몰, 각종 서비스 인터넷사이트 활용, 금융관련정보

출처: 심영(2005). 정보사회의 노인소비자를 위한 생산적 복지 지향의 소비자교육 방안. 소비자학 연구, 16(1). 151~178.

약 소비자계층이기 때문에 노인소비자들이 편리하게 상담할 수 있는 상담체계를 구축하여 보호할 필요가 있다. 따라서 소비자상담 기관에 노인전용상담창구를 설치하고, 전국적으로 동일한 전화번호의 노인전용 소비자상담전화(일본의 경우 전국 어디서나 #8080을 누르면 도도부현에 연결)를 설치함으로써 전화를 걸면 거주지에서 가까운 소비자상담센터에 연결될 수 있는 체제를 구축할 필요가 있다. 일본의 경우 도도부현에 고령자종합상담센터 등을 운영하고 있어 벤치마킹할 필요가 있다.

⑤ 노인 소비자보호 네트워크 구성 · 운영

노인복지에 관련한 기관 및 단체, 소비자 관련 기관 및 단체, 정부기관 등을 묶어 소비자보호 네트워크와 같은 협의체를 구성하고 운영할 필요가 있다(송순영, 2006). 이 같은 협의체에서는 노인 대상 소비자교육 및 지원, 노인 소비자피해상담 및 피해구제, 노인 소비자 관련 정보 수집 및 교류 등 다양한 활동이 효율적으로 이루어질 수 있다.

4. 노인 소비자복지정책

지금까지 논의한 바와 같이 소비자로서 노인은 여러 측면에서 소비시장에서 소외되고 있고 불리한 입장에 처해 있다. 노인소비자의 복지증진을 위한 정부, 기업, 사회의 적극적인 노력이 필요하다. 선진국의 노인복지정책은 재가복지를 통한 삶의 우선시, 소요재원 절감을 위한 자기책임 강조, 지역특성 반영과 지역밀착 서비스를 위한 지방자치단체의 지원책임 부과, 정책의 효율성 제고를 위한 사업의 민간위탁, 사업의 영리화, 민간자선 활동 강화에 중점을 두고 있다(박수천, 2006). 노인의 최저 경제적 생활보장, 노인 소비자복지 향상 나아가 삶의 질 향상을 위한 정부정책, 기업 등이 해야 할 과제에 대해 살펴보면 다음과 같다.

(1) 생활안정 기반 조성

노인의 경제적 삶을 보장하기 위해서는 노인의 소득창출과 취업기회 확충이 시급하다고 하겠다. 첫째, 노인을 위한 소득지원 특별대책이 필요하다. 전 국민 대상 연금제도가 실시되더라도 국민연금 가입에서 배제된 65세 이상 노인들은 연금수급 대상에서 제외됨으로써 대부분 노인들은 자녀에게 생활을 의존하는 등 어려움을 겪게 될 것으로 예상되어, 1998년 7월부터 경로연금제도를 도입하여 65세 이상 저소득 노인들에게 일정액의 연금을 지급하고 있다. 앞으로 더 많은 노인이 이러한 혜택을 받을 수 있도록 지급대상을 확대하고 지급액도 점차 늘려나가야 하는 것이 과제이다. 둘째, 노인의 취업기회 확충이다. 고령자 적합 직종을 확대시켜야 한다. 강사, 번역사, 창업지원컨설턴트 등 더 많은 고령자 직종 개발이 시급하다. 또한 공공기관부터 고령자 적합 직종에 노인을 우선적으로 고용하는 방안이 적극 추진되어야 있다. 정부에서는 노인취업상담 및 알선을 통하여 노인들에게 소득을 올릴 수 있는 기회를 부여하고자 1997년부터 노인능력은행을 노인취업알선센터로 개편하여(2000년, 70개소 운영) 취업상담, 알선, 교육, 사후관리 등 노인취업알선사업을 추진해 나가고 있다.

(2) 건강한 노후생활 보장

노인의 건강확보를 위해 노인의료 서비스 강화가 우선되어야 한다. 65세 이상 생활보호대상 노인을 대상으로 건강진단을 실시하여 질병의 사전예방 및 조기치료를 통하여 노인건강증진에 기여, 일반 노인들이 의원급 의료기관 이용시 부담하는 본인부담금을 경감시켜 주어야 한다. 또한 전국 보건소에 한방진료실, 물리치료실을 설치하고, 치매상담신고센터를 설치하여 노인성 치매에 대한 상담 및 안내기능을 수행해야 한다. 한편 가정 또는 일반요양원에서 보호하기 어려운 중증 치매노인을 보호하기 위한 노인전문(치매)요양시설 및 노인전문(치매요양)병원 건립 및 운영이 필요하다. 치매 관련 전문적 연구 및 정보수집 등 종합연구체계 구축도 필요하다.

(3) 복지서비스 제공기반 확충

노인의 복지를 향상시키기 위한 여러 복지 서비스 제공이 시급하다. 재가복지 서비스 확충이 우선적으로 시행되어야 하는데 정신적, 신체적 이유로 혼자서 일상생활을 하기가 곤란한 노인을 돕기 위하여 유급 · 무급 가정 봉사원들을 파견하여 식사, 목욕, 병원안내 등 각종 생활편의를 제공하는 가정봉사원 파견센터 등의 기반이 확충되어야 한다. 또한 복지시설의 확충 및 정비를 통해 노인의 복진 증진은 물론 부득이한 사유(부양가족의 질병, 출장 등)로 가족의 보호를 받을 수 없는 노인을 낮 시간 동안 또는 수일간(최장 45일간) 입소시켜 필요한 각종 서비스를 제공하는 주간(晝間) 및 단기보호시설이(2000년 63개소) 운영되어야 한다.

이외에도 복지시설의 확충 및 정비를 통해 노인의 복진 증진은 물론 경제적인 부담

〈소비자복지코너 5-6〉 노인복지사 과장광고 피해

노인복지사는 국가가 인정하는 공인 자격증이 아니라 사설기관이 교육하고 발급하는 사설 자격증이다. 따라서 이 자격증이 있다고 해서 직업을 가질 수 있는 것도 아닌데 마치 자격증만 있으면 곧 취업이 되는 것처럼 광고하는 업체들이 늘어나 피해자들이 속출하고 있다. 교육원은 처음 교재비 및 교육비 조로 68만 원을 요구하고, 현금 일시불이나 신용카드 결제만 가능하고 일절 추가비용은 없다고 선전한다. 그런데 시험응시 수수료 명목으로 5만 원을 받고 또 시험에 합격하면 자격증 발급비용과 교육비 명목으로 10만 원을 요구한다. 이렇게 돈 들이고 시간 들여 겨우 자격증을 땄지만, 취직이 쉬운 것은 아니라는 지적이다.

출처: 조선일보, 2007년, 5월 7일.

능력이 있는 중산층 이상의 노인을 위한 유료노인복지 시설을 지속적으로 확충하고 세제 감면 등 시설을 확충할 수 있는 행정 · 제도적 방안을 강구하여야 한다. 그리고 저소득 노인이 입소할 수 있는 무료 또는 실비 노인복지시설인 양로시설 및 요양시설이 확대되어야 한다. 향후 정부에서는 요양시설을 확대하여 만성질환이 많은 노인들의 장기요양보호수요에 대처할 계획이다. 또한 시설 운영상태 및 입소자의 서비스 만족도 등을 평가하는 시설 평가제도 도입을 통하여 노인복지시설의 서비스 수준을 제고할 계획이다.

(4) 활기찬 노인문화의 형성

활기찬 노인문화, 바람직한 노인문화 형성도 필요하다. 예를 들면, 경로효친사상 앙양, 각종 업체의 경로우대확대 추진(예: 철도, 목욕, 항공 및 선박, 박물관 등), 경로당 운영활성화, 보람 있는 노후생활을 위한 자원봉사활동 강화 등이 필요하다.

(5) 노인 산업 육성

노인복지를 위한 정부의 다양한 정책 또한 중요하겠지만 실버산업을 육성하는 것도 중요한 노인복지 사업의 하나라 할 수 있다. 예를 들어, 개개인의 노후보장대책이 뒷받침된다면 노인 소비자복지에 큰 도움이 될 것이라고 생각한다. 이를 위해서 노후보장성 금융상품이나 보험상품이 뒷받침될 수 있도록 정부가 장려하는 것도 좋은 방안이라고 생각한다. 또 다른 예를 들면, 노인의 주거편의를 고려한 노인전용 주거환경을 마련할 필요가 있다. 정부에서 노인전용주택을 보급하는 방안이나, 거동이 불편한 노인을 위한 주택개조 등 노인의 눈높이에 맞춘 주택보급정책이 요구된다.

제6장 장애인가족과 가계경제

1. 장애인과 가족관계
2. 장애인 가족의 사회경제적 특성
3. 장애인 가계의 소득보장정책
4. 장애인과 취업
5. 장애인 고용촉진정책

제 6 장 장애인가족과 가계경제

1. 장애인과 가족관계

한국사회에서는 장애인가족의 과반수가 가족원의 장애로 인해 스트레스를 받는다고 한다(송정애, 2007). 장애를 경험하는 가족은 그렇지 않은 다른 가족에 비해 경제적, 신체적, 심리적 스트레스가 더 많을 뿐 아니라 경험하는 스트레스의 유형도 다르다. 우선 장애 가족원을 위한 비용이 부가적으로 지출되는 데서 오는 경제적 부담이 있고, 장애 가족원이 자신의 처지를 비관하여 보이는 부정적인 정서나 자기 파괴적인 행동에 대처해야 하며, 장애 가족원에 대한 죄의식과 미래에 대한 불안감도 다뤄야 한다. 또한 장애 가족원의 욕구를 충족시키기 위해 장기간 지속적으로 부양을 제공해야 하기 때문에 가족 구성원 간의 긴장과 갈등이 심화되면서 전반적인 가족기능의 저하를 경험할 수 있다. 아울러 사회생활에 제약을 받아 여가활동, 가족모임, 친구 방문, 이웃과의 교류 등 사회생활에 제약을 받게 되고, 직장에서의 지각이나 조퇴가 잦아지고 승진에 어려움을 겪게 된다.

장애인가족이 경험하는 문제는 가족원이 장애를 갖게 되는 시기, 장애의 유형, 원인 및 정도, 그리고 가족의 대처자원 등에 따라 다르고, 가족 스트레스에 얼마나 그리고 어떻게 잘 대처하는가도 그에 따라 다르다. 그러나 공통적으로 장애인가족은 장애 가족원을 이해하고 그에 적응하기 위해 장애 치료를 위한 의료적 조치, 가족 내 긴장과 갈등을 다루도록 돕는 교육 및 상담 프로그램, 장애인을 위한 법이나 규칙이나 서비스 등 전문적인 도움을 필요로 한다는 점에서 특징적이다(송정애, 2007; 조추용, 2006; 이원숙, 2004 참조).

1) 장애유형에 따른 가족스트레스

기본적으로 장애인가족은 장애 가족원의 특징과 욕구에 대해 적절하게 반응해야 하기 때문에 장애유형에 따라 가족이 경험하는 스트레스도 다소 상이하다.

가족원이 척추 손상과 같은 신체적 장애를 갖게 될 때 다른 가족원이 이러한 현실을 사실로 받아들이기까지는 어느 정도의 시간이 필요하다(조홍식, 2002). 신체장애를 가진 가족원은 그동안 습관적으로 행해 오던 일상생활을 더 이상 할 수 없을지 모르며, 가족 안과 밖에서 수행해 오던 역할들로부터 분리되고, 사회관계망으로부터도 고립된다. 가족원은 장애 가족원의 신체적 기능을 보조해 주어야 할 뿐 아니라, 그가 변화된 생활방식이나 새로운 역할에 적응하고 소외감이나 고립감을 잘 다룰 수 있도록 도와야 한다. 특히 치료나 재활을 위해 병원에 입원하게 되는 경우에는 익숙하지 않은 환자 생활에 대해 불안해 하지 않도록 하고, 의사나 간호사 등 장애 치료와 재활에 중요한 의미를 가지는 사람들과 장애 가족원을 잘 연계시켜 주어야 한다. 그리고 병원에서 퇴원한 후에는 가족, 지역사회, 직장 등에서 다른 활동을 시작할 수 있도록 돕고, 장애 가족원이 장애를 가지고 살아가는 동안 경험할 수 있는 사회적인 장벽을 극복할 수 있도록 적극적으로 지원해주어야 한다.

가족원이 정신장애를 가진 경우 신체장애의 경우보다 그 가족원에 대한 사회적 태도가 부정적인 편이다. 일반적으로 정신장애는 유전적 또는 가족환경에 의한 질환으로 인식됨으로써 가족은 정신장애를 가진 가족원을 위한 지원체계로서보다는 오히려 정신질환의 원인을 제공한 소스로서 비난을 받아왔다. 예를 들어, 부모 중 한쪽 가계에서부터 물려받은 정신질환 유전인자, 아버지의 독재적인 훈육, 어머니의 정서적인 학대, 부모의 비일관적인 훈육, 부부간의 적대감, 비판 또는 심한 파워 불균형 등이 다른 가족원, 특히 자녀의 정신장애를 유발한다는 것이다(조홍식, 2002).

정신장애 중 상당 부분이 만성적인 질환으로서, 가족원의 정신장애는 가족에게 혼란을 주는 동시에 가족의 지속적인 관심과 지원을 필요로 한다. 그러나 대부분의 정신장애인 가족은 그들이 대처해 가야 하는 문제 자체만으로도 힘겨울 수 있다. 맥팔레인(1992)은 정신분열증 가족원을 둔 가족이 경험하는 문제를 정보의 결여, 부담, 부적절한 대처기술, 감정표출의 네 가지로 지적하고 있는데(조홍식, 2002에서 재인용) 이는 정신분열증을 포함한 정신장애인 가족이 전반적으로 경험할 만한 문제들이라고 할 수 있다. 첫째, 정신장애의 진단과 치료과정에 대한 정보가 부족하여, 가족은 전문가에 대한 불신을 가지고 앞으로의 장애의 진행과정에 대해서도 막연한 불안감을 갖게 된다. 둘째, 심각한 신체적, 심리적, 재정적 부담을 경험한다. 정신장애인 가족들은 수면장애, 건강악화, 일상생활 장애, 죄의식과 분노, 우울증, 불안감, 가족관계에서의 긴장감, 재정적 고갈 등을 호소한다. 셋째, 정신장애 가족원의 예기치 못한 행동과 정신장애

가족원 부양으로 인한 다양한 가족 스트레스에 대해 정신장애 가족은 종종 부적절한 대처방법을 구사하여 상황을 더 악화시킬 수 있다. 넷째, 정신장애 가족원에 대한 태도가 비일관적일 수 있다. 즉 정신장애 가족원에게 매우 비판적이고 화풀이를 하는 한편 그에게 관심을 집중시키고 지나치게 보호하기도 한다.

정신장애인 가족원을 둔 다른 가족원은 사회의 편견이나 부정적인 시간 때문에 가족 외부 사람들과의 접촉과 교류를 줄이려고 한다. 사회관계망을 축소시킴으로써 가족원 외에 도움을 받을 수 있는 소스가 줄어들므로 정신장애 가족원을 부양하기 위한 가족의 재정적, 정서적 자원은 고갈되기 쉽다. 그러나 최근에는 가족을 정신장애의 원인에서 정신장애를 가진 가족원을 보호하고 부양을 제공할 수 있는 중요한 자원으로 인식이 전환되고 있다. 따라서 정신장애 가족원으로 인해 발생하는 문제들에 적절하게 대처할 수 있도록 돕는 지원서비스도 증가할 것이다.

2) 가족원의 장애가 가족관계에 미치는 영향

자녀의 장애는 먼저 부모에게 영향을 미치고, 부모의 경험은 부부간의 상호작용에

〈소비자복지코너 6-1〉

한국인들이 장애인 차별에 대해 어떻게 인식하나?

	계	전혀 없음	별로 없음	조금 심함	심함	매우 심함
〈사회의 장애인 차별〉						
2005	100.0	2.3	23.2	43.9	20.3	10.4
2007	100.0	2.3	21.5	43.4	22.7	10.2
〈자신의 장애인 차별〉						
2005	100.0	17.4	71.7	9.5	1.1	0.3
2007	100.0	18.4	70.3	9.6	1.2	0.4

주: 1) 장애인 복지카드를 소유한 등록장애인을 지칭함(이하 동일)
출처: 통계청, 사회통계조사 보도자료, 2007. (단위: %)

우리 사회에서 장애인 차별 정도에 대해 '전혀/별로 없다'고 생각하는 사람은 23.8%인 반면, '심하다'는 76.3%로 나타났다. 반면 평소 자신의 장애인에 대한 차별 정도에 대해서는 '전혀/별로 없다'고 생각하는 사람은 88.7%, '심하다'가 11.2%에 불과하여 사회의 장애인 차별에 대한 인식과 주관적 인식 간에 차이를 보였다. 즉 자신보다는 다른 사람들이 장애인에 대해 더 차별한다고 생각하는 것이다.

영향을 미친다. 부부관계의 특성은 자녀에 대한 양육활동에 영향을 미치고, 이러한 양육활동을 통해 장애 자녀를 포함한 전체 자녀들의 성장과 발달에 영향을 미친다. 이렇게 가족원의 장애는 순환적으로 가족에게 영향을 미치며 이러한 순환이 부정적으로 패턴화되면 가족의 기능이 저하될 수 있다.

(1) 부모에게 미치는 영향

자녀가 장애를 가진 경우에 그 부모는 보통의 부모 역할과 더불어 장애의 특수성에 따라 부과되는 다른 역할도 수행해야 한다. 그래서 장애아의 부모는 정상아의 부모와는 다른 정서적 적응 특성을 갖게 된다(송정애, 2007). 부모는 자녀의 장애 사실을 알게 되는 순간 정서적으로 부정적인 반응을 하고, 이는 다시 부모의 다른 생활영역에 영향을 미친다.

장애 자녀를 둔 부모가 보편적으로 경험하는 정서는 죄의식과 자기 비난이다. 부모는 자녀의 장애에 대해 어느 정도의 책임감을 느끼느냐에 따라 죄의식과 자기 비난의 정도도 달라지는데, 특히 장애의 원인이 확실하게 규명되지 않을 때 부모들은 자기 자신이나 다른 누군가를 비난하면서 장애의 탓을 돌린다. 이러한 행동이 반복되면 부모들의 자아 존중감을 손상시키고, 사회적 고립을 초래하고, 자기 파괴적인 행동으로 연결될 수 있다. 장애 자녀를 둔 부모는 잠을 제대로 못 이루고, 집중력의 부족을 느끼며, 생활의 규칙성을 유지하는 데 어려움을 겪게 된다. 직장이나 사회생활에서의 책임을 다하지 못하여 문제를 일으키기도 한다. 부모들은 죄의식에 직면하면서 장애를 예방하지는 못했지만 최선을 다해 장애 자녀를 돌보아야 한다는 생각을 갖게 되는데, 이 과정에서 부모들은 자신들의 인간적인 능력과 한계를 직시하게 된다. 때때로 무력감을 느끼며 심지어는 자살을 고려하기도 한다. 그럼에도 불구하고, 부모들은 장애 자녀를 돌봐야 한다는 의무감 때문에 계속 살아가고, 직장생활을 유지한다.

자녀의 장애에 대한 부모의 반응은 부모의 성격이나 사회경제적 특성, 자녀의 장애 특성, 장애에 대한 지식이나 경험 등에 따라 다를 수 있으나 보편적으로 나타나는 일련의 과정이 있다(송정애, 2007; 이원숙, 2004 참조).

① 충격, 출신, 부정

자녀가 장애로 진단을 받으면 제일 먼저 부모는 충격을 받게 된다. 그리고 현실을 직면하기에는 너무나 고통스러워서 오히려 자녀가 장애가 있다는 사실을 받아들이지 못하고 심지어 그 사실을 부정하기까지 한다. 보통 장애 진단 직후에는 무감각한 시기와 디스트레스 시기가 교대로 나타나는 정서적 혼란을 겪는다.

② 원망과 분노

어느 정도의 정서적 스크린을 거치고 난 후에 혼란이 해소되면, 부모는 원망과 분노의 반응을 보이게 된다. 부모는 자녀가 가진 장애의 본질과 정도를 보다 예민하게 인식하게 된다. 부모는 자녀의 장애가 지니는 의미를 수용하고, 자녀를 위한 장애 치료나 서비스에 대해 중요한 결정을 내리게 된다. 그러나 이 단계는 머릿속으로는 자녀의 장애를 수용하지만, 심정적으로는 아직 수용이 안 된 상태라고 할 수 있다. 그래서 마냥 눈물을 흘리고 위축된 모습을 보이거나, 정보 수집에 몰두한다. 그리고 자녀 때문에 자신의 다른 생활에 지장을 받는다고 인식하면서 다른 사람에 대한 분노와 적개심을 나타낸다. 종종 의사가 내린 진단의 정확성에 의문을 제기하면서 전문가나 의학기술의 무능함, 지원 서비스의 부족 등에 분노를 표시한다.

③ 교섭과 현상

슬픔이 다소 완화됨에 따라 장애가 사실이 아니라는 비현실적인 희망은 이제 어느 정도 포기를 한다. 대신 자녀가 가능한 한 정상적인 삶을 살 수 있도록 해주는 것이 중요하다고 생각하는 합리적인 수준에 다다른다. 자녀의 장애를 지적, 정서적으로 수용하면서 자녀가 장애를 극복할 수 있도록 최선을 다한다는 자세로 장애 자녀를 위해 노력을 기울인다.

④ 좌절과 낙담

그러다가 자녀의 장애 상태가 진전을 보이지 않으면 장애를 치료할 수 있다는 희망이 좌절되면서 무력감과 낙담을 경험하게 된다. 부모가 상황을 긍정적으로 바라볼 수 있도록 돕기 위한 전문적인 상담이 필요한 단계이다.

⑤ 장기적인 수용

이 단계가 되면 부모들은 자녀의 장애를 있는 그대로 수용한다. 그리고 자녀의 장애에 대처하고 자녀를 돕기 위한 효율적인 방법을 찾아내려고 노력한다. 새로운 지식을 추구하고, 장애 자녀의 돌봄이라는 새로운 역할을 중심으로 생활양식을 변화시킨다. 모든 부모가 이 단계에 도달하는 것은 아니므로, 부모들의 정서적 안정을 꾀해주고, 장애에 대한 이해와 인정을 도모하면서 장애 자녀를 가족의 일원으로 받아들이기 위한 전문적인 개입이 필요하다. 이 단계에 이르면 간혹 슬픔을 느끼기도 하지만, 점차적으로 스트레스의 기간은 짧아지고 그 강도도 약화된다.

자녀의 장애로 인하여 심한 스트레스와 무력감을 경험하는 상황에서 부모가 부정적인 정서를 느끼는 것은 자연스러운 반응이다. 다만 부정적인 정서가 장기화될 때 오히려 부모와 장애 자녀와의 관계를 악화시키고, 부부간의 불화를 야기할 수 있기 때문에, 부모가 자신의 부정적인 정서를 적절하게 표현하고, 다룰 수 있도록 하는 것이 중요하다.

장애 자녀로 인한 부담은 부모 모두에게 영향을 미치지만, 그 중에서도 자녀의 보호와 양육의 일차적인 책임을 맡은 어머니가 주 부양자로서 대부분의 책임을 맡게 된다. 아버지는 대체적으로 어머니보다는 장애 자녀와 직접적으로 접촉하는 기회가 적기 때문에, 아버지에 비해 어머니들이 장애 자녀로 인한 정서적, 사회적 영향을 더 많이 받고 더 많은 우울감과 고통을 보고한다(조추용, 2006). 아버지들은 직장 등 외부활동에 더 많은 관심을 기울이기 때문에 상대적으로 장애 자녀의 영향을 적게 받는 것이다. 이로 인해 아버지들은 자녀의 장애 상태에 대한 이해가 부족하여 자녀의 장애와 타협하는 데 어려움을 겪기도 한다. 이때 아버지들은 직업에 지나치게 몰입하는 방식으로 현실로부터 도피하려는 반응을 보이기도 한다.

부모의 부정적인 정서 중 분노나 좌절은 상당부분 장애에 대한 전문적인 정보의 결여 제공, 장애의 진단, 치료, 재활 등에 요구되는 경제적 부담, 장애 자녀 부양을 위한 지원서비스의 부족 등 이차적인 스트레스 요인들과 관련되어 나타난다. 아울러 자신에게 주어지는 사회적 지원에 대해 비교적 만족하는 부모는 사회관계망이 적거나 사회적 지원에 대해 만족하지 못하는 부모보다 자녀의 장애나 부양부담으로 인한 스트레스를 적게 받는다(이원숙, 2004). 따라서 장애 자녀를 둔 부모들을 지원해줄 수 있는 다양한 기능의 서비스가 필요하다.

(2) 부부관계에 미치는 영향

장애 자녀를 둔 부모 중에는 부부갈등이 빈번하고, 부부관계가 해체되는 사례도 종종 있다. 예를 들어, 구본권(1987)은 중증의 장애를 지닌 자녀가 있는 경우 부모의 40%가 부부생활이 침해 받는다고 느끼고, 8%는 완전히 붕괴됐다고 한다. 이때 아버지의 역할이 매우 중요한데 아버지의 융통성과 양성적 역할, 재활활동에 참여하는 정도가 부부 유대 관계에 영향을 준다고 하였다(송정애, 2007에서 재인용).

자녀의 장애로 인한 어려움은 부부생활에 부정적인 영향을 미칠 수 있다(송정애, 2007; 이원숙, 2004; 조추용, 2006). 장애 자녀를 둔 부모들은 사회의 편견으로부터 오는 따가운 시선, 자녀를 부양하기 위한 시간적, 신체적 부담, 사회관계나 활동으로부터의 고립, 미래에 대한 불안감 등 많은 신체적, 정서적, 사회적 문제를 안고 있다. 이러한 부모의 문제는 부부간의 관계에 다시 부정적인 영향을 미치게 된다. 특히 어머니는 장애 자녀의 주 부양자로서 옷 입히기, 밥 먹이기, 목욕시키기, 대소변 가리기 등과 같은 자녀의 일상생활에 필요한 모든 행동을 돌봐주어야 하며, 이러한 역할을 평생 담당해야 한다. 이로 인해 어머니는 신체적, 심리적 고갈 상태에 있기 쉬운데, 이러한 부정적인 상태를 배우자에게 투사할 수 있다. 또한 프라이버시의 부족, 육체적 피로, 배우자와의 거리감, 다른 장애아를 낳을지도 모른다는 공포 등으로 인해 부부간 성관계에 어려움을 경험하기도 한다. 또한 부부간에 자녀의 장애 상태에 대한 견해가 서로 달라서 자녀를 위한 부양이나 치료에 의견 차이가 있을 수 있는데 이러한 의견차를 좁히기 위한 시간이 부족하다.

(3) 형제자매에게 미치는 영향

장애를 가진 형제나 자매가 있는 경우 동기들은 장애 형제로부터 방해받는다고 느끼면서 장애 형제와 잘 지내지 못한다고 한다(송정애, 2007). 이렇게 동기들이 장애를 가진 형제를 수용하지 못하면 가족 내에 긴장을 초래하게 된다(조추용, 2006). 장애를 가진 형제를 둔 동기들이 일반적으로 갖는 부정적인 감정은 창피함과 부모의 무관심에 대한 원망이다. 그 이유는 부모가 장애 형제에게만 관심을 집중하고 다른 자녀들의 욕구에는 민감하지 못하기 때문이다. 부모는 종종 장애가 없는 자녀에 대해서는 욕구충족을 지연시키거나, 거부하거나, 생활에 제약을 준다. 이로 인해 부모가 장애를 가진 형제를 위해 투입하는 시간, 재정, 관심이 지나치다고 인식하게 될 때, 그 형제자매들은 좌절이나 노여움, 죄의식 등을 느끼게 된다(조추용, 2006). 또한 이들은 장애 형제를 돌봐주어야 한다는 책임감과 더불어 형제의 기능적 제한을 보상해 주어야 한다는 압박감, 그리고 장애 형제를 대하는 부모의 태도 변화로 혼돈을 경험하기도 한다. 특히 제일 위 형제가 장애인일 때 동생들은 더 어려움을 겪으면서, 이들은 부모로부터 무시 당한다고 여기며 장애 형제와의 관계를 끊어버리고 싶어 하기까지 한다. 한 연구에서 자폐아의 형제자매들은 자폐 형제에 대한 얘기를 먼저 꺼내지 않으며, 다른 가족원과의 교류를 피하고 적대감을 표현하는 행동을 보이거나 신앙에 의존하는 경향이 있다. 더구나 자신의 부정적인 감정이나 어려움에 대해 부모의 이해를 구하려고 하지도 않는다고 한다(송정애, 2007).

그러나 장애 형제와 함께 양육되고 사회화되면서 부모와 많은 대화를 나누고 원만한 관계를 가졌던 형제자매들은 장애 형제에 대해 긍정적인 감정을 더 많이 갖게 된다(송정애, 2007; 이원숙, 2004). 이들이 갖는 긍정적인 감정은 인내심, 장애 형제에 대한 애정, 자신의 정상적인 기능에 대한 감사 등이다. 이렇게 긍정적인 감정을 키우며 성장하는 동기들은 부모를 보조함으로써 장애 가족원에 대한 부양책임을 부모와 공유하기도 하고 놀이친구로서 장애 형제의사회화에 중요한 역할을 하기도 한다.

단, 그들에게 장애 형제를 돌보는 책임을 지나치게 많이 부여하거나 장애 형제를 대신하여 큰 기대를 한다면 그들의 성장과 발달에 걸림돌로 작용할 수도 있다. 사실 동기들은 장애를 가진 형제나 자매에 대해 과도한 책임감을 가지면서 장차 부모가 나이를 먹으면 자신이 장애 형제를 돌봐야 한다는 부담감을 느끼게 된다. 그리고 장애 형제를 돌보는 책임을 함께 나눌 배우자를 찾을 수 있을지 불안해 하고, 자신이 장애아를 낳을지도 모른다고 우려하기도 한다. 또한 부모가 장애 자녀에 대한 실망을 다른 자녀들로부터 보상받고자 하므로 장애아의 형제들은 성취에 대한 과도한 부담감을 가질 수 있다.

3) 장애와 가족기능성

가족원의 장애를 처음으로 인식하게 되면 다른 가족원들은 장애를 경험하는 가족원을 보호하고 재활을 격려하기 위해 하나로 뭉치는 모습을 보여 준다(이원숙, 2004). 장애 가족원을 위해 그들의 일상적인 활동들을 철회하고 개인적인 일이나 기존의 활동들은 뒷전으로 미루며 모든 가족원이 장애 가족원을 돌보는 데 헌신한다. 그러나 시간이 지나면 차츰 자신의 기존의 생활패턴으로 돌아가면서 장애 가족원을 돌보는 과업에는 덜 전념하게 된다. 이때 장애 가족원을 돌보는 책임이 한 사람에게 집중되기 마련인데, 대부분의 주 부양자는 가족 내 여성으로서 어머니거나 여자 형제이다. 주 부양자의 역할을 담당하게 된 여성 가족원은 종종 부양 의무를 수행하기 위해 직장을 그만두거나 다른 사회활동을 중단하게 된다. 이러한 방식으로 가족원 중의 한명이 장애를 가지게 됨으로써 다른 가족원이 해야 할 일의 부담이 늘고, 특히 그 부담이 한 가족원에게 집중되면 늘어난 부담으로 인한 신체적, 정서적 고갈과 사회적 고립은 다른 가족원과의 관계에도 부정적인 영향을 미쳐 가족 전체의 기능을 악화시킬 수 있다.

일반적으로 장애 가족원이 자신의 장애를 극복하고 적응하는 데 다른 가족원으로부터의 도움과 지지가 결정적이다(조흥식, 2002). 예를 들어, 기혼 장애인의 경우에는 결혼상태의 유지가 행복에 중요한 요인으로 작용하며, 어린 장애인에게는 부모의 적절한 양육이 성장과 발달을 촉진하는 데 결정적이다. 이렇듯 가족은 장애 가족원이 자신의 장애상태에 적응하며 살아갈 수 있도록 돕는 중요한 지지원으로 기능한다.

가족이 장애 가족원을 위한 지지원으로 얼마나 잘 기능할 수 있는가는 가족원의 장애에 다른 가족원이 얼마나 잘 적응하느냐에 달려있다. 가족원의 장애에 잘 적응하는 가족은 가족원 간의 관계가 원만하고, 자원이 풍부한 가족이다. 또한 종교적인 믿음과 신념을 갖고 있으며, 이전에 비슷한 수준의 어려움을 극복한 경험이 있을 때 더 유리하다. 이러한 가족에서의 가족원은 서로 책임을 분담하고 개방적인 의사소통을 통해 상호 감정을 전하고 정보를 교환한다. 개방적인 의사소통을 하는 가족은 가족원 간에 서로의 입장을 솔직하게 전달하며 가족 내에 존재하는 문제들을 해결해 나가기 때문에 위기시에 보다 융통성 있는 전략으로 대처할 수 있다.

반면 지속적으로 가족 내에 갈등이나 문제가 있어 왔던 가족은 가족원의 장애에 잘 적응하지 못하고 가족갈등이나 문제가 악화됨으로써 가족기능이 저하될 가능성이 더 크다. 가족원의 장애에 잘 적응하지 못하는 가족은 서로 해야 할 책임을 전가하며, 화를 내고 논쟁을 벌인다. 예전부터 가져왔던 가족 상호작용이 취약하여 가족갈등이 해결되지 않은 채 지속되고 의사소통이 원활하지 못하여 문제를 제대로 해결하지 못한다.

2. 장애인 가족의 사회경제적 특성

1) 장애인의 사회계층의식과 학력

장애인 가운데에는 사회의 하층에 속한다고 여기는 경우가 많다. 장애인의 사회계층의식을 조사한 결과에 따르면 장애인의 60% 이상이 하층에 속한다고 생각하고 있고 중산층에 속한다고 생각하는 비율은 32.4%에 그친다. 이는 과반이 중산층이라고 여기고 하층이라고 여기는 국민은 45% 정도인 우리나라 전체의 사회계층의식과 차이가 있다.

장애인의 교육수준과 장애인가구의 소득분포를 살펴보면 학력이 낮고 소득수준이 낮다는 특징이 있다. 장애인 가운데 전문대학 이상의 학력을 가진 고학력자는 14%에 불과하고 과반이 중학교 이상의 교육을 받지 못하고 있는 실정인데, 우리나라 전체 국민의 학력분포에서 전문대학 이상의 고학력자는 30%에 육박하고 있고 중졸 이하의 학력을 가진 사람은 약 25% 정도이다.

〈표 6-1〉 장애인의 주관적 소속계층

구분	상층	중상층	중하층	하층	계
장애인[a](%)	0.4	5.9	32.4	61.3	100
전국[b](%)	1.5	53.4		45.2	100

출처: a 한국보건사회연구원, 2005 장애인실태조사
b 통계청, 2006 사회통계조사보고서

〈표 6-2〉 장애인의 연령별 학력 분포

	장애인[a]				전체 국민[b]			
연령(세)	전체	20~39	40~49	50~64	전체	20~39	40~49	50~64
중졸 이하(%)	51.5	18.7	47.2	70.3	25.4	7.3	34.6	60.3
고졸(%)	34.5	54.6	38.7	22.1	46.1	54.2	44.5	27.3
전문대 이상(%)	14.0	26.7	14.1	7.6	28.5	38.5	20.9	12.4

출처: a 한국보건사회연구원, 2005 활동제약자 실태조사
b 통계청, KOSIS

2) 소득수준과 소득구성

전체 장애인가구의 평균소득은 2005년 현재 월 157만 원으로서, 같은 해의 우리나라 전체 가구의 월평균 소득 276만 원의 약 57% 정도로 비장애인가구에 비해 소득이 낮다. 장애인가구의 평균소득은 우리나라 전체 가구 중 최하 20% 이하 소득계층인 1분위 가구 평균 소득 74만 원의 약 2배 정도이고, 최하 20~40% 소득계층인 2분위 가

〈표 6-3〉 장애인가구의 소득수준 및 소득구성

소득항목	장애인 가구[a]	2인 이상 전체 가구[b]					전체
		1분위	2분위	3분위	4분위	5분위	
경상소득	157	74	172	247	337	549	276
근로소득	107	34	97	160	229	387	181
사업소득		16	49	64	82	116	65
재산소득	16	3	3	4	6	14	6
이전소득	32	21	22	16	20	32	23
기　　타	2	–	–	–	–	–	–

(단위: 만 원)

출처: a 한국보건사회연구원, 2005 장애인실태조사. 장애인가구는 가구원 가운데 장애인이 있는 가구
b 통계청, 2005 가계조사

〈표 6-4〉 장애인가구의 소득구성비

소득항목	장애인 가구[a]	2인 이상 전체 가구[b]					전체
		1분위	2분위	3분위	4분위	5분위	
경상소득	100	100	100	100	100	100	100
근로소득	67.9	45.9	56.4	64.8	68.0	70.5	65.6
사업소득		21.6	28.5	25.9	24.3	21.1	23.6
재산소득	10.2	4.1	1.7	1.6	1.8	2.6	2.2
이전소득	20.0	28.4	12.8	6.5	5.9	5.8	8.3
기　　타	1.5	–	–	–	–	–	–

(단위: %)

출처: a 한국보건사회연구원, 2005 장애인실태조사
b 통계청, 2005 가계조사

구 평균소득 172만 원의 91% 수준으로, 장애인가구의 평균적인 소득수준은 하층과 중하층에 해당한다고 할 수 있다.

장애인가구의 소득에서 근로소득 및 사업소득 등 일을 통해 획득하는 소득의 비중은 일반 가구에 비해 작고, 재산소득과 이전소득의 비중이 크다는 특징이 있는데, 이는 장애인은 취업이 어렵고 취업했다 하더라도 저임금 직종에 종사하는 데 원인이 있으며, 또한 장애인 가운데는 고령자가 다수이기 때문이다. 우리나라 가구에서 가장 중

〈소비자복지코너 6-2〉

장애가족 사례: '가난과 질병' 희귀병 모자의 모진 삶

2008년 1월 27일 CBS TV '수호천사 사랑의 달란트를 나눕시다'는 희귀질환인 '윌리엄스 증후군'을 앓는 김성민(11) 군의 눈물겨운 사연을 전한다. 김성민 군은 윌리엄스 증후군이라는 특이한 병을 가지고 있다. 윌리엄스 증후군은 2만 명에 1명꼴로 나타나는 희귀병으로 심장질환과 정신지체를 동반하는 병이다.

4살이 되도록 몸을 가누지 못하고 잘 걷지 못했던 성민이를 보며 부모님은 단순히 성장이 느린 탓이라고 짐작했다. 하지만 몇 년이 지나도 아이는 계속 그 상태였고, 뒤늦게 병원을 찾았을 때는 '정신지체'라는 진단이 내려졌다. 혹시나 하는 마음에 다른 병원을 찾은 부모는 더욱 충격적인 이야기를 듣게 됐다. 성민이가 단순한 정신지체가 아니라 '윌리엄스 증후군'이라는 희귀병을 앓고 있으며 특별한 치료법이 없다는 사실이었다. 게다가 생존율이 높지 않아 어쩌면 중학교를 졸업할 때쯤 생명이 다할 수도 있다는 끔찍한 이야기까지 들어야 했다. 그때부터 성민이네 가족의 고통은 시작됐다. 성민이가 아직까지 소변을 가리지 못해 어머니 신희경(50) 씨는 매일 아침 아들의 이불을 빨고 있다. 윌리엄스 증후군 환자의 특징대로 성민이의 치아와 턱은 기형으로 자랐다. 치과 치료와 턱 수술이 필요하지만 기저귀도 마련할 수 없는 형편에 수술비는 감당할 여력이 없다.

성민이의 엄마 희경 씨를 더욱 힘들게 하는 것은 이 모든 어려움을 혼자 감당해야 한다는 사실이다. 4년 전, 남편과 사별한 후 성민이 뒷바라지는 물론 가족의 생계를 책임져야 했기 때문. 가사도우미로 일하며 간간이 살림을 꾸려왔지만 성민이가 아프다 보니 이것도 여의치 않은 상황이다.

현재 성민이 앞으로 나오는 장애인 수당 20만 원과 쌀값 지원 2만 원이 소득의 전부다. 상황이 이렇다 보니 희경 씨는 우울증에 시달리게 됐다. 약을 먹지 않으면 견딜 수 없을 정도로 우울증이 심한 때는 자살을 시도할 만큼 극단적인 행동으로 나타나기도 했다. 아이들을 생각하면 어떻게든 버텨야 하지만 극도의 우울증은 지금도 희경 씨를 괴롭히고 있다.

출처: 파이미디어. 2008년 1월 24일

요한 소득원은 일을 통해 얻는 근로 및 사업 소득이기 때문에 근로 및 사업소득이 취약하면, 빈곤에 빠지거나 경제적인 어려움에 처하기 쉽다.

3) 장애인가구 추가 비용

장애인의 생활과 장애인 보호의 어려움으로써 많은 장애인가구에서 호소하는 어려움은 의료비, 재활치료비, 교육비 등 추가적인 생활비용으로 인한 경제적인 어려움이다(한국보건사회연구원, 2006). 2006년 한국보건사회연구원 조사에 따르면 장애인 가구원을 돌보는 데 장애인 1인당 월평균 15만 6천 원 정도가 추가적으로 소요되는 것으로 집계되었다.

장애인가구에서 추가비용이 가장 많이 소요되는 부문은 의료비이고 그 다음이 교통비로서, 국민기초생활 수급자와 차상위계층의 저소득층 장애인가구에서 이 두 가지 비용이 전체 추가비용에서 차지하는 비중은 80%가 넘는데, 생활수준이 높은 장애인가구에서는 의료비와 교통비 다음으로 보호 · 간병비에 추가적인 지출이 많이 이루어지

〈표 6-5〉 장애인가구 생활수준별 추가비용

생활수준	국민기초생활 수급자	차상위층(최저생계비 120% 미만)	최저생계비 200% 이상
교통비	25	21	26
의료비	50	77	113
교육비	3	0	11
보호 · 간병비	3	0	22
재활기관이용료	0.5	0.6	3
통신비	0.8	0.7	2
재활보조기구구입 · 유지비	4	4	8
부모사후대비비	2	4	17
기타	6	7	7
총 추가비용	93	114	208
전체 추가비용 평균	156		

(단위: 천 원)

고 있고, 장애인 자녀를 위한 부모사후대비비 마련과 교육비에 대한 추가적인 지출 수준이 다소 높다.

생활수준이 높아짐에 따라 지출수준이 커지는 다른 항목들과는 달리 교통비는 생활수준의 높고 낮음과 무관하게 일정금액이 소요되고 있어서 장애인가구에서 이동을 위한 교통비가 매우 필수적인 추가 지출 비목임을 알 수 있다.

4) 장애인가구와 빈곤

우리나라의 장애인가구의 빈곤상태가 어떠한지 공식적으로 집계한 자료는 나와 있지 않지만 국민생활실태조사 자료를 분석한 한국보건사회연구원(2007)의 저소득장애인에 관한 보고서를 통하여 개략적으로 그 실태를 살펴볼 수 있다. 이 보고서에 나타난 빈곤율을 살펴보면 일반가구의 빈곤율이 9.23%로 다른 자료에 비해 높게 산출되었는데, 이는 국민생활실태조사에서 저소득층 가구의 표본규모가 다른 조사에 비해 큰 데에 기인한 것으로 보인다.[1] 따라서 장애인가구와 일반가구 빈곤율 규모의 상대적인 크기를 비교함으로써 장애인 빈곤의 심각성을 간접적으로 파악할 수 있는데, 장애인가구의 빈곤율은 18.57%로서 일반가구 빈곤율 9.23%의 두 배로 나타났다.

〈표 6-6〉 장애인 및 일반가구의 빈곤율

빈곤선	최저생계비	중위소득 40%	중위소득 50%
일반가구	9.23	8.38	13.15
장애인가구	18.58	17.02	24.39

자료: 한국보건사회연구원, 2003 국민생활실태조사 원자료.
출처: 한국보건사회연구원(2007). 저소득장애인 선정기준 연구. (단위: %)

1) 국민생활실태조사 자료는 비공개 자료이고, 조사결과에 대한 보고서가 발간되지 않기 때문에 표본에 관한 구체적인 사항이 알려지지 않음

3. 장애인 가계의 소득보장정책

1) 장애수당

① 특성

장애인은 장애로 인해 의료비, 재활보조기구 구입비, 교통비, 교육비 등에서 추가적인 비용이 발생하기 때문에 비장애인과 같은 수준의 생활수준을 영위하기 위하여 더 많은 생활비를 필요로 하는데, 장애수당은 이처럼 장애로 인한 추가적인 비용을 충당하도록 지급하는 급여이다.

장애수당은 생활보장수급 장애인 가운데 중증 중복장애인 부양을 부조하는 제도로서 1990년 중증 중복장애인 부양수당이라는 명칭으로 제도가 시작되었고, 1992년 생계보조수당으로 명칭이 변경되었으며, 장애수당이라는 명칭은 2000년부터 사용되었다.

〈소비자복지코너 6-3〉 시각장애인 세종대왕

대부분의 사람이 세종대왕에 대해서 간과하고 있는 사실이 한 가지 있었으니, 그것은 바로 그가 시각 장애인이었다는 사실이다. 정확하게는 선천적인 장애인은 아니고 재위 중에 실명하게 되는데, 즉 중도실명이었던 것이다. 세종대왕은 안질에 걸려 시력이 점점 약해져 일상생활에 불편을 느낄 정도였다. 그래서 세종 23년(1440)에는 눈이 보이지 않아서 정사를 돌볼 수 없다며 세자에게 전위하겠다고 발표하는데 신하들이 울면서 만류했다고 세종실록에 전하고 있다. 세종대왕은 그 후에도 서너 차례 보위에서 물러나겠다고 했는데 그 이유가 눈이 보이지 않는다는 것이었다. 세종대왕은 중도실명자였지만 그의 시각장애가 문제가 되지 않은 것은 임금이었고, 또 선정을 베풀었기 때문이다.

그가 시각장애인이었다는 사실이 가장 잘 드러나는 것은 맹인들을 위해 좋은 일을 많이 한 시각장애인 복지정책에서 잘 나타난다. 세종 18년(1435)에는 시각장애인 지화에게 종3품 벼슬을 주었고, 시각장애인을 위한 관청인 명통사에 쌀과 황두(콩)를 주어 시각장애인을 지원한 기록도 있다. 또한 궁중 내연에서 연주를 맡았던 관현 맹인이 가장 대접을 받았던 때도 바로 세종시절이었다. 세종대왕이 이토록 시각장애인들에게 관심이 많았던 것은 자신의 시각장애 때문일 것이라고 학자들은 추측하고 있다.

출처: 야후 지식검색

② 수급대상자

장애인복지법에 장애수당 수급대상자는 '국민기초생활보장 수급자로서 장애로 인한 추가비용 보전이 필요한 자'로 규정되어 있는데 장애수당제도 도입 당시에는 수급대상자의 범위가 빈곤층 중증장애인으로 한정되어 있었다. 제도 도입 시작부터 1996년까지 수급대상자는 생활보호대상자인 지체장애인 및 정신지체인 1급으로 한정되었고, 1997년에는 거택보호대상 1급, 2급 장애인과 자활보호대상 1급 및 2급 중복 장애인에게만 수당을 지급하여, 장애수당 수급자는 중증 장애를 가진 절대빈곤층이었다. 2005년부터는 장애 정도와 상관없이 국민기초생활보장 수급자 장애인 전체로 수급대상자가 확대되었고, 2007년부터는 소득인정액이 최저생계비 120% 수준인 차상위계층 장애인에게도 장애수당이 지급되고 있다.

③ 지급수준

장애수당은 원칙적으로 장애로 인해 추가적으로 소요되는 비용을 보전하는 수준으로 책정되어야 하지만 제도가 시행된 이래 2005년까지 장애수당은 월 2만 원 정도가 지급되었다. 2006년에 장애수당 지급액이 월 7만 원으로 크게 상향조정되었으나 2005년 장애인실태조사 결과에서 장애인의 추가비용이 월평균 약 15만 5천 원 정도임을 고려하면 장애수당은 장애인의 추가적인 생활비 수준을 고려하기보다는 정부예산 규모에 맞추어 책정되었다고 할 수 있다. 2007년부터 장애수당 지급액이 크게 증가하였는데, 국민기초생활보장 수급자 중증장애인에게는 월 13만 원, 차상위 중증 장애인에게는 월 12만 원, 경증 장애인에게는 국민기초생활보장 수급자와 차상위 계층에게는 동일하게 월 3만 원이 지급되었다. 이처럼 장애수당 지급 수준이 근래에 크게 증가하였으나 아직까지도 장애수당은 장애인의 추가적인 생활비용을 충분히 보전하는 수준에 이르지 못하고 있다.

2) 장애아동수당

장애아동부양수당 지급대상자로서 장애아동은 18세 미만 등록장애인이다. 2002년부터 국민기초생활 수급자 가계의 장애아동의 보호자에게 장애아동부양수당이 지급되기 시작하였는데, 2006년까지 장애수당과 장애아동부양수당이 동시에 지급되어서, 장애아동이 있는 국민기초생활 수급 가계에서는 장애아동부양수당으로서 2006년 현재 월 7만

원의 장애아동부양수당을 추가적으로 지원받았다. 2007년부터 장애수당 수급 대상자와 장애아동부양수급 대상자가 분리되어, 기초중증 장애아동에 대해서는 1인당 월 20만 원, 차상위 중증 장애아동에 대해서는 월 15만 원, 경증 장애아동에 대해서는 월 10만 원의 장애아동부양수당이 지급되고 있다.

3) 장애수당의 개선 방향

장애수당은 장애로 인해 추가적으로 소요되는 의료비, 교통비, 교육비 등의 생활비를 보조하기 위한 목적으로 지급되는 것이다. 2005년 장애인 실태조사 자료 분석 결과에 따르면 장애인의 추가비용은 장애유형과 장애정도에 따라 차이가 나는 것으로 밝혀지고 있다. 예를 들면 시각, 청각, 언어장애, 신체장애, 지적장애와 내부장애 순으로 추가적인 생활비가 증가하는데, 현행 장애수당은 중증과 경증으로 크게 이분하여 획일적인 수준으로 지급되는 실정이다. 향후에는 장애유형과 장애정도를 고려하여 장애수당의 급여수준을 현실적인 생활비에 맞추어 차등화할 필요가 있다고 지적되고 있다(한국보건사회연구원, 2007).

〈표 6-7〉 장애수당제도의 주요 내용

구 분	장애수당	장애아동부양수당
지급대상	국민기초생활보장법에 의한 수급자 및 차상위계층(120% 이하)의 18세 이상 등록 장애인 ◇ 중증장애인: 장애등급이 1, 2 급인 자와 다른 장애가 중복된 3급 정신지체인 및 발달장애인 포함 ◇ 경증장애인: 장애등급이 3~6급인 자	국민기초생활보장법에 의한 수급자 및 차상위계층(120% 이하)의 18세 미만 등록 장애인 ◇ 중증장애인: 장애등급이 1, 2 급인 자와 다른 장애가 중복된 3급 정신지체인 및 발달장애인 포함 ◇ 경증장애인: 장애등급이 3~6급인 자
지급금액	◇ 기초중증: 1인당 월 13만 원 ◇ 차상위중증: 1인당 월 12만 원 ◇ 기초 및 차상상위 경증: 1인당 월 3만 원 ◇ 보장시설 장애인 －기초 및 차상위중증: 1인당 월 7만 원 －기초 및 차상상위 경증: 1인당 월 2만 원	◇ 기초중증: 1인당 월 20만 원 ◇ 차상위중증: 1인당 월 15만 원 ◇ 기초 및 차상상위 경증: 1인당 월 10만 원

출처: 보건복지부. 2007년 장애인복지사업안내

4. 장애인과 취업

장애인은 신체적 장애로 인하여 노동 생산성이 취약해짐으로 인해 취업 기회가 제대로 주어지지 못한다. 장애인은 소득을 획득할 수 있는 취업 기회가 제한됨으로써 경제적으로 곤궁한 상태에 빠지기 쉽다. 따라서 장애인의 경제 문제 해결에 가장 필요한 것은 취업 기회를 제공하는 것이다.

UN의 장애인 권리 협약은 장애로 인한 노동시장에서의 차별을 금지하고 장애인들의 취업 접근성을 확보할 수 있도록 적극적인 우대조치(Affirmative Action)를 마련하도록 규정하고 있는데, 그 내용은 다음과 같다.

◇모집, 채용 및 고용 조건, 고용의 연장, 경력개발, 안전하고 건전한 근무환경 제공 등 고용과 관련된 모든 제반 사안에 대해 장애를 이유로 행해지는 차별을 금지한다.

◇동등한 기회, 동등한 가치의 노동에 대한 동등한 보상, 고충 구제와 괴롭힘으로부터 보호받을 수 있는 안전하고 건강한 노동 여건을 포함하여 공정하고 호의적인 근로조건의 권리를 보장한다.

◇장애인이 노동조합 및 통상조합 권리를 행사할 수 있도록 보장한다.

◇장애인이 일반적인 기술 및 직업 지도 프로그램, 직업 소개 프로그램, 직업 훈련 등에 효과적으로 접근할 수 있도록 보장한다.

◇구직, 취업, 고용 유지와 복귀에 대한 지원뿐 아니라 장애인의 고용기회와 경력개발을 장려한다.

◇장애인이 자영업, 창업, 협력 개발 및 개인 사업을 시작할 수 있는 기회를 증진한다.

◇공공부문에서 장애인을 고용한다.

◇적극적 우대조치(Affirmative Action), 각종 지원 등의 적절한 정책과 수단을 통하여 민간 부문에서 장애인 고용을 촉진한다.

◇사업장에서 장애인들에게 합리적인 편의 제공을 보장한다.

◇장애인이 개방된 노동시장에서 취업 경험을 획득할 수 있도록 한다.

◇장애인에게 직업 재활 및 전문 재활, 직업 유지와 복직 프로그램을 장려한다.

◇국가는 장애인이 노예 상태나 예속 상태에 놓이지 않고 강제노동으로부터 보호받을 수 있도록 보장해야 한다.

1) 장애인의 경제활동참여

우리나라의 공식적인 경제활동참여율은 ILO(국제노동기구: International Labor Organization)의 기준에 따라 만 15세 이상 인구 중 조사대상 주간 1주일 동안 상품이나 서비스를 생산하기 위하여 실제로 수입이 있는 일을 한 취업자와 일을 하지 않았으나 구직활동을 한 사람의 비율로 산출된다. 이 기준에 따르면 15세 이상 장애인의 경제활동참여율은 2005년 현재 38.2%이며 비장애인의 경제활동참여율 62.3%와 비교하면 장애인의 경제활동참여율이 매우 낮다. 가장 왕성하게 경제활동에 참여하는 30대와 40대의 경제활동참여율도 비장애인의 평균 경제활동참여율보다도 낮고, 60%에도 미치지 못하고 있다.

취업을 하고자 하지만 일자리를 찾지 못하고 있는 장애인의 실업률은 10%가 넘는 높은 수준이며, 우리나라 전체 경제활동인구의 실업률 3.3%보다 약 3배나 높다. 경제활동 장애인 열 명 가운데 한 명은 실업자인 것이다. 장애인 실업률은 연령대가 낮을수록 더욱 높아서, 10대의 실업률은 30%, 20대의 실업률은 20%대이며, 30대의 실업률은 15%에 육박하는 높은 수준이다.

장애인은 작업환경이 열악하거나 출퇴근이 힘들어서, 적합한 직종이 없어서, 임금이

〈표 6-8〉 장애인의 경제활동참여

구분	ILO 기준			실망실업자 포함		
	경제활동참여율	취업률	실업률	경제활동참여율	취업률	실업률
15~19세	7.9	67.50	32.5	11.5	46.3	53.7
20~29세	47.4	78.2	21.8	61.6	60.1	39.9
30~39세	57.1	85.4	14.6	63.5	76.9	21.3
40~49세	58.5	90.5	9.5	65.8	80.4	19.6
50~64세	43.9	80.5	9.5	51.8	76.7	23.3
65세 이상	15.8	94.5	5.5	18.6	80.5	19.5
전체 장애인	38.2	89.4	10.6	44.3	76.9	23.0
전체 인구[a]	62.3	96.7	3.3			

출처: 한국보건사회연구원, 2005장애인실태조사
a 통계청, 2005 경제활동인구조사

(단위: %)

너무 낮아서, 혹은 기술이나 기능이 없는 등 장애로 인하여 본인의 의사와 상관없이 구직활동을 포기하거나, 취업을 단념하여 구직활동을 하지 않은 실망실업자가 많은데 이러한 실망실업자까지 포함한 장애인의 경제활동참여율은 44.3% 정도이다. 20대의 공식적인 경제활동참여율은 47.4%인 데 비해 실망실업자를 포함한 경제활동참여율은 61.6%로 경제활동참여율이 14.4%p 증가한다. 실망실업자의 비율은 20대에 가장 높고, 30대부터 50대에 이르기까지 취업에 좌절한 실망실업자의 비율은 대략 6~8% 정도로 규모가 크다. 실망실업자를 포함하면 실업률은 23%로서, 경제활동 장애인 네 명 가운데 한 명 정도는 실업상태에 있다고 할 수 있을 정도로 장애인의 실업문제는 심각하며, 특히 20대 청년층의 실업률은 40%에 육박하고 있다. 장애인의 장애유형별로 경제활동참여율이 크게 차이난다. 언어장애인의 경제활동참여율(ILO 기준)은 51.5%로 가장 높고,

〈표 6-9〉 장애유형별 경제활동참여율

장애유형	ILO 기준	실망실업자 포함
지체장애	49.4	55.3
뇌경변장애	9.6	14.4
시각장애	44.5	50.6
청각장애	39.6	44.6
언어장애	51.5	53.7
정신지체	24.0	36.1
발달장애	5.8	21.1
정신장애	17.5	26.6
신장장애	23.7	30.0
심장장애	18.9	25.8
호흡기장애	19.7	24.9
간장장애	11.7	17.9
안면장애	44.1	54.1
장루 요루장애	33.3	40.1
간질장애	17.9	28.3
장애인 전체	38.2	44.4

출처: 한국보건사회연구원, 2005 장애인실태조사 (단위: %)

지체장애인, 시각장애인과 안면장애인 순으로 경제활동참여율이 높다. 이들 언어, 지체, 시각, 안면 장애인들은 경제활동참여율이 44% 이상으로서 장애인 전체 경제활동참여율 평균보다 높은 경우이다. 뇌경변장애와 발달장애의 경우 경제활동참여율이 10%에도 미치지 못하고, 심장장애, 호흡기장애, 간장장애 등 내부기관 장애자의 경제활동참여율도 20% 미만으로 매우 낮다.

2) 장애인 취업자 특성

취업자의 종사상의 지위에서 장애인 취업자는 우리나라 전체 취업자에 비해 임금근로자의 비율이 낮고 자영업자의 비율은 보다 높다. 임금근로자로 고용된 경우 직업안정성과 임금수준이 높은 상용근로자는 23.5%, 임시 및 일용직 근로자는 34.3%를 차지하고 있어서 임시 및 일용직 종사자가 보다 다수를 차지한다. 우리나라 전체 취업자의 34.6%가 상용근로자이고, 임시 및 일용직 근로자는 31.8%로 상용근로자가 임시 및 일용직 근로자보다 비율에 다소 높은 것과 비교하면 장애인 취업자의 종사상 지위가 보다 취약한 것을 알 수 있다.

〈표 6-10〉 취업 장애인의 종사상 지위

<table>
<tr><th>구 분</th><th>장애인[a]</th><th>전체 취업자[b]</th></tr>
<tr><td>임금근로자</td><td>57.8</td><td>66.4</td></tr>
<tr><td>상용근로자</td><td>23.5</td><td>34.6</td></tr>
<tr><td>임시근로자</td><td>15.5</td><td>22.1</td></tr>
<tr><td>일용직근로자</td><td>18.8</td><td>9.7</td></tr>
<tr><td>자영업자</td><td>42.1</td><td>33.6</td></tr>
<tr><td>고용주</td><td>3.1</td><td>7.3</td></tr>
<tr><td>자영자(노점제외)</td><td>28.6</td><td rowspan="2">19.7</td></tr>
<tr><td>자영자(노점)</td><td>2.7</td></tr>
<tr><td>무급가족종사자</td><td>7.7</td><td>6.6</td></tr>
<tr><td>합계</td><td>100.0</td><td>100.0</td></tr>
</table>

출처: a 한국보건사회연구원, 2005 장애인실태조사
b 통계청, 2005 경제활동인구조사

(단위: %)

〈소비자복지코너 6-4〉
최고의 '바리스타'를 꿈꾸는 정신장애인들의 도전기

사회적인 편견 등으로 인하여 취업에 많은 어려움을 겪고 있는 정신장애인들이 장애인 고용서비스 기관 간 협력을 통해 '바리스타'라는 전문직에 취업되어 화제가 되고 있다.

성남시 수정구와 분당구에 소재한 SK주유소 두 곳에는 '해피투게더'라는 테이크아웃 커피 전문점의 예쁜 간판이 눈에 띈다. 이곳에는 조모 씨 등 정신장애인 4명이 바리스타로 하루 5~6시간씩 2교대로 근무하고 있다. 정신장애인들이 이곳에서 일하게 된 것은 (주)SK네트웍스의 도움이 컸다. 정신장애인들의 작업장 장소를 물색하고 있던 고운누리(성남시 소재 정신장애인 사회복귀시설, 시설장 박희정)에게 주유소 옆 사무실 공간을 무상으로 임대해 주기로 한 것. 이를 계기로 고운누리는 지역 내 유관기관과 함께 주유소라는 공간의 특성을 감안하여 2006년 9월 테이크아웃 커피 전문점을 개설, 정신장애인의 바리스타 직종으로의 취업을 추진하게 되었다. 이후 고운누리에서는 1호점의 성공을 기반으로 성남시 분당구에 위치한 SK주유소에도 같은 해 12월 해피투게더 2호점을 만들었고, 정신장애인 3명을 바리스타로 근무하게 하였다.

이들이 성공적으로 취업하는 데에는 노동부 산하 한국장애인고용촉진공단 경기지사, 성남시정신보건센터 등 지역 장애인 고용네트워크 기관들의 협력도 기인한 바가 크다. 공단에서는 지원고용프로그램과 사업주 지원을, 성남시정신보건센터에서는 구직자 추천 및 사례관리를 맡아 기관 간 역할 조정 및 서비스 연계 등을 통해 성과를 이루어 낸 것이다.

해피투게더에서 근무하고 있는 황모 씨는 "해피투게더도 다른 브랜드 카페처럼 발전되고 번창해서 이 지역사회에서 당당히 설 수 있는 날이 오길 진심으로 바란다"며 최고의 바리스타를 향한 본인의 꿈을 밝혔다.

한편, 노동부와 한국장애인고용촉진공단은 지난해 11월 '장애인 고용네트워크 우수사례경진대회'를 개최, 최우수상을 받은 이번 사례를 비롯한 우수사례들을 시상하였다. 이와 관련된 자세한 정보는 한국장애인고용촉진공단 홈페이지(www.kepad.or.kr)에서 확인할 수 있으며, 공단 고용지도팀(031-728-7268)에 문의하면 된다.

출처: 뉴스와이어, 2008. 2. 04

장애로 인해 고용되기 어려운 장애인은 자영업자의 비율은 42.1%로 전체 취업자 중 자영업자의 비율 33.6%보다 높지만, 고용주의 비율은 장애인의 경우 3.1%, 전체 취업자의 7.3%로 장애인 고용주 비율은 낮다.

5. 장애인 고용촉진정책

장애인고용은 크게 일반고용과 보호고용으로 구분된다. 일반고용은 일반 사업장에서 비장애인과 같이 고용되는 형태인데, 우리나라에서는 장애인 고용을 촉진하기 위해 일정 수의 장애인을 의무적으로 고용하도록 하는 의무고용제도를 시행하고 있다.

보호고용은 경쟁노동시장에서 불리한 중증장애인을 위하여 특별히 계획된 조건하에서 행해지는 훈련 및 고용으로 보수가 있는 근로의 기회를 제공하여 장애인의 직업적 욕구를 해소하는 고용정책이다(권선진, 2005). 우리나라에서는 장애인직업재활시설을 마련하여 장애인에게 일할 기회를 제공하고 있는데, 장애인직업재활시설이란 장애인복지법 또는 산업재해보상보험법에 의해 설치된 시설로서 장애인이 특별히 준비된 작업 환경에서 직업훈련을 받거나 직업생활을 영위할 수 있도록 하는 시설이다.

1) 장애인의무고용제도

장애인의 취업을 촉진하기 위하여 장애인 의무고용제도를 실행하고 있다. 현재 50인 이상 상시근로자를 고용하는 사업주는 근로자 총수의 2%를 장애자로 고용해야 한다. 장애인 의무고용제도는 1990년 장애인 고용촉진 등에 관한 법률을 제정하여 300인 이상 사업장에서 근로자의 1%는 장애인을 고용하도록 의무화한 것으로 시작되었는데, 2004년에 장애인 고용촉진 및 직업재활법으로 개정되었고, 장애인 의무고용 대상 사업장도 50인 상시 근로자 사업장으로 확대되었다.

장애인 고용의무를 불이행한 사업주는 부담금을 납부해야 하는데, 장애인고용부담금은 월별부담금 대상인원에 부담기초액을 곱하여 연간 합계 금액을 산출하여 납부한다. 월별부담금 대상인원은 의무고용률에 따라 고용해야 하는 장애인 수에서 상시 고용하고 있는 장애인 수를 뺀 나머지이며, 부담기초액은 장애인 고용에 필요한 시설, 장비의 설치, 장애인 고용관리, 기타 장애인 고용에 특별히 소요되는 비용의 평균액을

〈표 6-11〉 장애인고용장려금 지급단가

구 분	경증 남성	경증 여성	중증 남성	중증 여성
고용률 30% 미만	30만 원	37.5만 원	37.5만 원	45만 원
고용률 30% 이상	40만 원	50만 원	50만 원	60만 원

기초로 하여 당해연도 최초 임금액의 100분의 60 이상에서 결정되는데, 장애인 고용촉진위원회의 심의를 거쳐 노동부장관이 고시하고 있다. 2005~2007년도에는 장애인 미 고용인원 1인당 월 50만 원이 부담금으로 부과되고 있다(장애인고용촉진공단, 2007).

연계고용부담금 감면제도가 시행되고 있어서 장애인을 직접 고용하기 어려운 장애인고용의무사업체가 장애인직업재활시설, 장애인표준사업장 및 장애인자립작업장에 생산설비와 원료·기술 등을 제공하고 생산품의 판매를 전담하거나 도급을 준 경우, 직업재활시설 등에서 생산활동에 종사한 장애인을 고용의무사업주가 고용한 것으로 간주하여 부담금을 감면받을 수 있다. 여기서 장애인 표준사업장은 장애인이 근로하기 적합한 생산시설로서 장애인을 30%(중증 장애인 50%) 이상 고용하고 그 설치비용의 전부 또는 일부를 국가로부터 지원받는 사업장이다. 장애인자립사업장은 장애인을 상시근로자의 30% 이상을 고용하고 그중 중증장애인을 50% 이상 고용한 사업장으로서 최소 장애인근로자가 10인 이상 되어야 한다.

또한 의무고용률(2%)을 초과하여 장애인을 고용하는 사업주에게는 고용장려금을 지급한다. 고용장려금은 최저임금의 100~175% 수준에서 결정되는데, 상시 고용한 장애인의 장애정도와 장애인 성별에 따라 차등적으로 지급되는데, 중증, 여성 장애인의 고용에 대해 더 많은 장려금을 지급한다.

2) 기타 장애인 고용지원제도

이외에 장애인 고용촉진 및 직업재활법에 근거하여 장애인 창업과 취업 유지를 지원하는 자금지원제도로서 자영업창업자금융자, 영업장소전대지원, 자동차구입자금융자, 직업생활안정자금융자제도가 있다.

영업장소전대지원제도는 자영업 창업을 희망하는 장애인에게 전세권설정이 가능한 영업장소에 대해 1인당 5천만 원 한도 내에서 영업장소 전세지원을 하는 제도이다. 1년 단위로 5년까지 지원을 받을 수 있으며 이자율은 전세금의 3%로 매우 낮다.

자영업창업자금융자제도는 자영업 창업을 희망하는 등록 장애인에게 1인당 5천만 원 한도 내에서 연리 3%의 낮은 이자율로, 시설·장비구입비, 영업장소 매입비, 상품구입비 등을 마련할 수 있는 창업자금 융자를 제공한다.

영업장소전대지원과 자영업창업자금 융자는 접대부가 있는 주점업, 댄스홀(교습소), 도박장, 사회의 미풍양속을 해치거나 시설규모가 35평을 초과하는 안마시술소 등 기

<소비자복지코너 6-5> 장애인 고용 자회사 '포스위드'

포스코는 자회사형 장애인 표준사업장인 '포스위드'를 설립하고 포스코기술연구소 대강당에서 출범식을 가졌다고 3일 밝혔다. 포스위드는 지난해 7월 개정된 '장애인 고용 촉진 및 직업재활법'의 자회사형 표준사업장제도에 따라 설립한 법인이다. 자회사형 표준사업장은 재무 건전성을 위해 모사가 지분 50%를 초과 보유토록 하고 있으며, 총 근로자의 30% 이상을 장애인으로 고용하도록 돼 있다. 포스위드의 주요 사업은 포스코의 자회사와 협력회사에서 수행하고 있던 임직원 출국업무, 사내 근로복지기금 집행, 사외휴양시설 운영 등 노무후생 서비스 업무다. 또 제철소 내 세탁서비스, OA시스템 지원, 통신서비스 등도 전담하게 된다. 자본금은 16억 원으로 전액 포스코가 출자했으며, 올 상반기 중에 별도 작업장 및 사무동을 포항제철소 인근에 건설할 계획이다. 포스위드는 14일 표준사업장제도가 본격적으로 시행되면 표준사업장 지정을 신청하고, 장애인 고용을 지속적으로 확대해 2009년 7월까지는 전체 근로자의 30% 수준인 50여 명을 장애인으로 고용할 계획이다.

사회봉사분야를 담당하고 있는 공윤찬 상무는 "포스위드가 국내 최초의 자회사형 장애인 표준사업장으로서 사회적으로 소외받는 장애인들에게 일자리를 제공함으로써 우리 사회가 함께 성장 발전하는 계기가 되기 바란다"며 "장애인과 비장애인이 함께 어울려 서로 배려하고 신뢰하는 기업문화를 정착시켜 나가기를 기대한다"고 밝혔다.

출처: 아시아경제. 2008년 1월 3일

타 사회의 미풍양속을 해치는 업종에 대해서는 지원받을 수 없다.

자동차구입자금융자는 장애인 근로자가 안정적인 직업생활이 가능하도록 출퇴근 편의를 도모할 수 있는 자동차 구입 비용을 융자해 주는 제도로서 자동차 구입을 위하여 1인당 1천만 원 이내, 3%의 연이자율로 융자가 가능하다.

직업생활안정자금융자는 장기근속이 가능하도록 직업생활을 안정시키는 데 필요한 자금을 융자해 주는 제도로서 1인당 1천만 원 이내, 3%의 연이자율로 융자가 가능하다.

제7장 장애인의 소비자복지

1. 장애인에 대한 이해
2. 장애인의 소비자문제
3. 장애인 소비자를 위한 기업의 노력
4. 장애인 소비자를 위한 시민사회단체의 노력
5. 장애인 소비자를 위한 정부의 노력

제 7 장

장애인의 소비자복지

우리 사회는 약 반세기 동안 괄목할 만한 성장을 해 온 것이 사실이다. 하지만 소외계층과 일반 중·상류의 큰 격차 그리고 편중된 발전은 사회구성원으로 하여금 갈등을 초래하고 있다. 특히 구조적 모순의 사각지대에 있는 장애인의 자활자립이 가능하기 위한 소비환경의 변화는 절실하다. 제품과 서비스분야에서 장애인의 편의와 안전을 확보해야 하는 과제를 안고 있다.

장애인 소비자문제는 일반 사람들은 느끼지 못하는 전 분야의 생활 속에서 생긴다. 도보에서부터 교통까지 예를 들어 휠체어로 이용하기 불편한 버스 이용도 장애인으로서는 불편을 겪을 수밖에 없고, 또한 교육 서비스의 기회도 닿지 않아 더욱 더 사회적 약자로 남을 수밖에 없다. 이렇게 소비자로서의 권리를 찾을 생각도 못한 채 사업자들뿐만 아니라 법률이나 정책 또한 장애인 소비자문제에 대한 사회적 관심이 미약하여 법·제도가 있어도 제대로 이행되지 않는 경우가 많다. 예를 들어, 보험의 경우 장애인들이 보험대상자이고 사업자가 거부할 수 없도록 법률이 제정되어 있지만 지켜지지 않는 경우가 많다. 이는 장애인을 소비자로 인식하지 않기 때문이다.

우리나라 장애인 비율은 3%, 미국의 경우 20%에 육박한다. 이는 선진국일수록 장애의 범위를 넓게 지정한 결과이기도 하다. 세계보건기구(WHO)에서는 전 세계 장애인구를 10%로 잡고 있다. 이렇게 작지 않은 비율을 차지하고 있는 장애인이지만 상대적 약자로서 소비자권익을 찾지 못하는 경우가 많다.

장애인권익문제연구소는 2004년 전화와 온라인을 통해 접수된 인권침해 상담사례 386건을 분석한 결과 형사상 권리, 교육권, 생존권에 대한 침해가 각각 24건, 19건, 31건으로 늘어나고 있다. 그런데 최근 소비자상담 사례 중 소비자권리침해가 62건으로 증가하고 있으며, 가장 빈번한 소비자권리 침해로는 장애인들이 음식점, 서비스 기관, 행정기관, 보험 금융사에서 출입을 제한당하고 무시당하는 유형 그리고 제대로 된 정보를 제공받지 못하는 경우로 지적됐다. 구체적으로 살펴보면, 보험금융권 차별이 29건, 구매권 차별이 9건, 행정접근권 차별이 19건, 전체 인권침해 상담 중 소비자불만 관련 상담이 많은 비중을 차지하고 있다. 본 장에서는 소비자로서 장애인에 대해 다루고자 한다. 장애인 소비자문제, 소비자피해, 장애인 소비자를 위한 기업, 시민사회단체, 정부의 역할에 대해 논의하고자 한다.

1. 장애인에 대한 이해

2005년 12월 말 현재 우리나라에 등록돼 있는 장애인의 수는 214만여 명(재가장애인: 210만 1천여 명, 시설장애인: 4만 8천여 명 전체: 2,149천여 명)으로, 대략 국민 20명 중 1명으로 약 5%이다(보건복지부, 2006).[1] 장애유형별로는 지체장애인 수(60만 5천여 명)가 가장 많고, 뇌병변장애(2십 2만 3천여 명), 시각장애(18만 1천여 명), 청각장애(14만 8천여 명), 정신지체(10만 8천여 명) 순서로 밝혀지고 있다. 세계보건기구(WHO)의 발표에 따르면 장애인 출현율이 약 전체인구의 10%라고 하는데 이를 반영할 경우, 우리나라에서 국가와 사회적으로 장애인으로 보호 받아야 하는 장애인의 수는 450만여 명에 이르게 된다. 가구원 중 장애인이 있는 가구는 194만 4천여 가구로 8가구당 1가구가 장애로 인해 어려움을 겪고 있는 실정이다(절반 이상이 중소도시 및 읍면지구 거주).

1) 장애인 개념

장애의 개념은 「장애인복지법」, 「장애인고용촉진 및 직업재활법」, 「산업재해보상보험법」 등에서 정의되고 있다. 현재 우리나라에서 장애인의 정의로 가장 널리 사용되고 있는 것은 「장애인복지법」에서의 정의이다. 「장애인복지법」에 의하면 장애인을 신체적 · 정신적 장애로 인하여 장기간에 걸쳐 일상생활 또는 사회생활에 상당한 제약을 받는 자라고 정의하고 있다. 세계보건기구는 '장애인 권리선언'에서 장애의 개념을 선천적이든 후천적이든 신체적 · 정신적 능력이 불완전하여 일상의 개인적 및 사회적 생활에서 필요한 것을 스스로 완전히 혹은 부분적으로 확보할 수 없는 상태로 정의하고 있다. 그런데 장애의 정의는 매우 상대적임에 주목해야 한다. 정상(normal)과 장애(handicap)

1) 보건복지부에서는 「장애인복지법」 제 28조에 의해 5년마다 장애출현율, 장애인의 생활실태 및 복지욕구 등에 대해 1980년 이후 5년마다 실시하고 있다. 2005년 조사는 제6차 조사이다.

의 구분은 각기 사회 · 문화적 기대에 따라 그 기준이 다르기 때문이다. 신체적, 정신적 손상이 있다 하더라도 사회생활에 지장이 없다면 장애인도 정상인과 다를 바 없다.

2) 장애인 인권과 편견

인권이란 인간이기 때문에 당연히 갖는 권리로서 인간의 존엄성을 보장받을 권리를 의미한다. 그러나 장애인은 그동안 사회로부터 소외되고 배제되어 왔으며 차별받는 장애인의 인권문제는 심각한 사회문제이다. 장애인의 인권 개념은 장애인의 공적 · 사적 영역에서의 차별, 배제 문제들을 포괄하여야 하며 인권보장을 위한 법적 · 제도적 장치들이 마련되어야 한다. 장애인의 인간다운 삶을 보장하기 위해 노동 · 교육 · 정치 · 문화 · 복지 · 환경 등 모든 영역에서 장애인의 권리를 다루어야 한다. 생활환경,

<소비자복지코너 7-1> 문화예술기관 80%, 장애인시설, 서비스 '없다'

우리나라의 문화예술기관 5곳 중 4곳은 장애인을 위한 시설이나 서비스가 없는 것으로 조사됐다. 한국관광공사가 추천한 우리나라 84개 문화예술기관 중 42곳의 웹 사이트에서 장애인 편의시설이나 서비스 안내가 있는지 분석한 결과 조사 대상의 19%만 장애인에 대한 서비스나 시설을 마련하고 이를 웹 사이트에 표시하고 있는 것으로 드러났다.

장애인 무료 관람이나 할인 서비스를 하는 곳은 14%, 휠체어 전용석이 있는 곳이나 장애인 주차시설이 있는 곳은 각각 12%, 장애인용 엘리베이터나 리프트, 점자시설이나 통로시설을 갖춘 곳은 10%, 장애인 화장실을 갖춘 곳은 7%에 불과했다.

이 결과를 통해 문화예술기관이 문화소비자인 장애인을 위한 기본적 인프라 구축에 매우 인색하다는 게 드러났다. 문화예술기관은 장애인을 위한 대형 행사나 축제와 같은 가시적인 것에는 치중하면서도 기본적인 환경조성을 외면하고 있다. 그는 장애인들의 문화예술기관에 대한 접근성을 높이기 위해서는 편의시설 설치 등 장애인이 쉽게 이용할 수 있도록 하는 구체적 노력, 문화기관 종사자에 대한 교육강화, 장애인을 위한 감상설비나 전용 프로그램 다양화, 홍보 · 가격전략 투자 등이 필요하다.

장애인에게 문화예술기관에 대한 접근성을 보장하는 것은 문화민주주의 기본이며, 만일 그렇지 않다면 예술이 공공재이기 때문에 정부나 지자체가 문화예술에 공적인 지원을 해야 한다.

출처: 허순란(2006), 장애인의 문화기관 접근성, 한국소비자원.

직업생활 및 소득, 주거생활, 병·의원 이용, 사회시설 및 서비스, 교육, 공공서비스, 문화 및 여가활동 등에서 장애인의 인권은 중요한 이슈이다.

우리 사회에서 장애인에 대한 편견이나 차별이 있는가? 우리나라의 장애인에 대한 전통적 의식은 부정적 표현의 대상으로 이용되었고, 명칭에 있어서도 이질적인 것이 붙여져 왔다. 물론 장애인이 그 기능이나 능력에 있어 소위 정상인보다 일반적으로 뒤떨어지는 것이 사실이다. 그러나 장애인이라고 해서 모두가 무능력하고 무기력한 것은 아니다. 실제로 장애인이면서도 역경과 시련을 극복하여 모든 분야에서 탁월한 업적을 남긴 사람도 많다. 미국 대통령이었던 지체장애인 프랭클린 루스벨트(Flanklin Roosebelt), 작가, 사회사업가로 명성을 날린 시각장애인 헬렌 켈러(Hellen Keller), 영국의 우주물리학자이면서 뇌병변장애인 스티븐 호킹(Stephen Hawking) 박사, 바이올리니스트 지체장애인(소아마비) 이자크 펄만(Izehak Perlman)의 경우 장애인이라 하더라도 적절한 교육과 훈련만 받는다면 정상인 못지않은 능력과 실력을 발휘할 수 있음을 보여준다. 그럼에도 불구하고 장애인에 대한 편견과 차별이 그들의 능력을 과소평가하고 그들의 정서를 부정적으로 보게 만드는 경향이 있다. 장애인에 대한 따뜻한 배려가 사회적으로 확산되어야 한다. 장애인에 대한 편견 해소 방안은 다음과 같다.

◇대중매체를 통해 회복된 장애인의 사례보도 및 장애인에 대한 긍정적 보도
◇장애인과의 친구, 협조자가 되어 주는 것
◇장애인과의 만남을 자주 갖는 것
◇장애인을 있는 그대로 받아들이는 것
◇인간은 누구나가 같지 않고 고유성과 차이점을 갖는다는 것을 인정하는 것
◇장애에 대한 사실적인 정보제공
◇대중에게 영향력 있는 의료인, 방송인, 교사, 상담가의 교육과 계몽활동 강화
◇지역사회 내 장애인들을 위한 사회복귀 프로그램 설치 및 개발
◇장애인들의 법적 보호를 증진시킬 수 있는 정책과 법률개정
◇전문가 집단과의 토론회

3) 장애인의 일반적 소비생활 문제

장애인이 일상 삶에서 부딪히는 어려움, 생활환경에 대한 이해는 장애인 소비자의

권익보장 및 소비자로서 기본적 욕구보장을 위해 필수적이다. 따라서 장애인의 여러 측면에서의 삶에 대해 간단하게 살펴보면 다음과 같다.

(1) 대중교통 이용

1998년에 시행된 「장애인편의증진법」은 장애인복지법의 한계를 극복하는 수준으로 접근했다는 평가를 받고 있다. 이 법은 장애인 · 노약자 · 임산부 등에 대한 차별현상의 위헌적 현실을 해소하기 위한 반차별법으로서 장애인 이동현실을 보다 적극적으로 해결해 줄 수 있는 법적 강제력을 갖고 있다. 그러나 현재의 「편의증진법」은 이동권에 관련된 부분에서만 볼 때 버스 자체를 이용할 수 있는 권리에 대한 보장이 아니라 버스 터미널의 편의시설에 관해서만 언급하고 있다든지, 「편의증진법」의 소관 정부 부처가 여전히 보건복지부 소관이라든지, 그리고 편의시설에 대한 해석이나 적용을 심의할 수 있는 상설 심의기구에 대한 언급이 없다는 점 등에서 문제점을 드러내고 있다.

(2) 소득

장애인의 소득을 가구별로 살펴보고, 경제활동참여 수준을 살펴본 후 선진국과 비교해 보면 다음과 같다.

① 장애인가구의 경제실태: 소득과 소비

2000년도 장애인실태조사에서 우리나라 장애인가구의 일반적 경제상태를 월평균 가구 총소득과 지출을 중심으로 살펴본 결과, 장애인가구의 월평균소득은, 50만~99만 원이 27.2%로 가장 많고, 50만 원 미만이 25.3%로 전체 장애인가구의 절반 이상이 월 100만 원 미만의 소득인 것으로 나타났고, 전체 장애인가구의 월평균 총 소득은 157만 2천 원으로 2005년 장애인실태조사에 따르면, 도시근로자 가구소득(2005년 2/4분기 301.9만 원)의 52.1%에 불과하다(보건복지부, 2006). 전체 장애인가구 194.5만 가구 중 국민기초생활수급자 가구는 총 26만 가구로(전체 장애인가구의 13.1%) 비장애 가구의 국민기초 생활보호대상자비율 6.8%에 비해 2배 높은 수준이다.

장애인가구의 경우, 치료 · 재활 서비스, 교통수단 이용, 특수 교육 등 장애로 인한 추가 지출이 발생하게 되는데, 2006년도 장애인 실태조사 결과에 의하면, 장애인가구의 월평균 추가지출비용은 155만 4천 원으로 집계되었다. 월평균 추가비용의 지출 비목별 비중을 살펴보면, 의료비가 52.8%로 가장 높았으며, 다음이 교통비 18.4%, 재활보호기구 구입 · 유지비 9.9%, 보호 · 간병인 6.1%, 교육비 4.7% 순으로 나타났다. 이처럼 장애인의 소득은 낮은 반면 지출하지 않아도 되는 추가 생활비로 인하여 장애인은 빈곤에 노출될 확률이 높다.

정영숙(2005)은 노인가구, 모자가구, 장애인가구의 최저생계비를 추정한 결과 4인가구의 경우 각각 101만 원, 130만 원, 153만 원으로 나타나 노인가구 및 모자가구에 비해 장애라는 가구 특성이 최저생계비 결정에 더 중요하고 상대적으로 더 높은 생계비가 필요하다고 하였다.

② 장애인의 경제활동참여

현재 우리나라 장애인의 빈곤상태를 보여주는 또 다른 지표로서 낮은 경제활동참가율과 높은 실업률을 지적할 수 있다. 2005년도 장애인실태조사 결과에 의하면, 2005년 장애인의 경제활동참가율은 48.7%, 실업률은 23.1%로서 전체 인구의 경제활동참가율(60.7%) 및 실업률(4.1%)과 많은 차이를 보이고 있는 것으로 나타났다. 성별로 보면, 남자 장애인의 실업률은 21.1%, 여자는 28.8%로 여성장애인의 실업률이 남자보다 7.7% 높게 나타났다. 재가장애인[2]의 취업실태를 장애유형별로 보면, 15세 이상 장애인 취업자 중 가장 많은 비율의 장애인은 시각장애인(45.6%)인 것으로 나타났으며, 실업률은 뇌병변장애인,[3] 정신지체장애인, 정신장애인, 신장장애인 등에서 상대적으로 높게 나타났다. 취업 장애인의 월평균소득은 114만 9천 원으로 상용종업원(2005년 6월)의 월평균임금 258만 원의 44.5%에 불과한 수준이며, 장애유형별로 보면, 간장장애인의 월평균소득이 176만 6천 원으로 가장 높고, 다음은 신장장애인 153만 8천 원, 취업장애인의 취업분야는 주로 단순노무직(27.6%), 농 · 어업(19.0%) 기능근로자(12.3%)에 편중되어 있어 장애인대상 교육 및 전문기술 양성, 장애인 지향적 취업직종개발이 필요하다.

---

2) 재가장애인: 건강상의 이유로 외출이 불가능한 장애인을 총칭하는 말. 즉 장애 정도가 심해 집에 거주하는 장애인

3) 뇌병변장애인(腦病變障碍人): 뇌성마비, 외상성 뇌손상, 뇌졸중(腦卒中) 등 뇌의 기질적 병변에 기인한 신체적 장애로 보행 또는 일상생활의 동작 등에 상당한 제한을 받는 사람

③ 장애인 소득수준의 OECD 국가와의 비교

OECD(2003)의 조사결과에 의하면, OECD 회원국의 근로 가능 연령층 장애인의 소득수준을 비장애인에 대한 상대비율로 측정하였을 경우 대부분의 국가에서 높게 나타나고 있다. 먼저 가구소득의 경우, 오스트리아, 덴마크, 독일, 네덜란드, 스웨덴, 그리고 스위스 등의 유럽 국가에서 장애인이 있는 가구소득의 장애인이 없는 가구의 소득에 대한 상대적 비율은 95% 이상인 것으로 나타나 가구 내 장애인이 존재하는지와 상관없이 가구소득 수준이 매우 유사한 수준에 있음을 알 수 있다. 특히 스웨덴의 경우 장애인 존재 가구의 소득수준이 장애인이 존재하지 않는 가구의 소득수준에 약 97%인 것으로 나타났다. OECD 국가의 장애인 존재가구의 평균 소득수준은 장애인 비존재 가구소득의 85% 수준에 있으며, 유럽 국가의 경우 87%에 이른다. 그러나 우리나라의 경우 장애인가구의 가계소득이 비장애인가구의 가구소득에 약 62%로서 OECD 국가 내에서 가장 낮은 수준을 보이고 있다. 이처럼 선진국에서 장애인 존재 가계의 소득수준이 높은 이유는 장애급여제공 정도에 달려 있다고 할 수 있다. 우리나라의 경우 장애급여의 수준이 낮은 것이 장애인 존재 가구의 소득수준이 낮은 가장 큰 이유이다.

장애인실태조사에 나타난 장애인가구의 월평균가구소득을 보면 수입에 있어서 월평균 50만 원 미만이 31%이고, 50만~99만 원이 약 29%로서 전체가구의 60%가 1백만 원 미만의 저소득계층인 것으로 나타났고, 반면 월평균지출 50만 원 미만이 38.8%, 50만~99만 원이 36.5%로서 75.3%가 1백만 원 미만의 열약한 소비생활을 하는 것으로 나타났다. 수입과 지출에 대하여 추가비용이 드는 장애가구가 46%이고, 추가비용 정도는 평균 약 10만 6천 원 정도이고 대부분(90%)이 장애의 재활에 필요한 의료비로 지출되고 있다. 그러므로 시간이 흐름에 따라 생활의 정도가 호전되는 것이 아니라 오히려 열약해지는 과정에 놓여 있음을 알 수 있는데, 현재 전체의 12.1%에 해당하는 장애인가구가 국가의 생활보호로써 생활을 하고 있다.

(3) 의료

의료서비스는 장애인들이 가장 필요성을 느끼는 부문이라 할 수 있다. 그러나 아직까지는 많이 부족한 상황으로, 재활과 보장구의 문제로 살펴보면 우선 재활치료의 문제는 장애가 발생한 직후에 행하는 재활치료의 중요성에 대해서는 말할 필요가 없으며, 또한 장애가 진행성일 경우 재활치료를 함으로써 장애가 심해지는 것을 막아 조금이라도 편한 삶을 영위할 수 있다. 그러나 우리의 재활병원은 127개 정도이며 지역편차가 매우 심각하여 주로 서울과 같은 대도시에만 집중되어 있고 중소도시에서는 찾기 어려운 형편이다. 보장구는 장애인 신체의 일부로서 역할을 하는데 보장구를 비롯한 재활공학에 대한 연구는 전무한 실정이다. 예를 들면, 우리나라는 보장구가 잘린 팔 모양만 갖추고 있지만 선진외국의 경우 뇌에서 팔을 움직이겠다고 생각하면 잘린 부분의 근육이 움직여서 의지손이 움직일 수 있게 되어 있다. 우리나라는 1997년부터 보장구가 의료보험혜택을 받게 되어있으나 아직은 의료보험혜택을 받을 수 있는 보장구는 한정되어 있으며 또한 비싼 보장구는 보험혜택을 받을 수 없으며, 보험료를 받기 위해서는 장애인 본인이 의료보험조합에 청구하여야 하는 번거로움을 가지고 있다.

(4) 전문적 재활서비스

장애인복지 예산의 대부분이 전문적 재활서비스 제공보다는 수용시설에 수용 · 보호하는 부분에 소요되고 있어 장애인의 잠재적 능력을 개발하는 데 한계가 있다. 물리치료, 작업치료, 언어치료, 일상생활동작(A.D.L) 훈련 등 다양한 재활서비스를 통하여 장애인의 신변처리능력과 잔존능력의 향상과 사회활동참여를 위한 재활훈련이 이루어져야 하지만 아직까지는 예산부족, 인력부족, 재활장비 부족 등으로 원활한 전문적 재활서비스가 이루어지지 못하고 있다.

(5) 고용기회

1991년부터 장애인에게 취업기회를 제공하자는 취지에서 정부기관과 상시 근로자 3백 인 이상 사업장에 대한 고용인원의 2%를 '장애인의 의무고용'으로 법제화하였다. 그러나 아직도 3백 인 이상 기업체의 대부분이 장애인 의무고용제를 지키지 않고 있는 실정이다.

(6) 특수교육

우리나라에서 특수교육을 받고 있는 아동의 수는 4만 8천 73명으로 특수교육 출현율에 비추어보면 13.8%에 불과한 실정이다. 교사 1인이 도저히 감당해 낼 수 없는 학급당 인원수, 경험에만 의존하는 교수방법, 그리고 취업과는 거리가 먼 형식적인 직업교육 등 우리나라의 특수교육은 아직도 후진성을 면하지 못하고 있다. 또한 통합교육은 생각해 보지도 못하는 교육환경에 처해 있다. 특수교육에 있어서 조기발전 조기교육은 대단히 중요한 원칙이다. 그러나 조기교육 분야는 매우 열악한 상태에 놓여 있으

〈소비자복지코너 7-2〉 미국의 장애인 소비자운동

미국의 경우, 1960년대의 시민권 운동은 원래 의도했던 소수 인종에 대한 권리를 넘어서 다른 불이익을 받는 집단에 대한 권리획득까지 포함하게 되었다. 초기 단계에서 이 운동은 필요보호자들에게 필요한 수당과 생활지원만을 제공하는 급여권(benefit rights)에 반대되는 개념으로서의 시민권(civil rights)에 주로 관심을 두었다. 자립생활운동 역시 시민권과 급여권 모두에 관심을 두어 왔다. 시민권에 대한 이 운동의 관심은 특히 고용 부문에서의 여러 형태의 차별을 금하는 1973년 재활법과 1990년 미국 장애인법 그리고 영국에서는 1995년 장애인차별금지법상에 반영되어 있다. 뿐만 아니라 시민권에 대한 관심은 중증운동기능 장애인들의 경우 건축상의 장애요소가 장애인들의 정치적인 생활에서의 참여를 방해하며, 사실상 그들의 시민권을 박탈하고 있는 것이라고 주장하고 있다.
또한 장애인의 급여권이 지역사회 여건에서 생활하기 위한 선결조건이라는 사실을 점차 자각하고, 자신들의 소득보조 급여나 간병서비스 혜택이 없이는 장애인들이 장기보호시설에서 갇혀 지내는 일은 피할 수 없는 것이다. 시민권 운동은 특정 권리들을 보장하도록 영향을 미쳤을 뿐 아니라, 그러한 권리들이 보장받는 방식에도 영향을 미쳤다. 전통적인 법적 절차가 불가능할 경우 장애인들은 단체행동을 통해 스스로의 권리를 획득하는 방식을 익혀 나가게 되었다.
자립생활운동이 진정한 의미에서 미국 장애인 운동을 주도하는 계기가 된 것은 1973년의 재활법 개정과 1977년의 재활법시행령 발효 이후이다. 당시 재활법 개정과 시행령 제정이 주는 의미는 그동안 시설을 통해 지원되던 정부의 장애인 지원정책이 직접 지원방식으로 전환했음을 뜻한다. 이후 미국의 장애인들은 정부가 지원하는 보조금만으로도 최소한의 생활을 누릴 수 있는 기회를 제공받게 된다. 그리고 장애인에게 자금의 집행권이 부여되는 순간부터 장애인들은 소비자로서의 지위를 획득하게 되고 이후 탈시설화는 급격하게 이루어지게 된다. 자립생활운동의 역사에 있어서 탈시설화는 장애인들이 소비자로서의 주권을 회복하는 상징이 되었다.

출처: 오혜경(1988), 장애인 자립생활 실천에 관한 연구

며, 의무교육에도 제외되어 있다. 우리나라의 조기교육 기관은 현재 전국적으로 사설 기관 250여 개가 있으나, 지금의 조기교육 기관은 주당 3~5일, 하루 1~2시간 정도의 수업일수로 월 20만~30만 원 정도의 고액의 수강료를 받아서, 장애아를 가진 부모들의 부담이 크다.

(7) 사회 · 환경

장애인의 완전한 사회참여를 위해서는 사회적, 물리적 제반 여건이 구비되어야 하는데 일반대중의 장애인에 대한 인식부족과 편견이 상존하고 있으며, 장애를 이유로 참여기회의 균등을 저해하는 여러 가지 제약조건이 존재하고 있다. 또한 사회참여를 위한 물리적 여건으로 교통, 통신시설 및 공공시설에서의 장애인용 편의시설의 설치가 매우 부족하다.

4) 장애인과 소비자 주권

소비자운동은 거의 모든 사회계급과 집단에 영향을 미치는 운동이어야 한다. 소비자주의의 기본 배경은, 소비자로서의 주권을 찾고자 하는 노력, 예를 들면 상품이나 서비스에 대한 바른 정보와 보다 나은 질을 찾고자 하는 것에서 비롯되었다. 소비자주권 개념은 자유시장경제의 상징이 되어 왔다. 그럼에도 불구하고 장애인에게 제공되는 의료, 교육, 재활프로그램과 같은 서비스의 경우, 서비스 제공과 선택에 관련한 모든 주권은 장애인 자신이 아닌 재활전문가에게 있는 경우가 거의 대부분이었다. 장애인은 서비스의 사용자로서 자신의 문제를 가장 잘 알고 있을 뿐 아니라 자신이 어떤 서비스가 필요한지 누구보다도 잘 알고 있다. 자신의 삶이나 생활에 직 · 간접적으로 영향을 미칠 재활서비스에 대한 선택이나 결정은 장애인에게 맡기는 것이 바람직하다. 최근에는 장애인 자신 외에 장애자녀를 부양하는 가족을 소비자로 인식하여 가족의 부양부담을 경감시킬 수 있는 체계적이고 조직적인 서비스를 제공해야 한다(최선경, 2005)는 의견이 지배적이다. 즉 장애인도 재활서비스, 의료, 교육 등에서 선택할 권리, 즉 소비자주권을 가지고 있다. 소비자주권 원칙에 따르면 장애인들이 자신들의 이익에 대한 가장 적절한 판단자이기 때문에 어떤 서비스가 제공되어야 할지를 결정하는데 장애인들이 가장 큰 영향력을 지녀야 한다. 장애인의 시민권 쟁취운동의 시작은 대중교통수단에 대한 접근권 투쟁으로부터 정치 · 경제적인 권리에 대한 권익보장 나아가 장애인 소비자주권 확보로 발전하고 있다. 이러한 변화는 전문가 중심의 모델에서 가족중심 모델로, 시설중심서비스에서 지역사회 중심서비스로, 궁극적으로 가족주도의 소비자주권 패러다임으로 전환되어야 함을 시사한다.

소비자주의 관점에서 볼 때 이용자이면서 소비자주체인 정신장애인의 권리는 8 가지로 분류할 수 있다. 이 8가지는 지역사회에서 생활할 권리, 개인적인 욕구에 의한 서비스를 받을 권리, 높은 질의 서비스를 받을 권리, 자기결정 · 자기선택의 권리, 이해하기 쉽도록 정보제공을 받을 권리, 알권리, 의견 질문 고충처리를 표명할 권리, 사생활보호에 관한 권리, 자기존중의 신념과 존엄을 유지할 권리이다. 소비자로서의 정신장애인의 권리를 다음과 같이 설명할 수 있다.

① 지역사회에서 생활할 권리

이 권리는 정신장애인이 생활하던 지역으로부터 떨어져 지내는 것이 아니라 익숙한 지역사회환경에서 생활할 권리를 말한다. 또는 정신장애인이 어디에 거주할지라도 가까운 지역사회와의 관계를 잃지 않는 생활을 할 권리로 해석할 수 있다. 마찬가지로 시설에서 생활하고 있는 경우도 시설 소재지 근처의 지역사회와 관계를 모색할 수 있고 정신장애인이 지역사회와 관례를 유지할 수 있도록 가르치는 서비스를 제공받아야 한다.

〈소비자복지코너 7-3〉 자기결정권의 의미

장애인의 자기결정권 확보라는 개념은 장애인 문제를 가장 핵심적으로 표현하는 3단어로 자리 잡고 있다(조근태, 1997). 자기결정권은 모든 사람의 양도할 수 없는 권리이며, 또한 복지대상자는 이러한 권리를 수행코자 하는 욕구를 지닌다. 복지대상자가 문제해결과정에 참여하여 스스로 선택하고 결정할 때에만 효과적인 치료를 얻을 수 있고, 선택과 결정을 하는 자유의 권리가 실천될 때 복지대상자의 사회적 책임, 감정적 적응 그리고 인격의 성장과 성숙이 가능한 것이다(김만지, 1993). 다시 말해, 장애인은 잠재력을 가진 인간(양옥경, 김미옥, 1999)으로서 스스로 선택과 결정에 대해 책임을 지도록 하는 것이며, 이 선택과 결정이 실패와 위험을 무릅쓰는 행위더라도 이는 장애인의 인권 개념으로 받아들여져야 한다는 것이다.

② 개별적 욕구에 의한 서비스를 받을 권리

서비스를 제공하는 자는 장애인 개개인의 다양한 욕구에 부응하는 서비스를 제공해야 한다.

③ 높은 질의 서비스를 받을 권리

정신장애인은 심리적 안정, 잠재능력 유지와 개발을 향상시키는 서비스를 받아서 건강하게 생활할 수 있는 전문 서비스를 받을 권리를 가지고 있다. 정신장애인이 이 권리를 보장받기 위해서는 보건복지 영역의 전문직과 밀접한 연계가 필요하다.

④ 자기결정 자기선택의 권리

정신장애인의 모든 사회복지 서비스에 있어 자기결정, 자기선택목표 권리를 보장하는 것을 말한다. 정신보건사회 복지사가 서비스 계획 작성과 서비스 설정을 한 후, 수요자가 서비스에 대한 승인을 하는 것이 아니라, 서비스 계획을 세우는 초기단계부터 수요자와 함께 참여하여 수요자 스스로가 결정하도록 하는 것이다.

⑤ 이해하기 쉽도록 정보제공을 받을 권리

어떤 서비스를 이용할 것인지, 어떤 생활을 영위할 것인지 등을 결정해야 하는 경우 정신장애인의 자기결정, 자기선택을 보장하기 위해서 알 권리의 보장이 필수적이다. 어떤 서비스가 그들에게 유용할 것인지, 어떤 선택이 더 유리한지 등의 경우에 있어서도 장애인이 자기선택, 자기결정을 할 수 있어야 한다.

⑥ 의견, 질문, 고충처리를 표명할 권리

정신장애인들에게 질병에 관한 질문이나 의견, 고통 및 어려움을 토로할 수 있는 환경을 마련해 주고 시스템을 구축하는 것이 필요하다. 이용자이면서 소비 주체인 정신장애인의 말을 경청하여야 하고, 말로써 표현하지 않는 정신장애인에 대해서는 행동이나 표정으로부터 현재의 상황을 이해하려고 노력할 필요가 있다. 옴부즈만제도의 도입 등 고충처리시스템을 정신장애인들에게 도입한다면 이야기하지 못한 의견이나 희망 등을 파악할 수 있다.

⑦ 사생활보호에 관한 권리

정신장애인의 사생활에 속하는 정보가 외부에 전달되지 않도록 하는 정보관리의 측면(사회복지의 비밀보장)과 일상생활상의 사생활 보호 측면 두 가지를 포함한다.

⑧ 자기존중의 신념과 존엄을 유지할 권리

전문가 또는 서비스 제공자들은 정신장애인들이 자기존중의 신념과 존엄을 유지하고, 긍정적인 자기상을 가지도록 최대한 노력해야 한다. 정신장애인이 어떠한 상태에 있더라도 아이 같이 다루거나 명령하듯 하거나, 금지하는 말, 교환 · 조건적인 말들을 사용하지 않고 긍정적인 방법으로 대응해야 한다.

위의 정신장애인들의 권리를 보장하기 위해서는 각각의 권리에 대응하는 서비스 지침을 작성하고 서비스 개선의 방법을 명시해야 한다. 그리고 정신장애인을 대상으로 서비스를 하는 사람들이나 전문가들의 경우 스스로의 인식전환과 서비스 기준들이 지침이 되어야 할 것이다.

2. 장애인의 소비자문제

1) 장애인의 소비자문제 유형

최근 3년간 한국소비자원에서 상담한 장애인 대상 상담내용의 유형별 사례 분포를 살펴보면 노동권, 소비자권리, 재산권, 신체자유의 권리 순서로 나타났다. 장애인 소비자권리를 위협하는 소비자문제는 총 69건이 발생되었는데, 그 중에서 보험금융권 차별이 29건, 구매권 차별이 9건, 행정접근권 차별이 19건, 기타가 12건으로 전체 인권침해상담 중 많은 비중을 차지했다.

소비자상담에서 장애인에 대한 보험, 금융권 차별이 계속 증가하는 가운데 장애인의 서비스 이용 거부, 정신지체장애인에 대한 휴대폰 요금 관련 상담이 주를 이루고 있다. 특히 보험차별의 경우, 기존의 가입거부의 문제를 넘어 보상상의 차별을 언급하는 사례가 많아진 것은 주목할 만하다.

〈표 7-1〉 장애인 소비자상담 분석결과

상담유형	상담건수	비율(%)	2003~2005 상담유형 TOP3 (괄호)는 정보제공비율
노동권	48	10.2	
여성장애인권리	26	5.5	[2003](정보제공 41.4%) 1. 소비자의 권리 8.4% 2. 재산권 6.6% 3. 노동권 6.5% ※ 신체자유의 권리 4.1%
생존권	20	4.3	
건강권	1	0.1	
교육권	24	5.1	
문화향유권	4	0.1	
접근권	11	2.5	
정보접근권	0	0.0	[2004](정보제공 29.3%) 1. 소비자의 권리 8.1% 2. 노동권 5.9% 3. 신체자유의 권리 5.4% ※ 재산권 4.1%
지원서비스	22	4.9	
참정권	0	0.0	
소비자권리	48	10.2	
형사상권리	22	4.9	
시설장애인권리	25	5.3	[2005](정보제공 16.5%) 1. 소비자의 권리 10.2% 2. 노동권 10.2% 3. 재산권 8.3% ※ 신체자유의 권리 6.4%
가족권	16	3.4	
신체자유권리	30	6.4	
재산권	39	8.3	
정보제공	75	16.5	
정책건의	1	0.1	
정서적지지	30	6.4	
기타	27	5.8	
합계	469	100	

출처: 한국소비자보호원(1988). 장애자 소비생활에 관한 연구. 연구보고서.

(1) 보험에서의 장애인 차별

보험에서의 차별은 공보험과 사보험에서의 차별로 나누어 볼 수 있다.

◇ **공보험(사회보험)**: 국민연금에서의 장애연금 인정절차를 기왕력(과거병력)을 이유로 인정하지 않는 문제 등

〈표 7-2〉 장애인 소비자권리의 침해

장애인 차별 유형	세부 항목	빈도(%)
보험금융 사용권 차별(29건, 42%)	보험가입 제한	6(8.7%)
	보상금 제한	21(30.4%)
	기타	2(2.9%)
구매권 차별 (9건, 13.0%)	음식점 등 서비스 기관 출입제한	0(0%)
	구매제한	1(1.4%)
	불친절 및 무시	4(5.8%)
	기타	4(5.8%)
행정접근권 차별 (19건, 27.5%)	행정접근제한 (불친절, 무시, 정보미제공 피해)	174(20.3%)
	기타	5(7.2%)
기타(12건, 17.4%)	기타	12(17.4%)
합계		69(100%)

출처: 한국소비자보호원(1988). 장애자 소비생활에 관한 연구. 연구보고서.

◇ **사보험**: 가입거부, 홍보내용과 계약 내용 다름으로 인한 손해, 약관해석의 차이, 교통사고시 기왕력으로 보상금에서 차별받음, 장애아동캠프 등이 보험가입이 되지 않는 문제, 의료보호대상자의 의료비보상에 있어 보험사가 전혀 보상하지 않는 문제 등

한국소비자원의 분석결과에 따르면 보험보상에 있어 장애인에게 기왕증(과거병력)을 노동상실률을 책정하는 데 불리하게 적용하고 있으며, 사고발생 원인에 대해서도 기왕증을 이유로 장애인을 차별하고 있다.

(2) 행정접근에서의 장애인 차별

장애인의 행정접근차별에 있어서 공공기관과 서비스 업체의 행정접근제한(불친절, 무시, 정보미제공으로 인한 피해)이 가장 많이 나타났는데, 동사무소 직원의 서류 접수거부, 정신지체장애를 이유로 인감증명서 발급거부, 장애등록시 의사진단을 무시하고 기록하는 등의 사례가 발생하는 것으로 밝혀지고 있다.

〈소비자복지코너 7-4〉 보험회사 관련 장애인 소비자문제

국내 45개 보험사(생·손보·공제조합 포함)의 장애평가제도에 대한 보상실태와 지난 5년여 동안('99년 4월~'04년 2월) 한국소비자원에 접수된 보험사의 장애평가와 관련된 소비자불만상담 및 피해사례 등을 분석한 결과, 현재 보험사 고시·적용하고 있는 장애평가기준이 가입한 보험의 종류나 해당 법규에 따라 각각 달라 보험이용 장애인 소비자들이 큰 불편을 겪고 있는 것으로 나타났다.

사례1) 보험 소비자 차씨는 '01.9.4. 작업 중 추락 사고를 입고 장애인복지법상 3급에 해당하는 장애진단을 받고 ○○생명보험에 보험금 지급을 요청하였으나 국민연금 및 장애인복지법상 3급 장애인정기준과 생명보험 장애등급은 다르다며 지급 거절당함.

사례2) 보험 소비자 김씨는 '01.6.21. 교통사고로 인한 좌측 종골골절로 지체장애인법상 장애5급을 인정받고 ○○생명보험에 보험금 지급을 요청하였으나 지체장애인법상의 장애와 생명보험의 장해분류표기준이 서로 달라 보험금 지급이 거절됨.

장애판정 관련 19개 법률도 각각 상이한 기준 적용: 보상받으려면 장애진단 여러 차례 받아야 일반적으로 신체장애는 보험에서 구체적으로 다루어지고 있으며, 판매하는 보험상품 중 일부가 신체장애와 관련된 보험약관을 가지고 있으나 상품별로 각기 서로 다른 기준을 가진다. 또한 국가 법률에 의한 신체장애 보상시에도 19가지의 해당 법률마다 상이한 기준을 가지고 있다. 이러한 상품 및 규정의 상이함으로 인해 보험 소비자들은 장애진단을 받아 놓고도 장애를 인정받지 못하고, 해당 약관이나 법규가 요구하는 방식의 장애진단을 매번 다시 받아야 하는 불편을 겪고 있는 것으로 나타났다.

※ 지난 5년여 간 한국소비자원에 제기된 보험회사와 소비자 간의 신체장애 평가 관련 피해구제청구 현황을 살펴보면, 총 4,478건의 보험관련 피해구제건 중 583건(13%)이 장애 관련 피해구제 건임.

출처: 한국소비자원(2004년 10월 15일).

(3) 서비스 분야에서의 장애인 차별

지하철 역무원의 불친절, 서비스기관인 은행직원의 무시, 자동차 구입시 시각장애인에게 도색이 변한 차량을 팔아넘김, 휴대폰 계약시 불친절 및 무시 등이 발생하고 있다. 이외에도 복지카드의 늦은 발급도 장애 당사자에게는 피해로 나타났다.

(4) 정보 미제공 관련 장애인 차별

장애인에게 정보미제공으로 인한 경제적 피해가 발생하는데, 이 같은 피해로 인해 감면혜택 못 받음, 공동명의 장애인 자동차에 대한 정보미제공으로 자동차세를 내야 하는 문제 등 정보미제공이 장애인 소비자의 경제적 피해로 이어지고 있다.

지금까지 살펴본 바와 같이 장애를 이유로 소비자로서의 권리가 여러 분야에서 무시됨을 알 수 있다. 이는 장애인을 소비자로서 인식하는 개념이 부족하기 때문이며 장애 당사자가 소비자로서의 권리를 당당히 요구하는 과정을 통해 장애인 소비자주권이 확보되어야 한다. 장애인 소비자 주권을 위한 법제도적 보안장치는 물론 당장의 손해만 보상받는 소극적 방법에서 적극적 방법으로 당사자가 해결의 의지를 보이는 것이 시급하다.

2) 장애인 소비자 차별 사례

소비자로서 장애인이 차별받거나 권리를 실현하지 못한 여러 분야에서의 사례를 살펴보면 다음과 같다.

(1) 보험분야 사례: 민간보험에서의 장애인 차별(장애인권익문제연구소 홈페이지, 2003년 2월 26일)

국가인권위원회는 2002년 10월부터 3개월간 민간보험에서의 장애인 차별실태에 대한 조사를 벌인 결과 민간보험에서 장애인에 대한 차별이 존재하고 있음을 확인하였다. 민간보험회사의 보험약관 및 상품요약서에서 차별적인 조항은 다음과 같다.

◇정신적인 장애를 신체의 질병과 구별하여 보상에서 제외
◇신체장애인의 경우 '유진단'이라고 명시하여, 보험가입시 장애 원인 · 상태 · 정도 및 보험상품의 종류를 불문하고 건강진단을 받도록 하고 있음.
◇단지 중증장애인이라는 이유로 보험가입 거절

장애인을 대상으로 보험과 관련한 피해에 대해 설문조사한 결과 보험과 관련한 차별은 크게 세 가지 유형으로 나타났다. 첫째, 장애인이라는 이유로 상해보험, 여행자보험, 화재보험 등의 대인배상특약 등에 가입하는 것을 거절당하는 것, 둘째, 장애인에 대한 부당한 보험차별이 존재하는 것, 셋째, 장애인 전용보험에 관해 정보제공을 받지 못하는 것 등이다. 그러나 이러한 상황에 장애차별에 대해 뚜렷한 대책이 마련되지 못하고 있다. 현재 장애인보험 차별 관련 기관은 보건복지부, 금융감독원, 국가인권위원회이다.

결론적으로 장애인 보험 분야에서의 차별이 심하며, 그에 대한 대책이 없다. 보험회사의 인수지침이나 관행 등에서 장애인 차별적인 소지가 있는 부분에 대한 개정 및 대응책 마련, 위험률과 장애의 관계에 대한 의학적 · 통계적 연구, 보험회사 직원에 대한 교육, 장애인을 위한 다양한 상품개발 등 대책마련이 필요하다.

(2) 항공 분야 사례

〈항공 분야 사례 1〉 장애인 할인 축소 '야박한 대한항공'(시각장애인뉴스, 2006년 8월 2일)

대한항공이 2006년 9월부터 장애인에 대한 항공료 할인율을 대폭 축소하기로 해 장애인들의 불만이 커지고 있다. 정부는 장애인 이동권 보장을 위해 할인축소에 반대한다는 입장이지만 이를 막을 별다른 방법이 없어 고심하고 있다. 2006년 8월 보건복지부 등에 따르면 대한항공은 9월부터 4~6급 장애인들에 대한 국내선 항공료 할인율을 기존 50%에서 30%로 낮춘다고 지난달 초 보건복지부에 알려왔다. 다만 1~3급 장애인에 대한 항공료 할인율은 기존대로 50%로 유지된다. 대한항공 관계자는 "유가가 계속 올라가고 국내선 운영 적자가 누적돼 불가피하게 할인율 축소를 추진하게 됐다"고 밝혔다. 그러나 항공료 할인율 축소는 장애인의 이동권을 제한함으로써 장애인의 사회 · 경제적 활동까지 저해할 수 있어 문제가 되고 있다.

〈항공분야 사례 2〉 장애인 차별 규정 신설: 보호자 없이 못 탄다(에이블뉴스, 2006년 9월 7일)

2006년 9월부터 5 · 6급 장애인의 항공료를 자의적으로 축소한 대한항공이 이번에는 보호자를 동반하지 않았다는 이유로 한 뇌병변장애인의 비행기 탑승을 거부, 장애인들이 반발하였다. 2005년 8월 17일 울산공항에서 대한항공 서울행 비행기에 탑승하려던 김옥주(여 · 60 · 뇌병변장애 3급) 씨는 대한항공으로부터 '보호자를 동반하지 않았다'는 이유로 탑승을 거부당했다. 항공사는 '뇌병변, 정신지체, 정신장애, 발달장애 3급 이상인 장애인은 보호자 동승 없이 비행기에 탑승할 수 없다'는 규정을 신설했기 때문이다.

(3) 은행 서비스 분야 사례

장애인 서비스 외면하는 은행(세계일보, 2006년 1월 13일)

한 시중은행 지점에서 시각장애인이라는 이유로 통장개설을 거절당한 사건이 있었다. 시각장애인 김씨는 2005년 말 1시간 동안이나 승강이를 벌이다 시각장애인연합회 주거래 은행 지점장의 도움으로 통장을 개설할 수 있었지만 분을 참을 수 없었다고 한다.

2005년 11월 한 장애인단체의 조사 결과에 따르면 국민 · 우리 · 신한 · 조흥 · 하나 · 외환 · SC제일 · 기업은행 등 시중은행이나 국책은행의 장애인 편의시설 및 서비스 현황은 낙제점에 가까운 수준이었다. 휠체어 접근이 가능하도록 영업점 입구의 턱을 없애고 경사로를 설치한 은행지점은 손에 꼽을 정도다. 은행입구에 시각장애인용 점자블록을 설치한 영업점도 찾아보기 힘들다. 특히 시각장애인이 폰 · 인터넷 뱅킹을 이용할 때 필요한 점자 보안 카드는 일부 은행에서만 발급되고 있다. 휠체어를 타는 지체장애인을 위해 '장애인용 현금입출금기(ATM)'를 설치한 곳도 극히 드물다. 현재 대부분의 현금 입출금기는 화면이 터치스크린 방식으로 바뀌면서 기기에 부착된 점자 버튼이 없어져 시각장애인들의 사용이 어려운 실정이다. 시중은행 가운데 신한은행이 유일하게 장애인용 현금 입출금기를 개발, 전국의 36개 지점에 설치했을 뿐이다. 장애인권익문제연구소 한 관계자는 "장애인이 혼자서 은행업무를 보기란 거의 불가능에 가까운 형편"이라며 "장애인을 위한 편의시설과 서비스 향상 등 은행 측의 관심과 배려가 아쉽다"고 지적했다.

(4) 문화생활 분야 사례

에버랜드에서 장애인 문화향유권을 보장하라(장애인권익문제연구소, 2003년 10월 22일)

2003년 9월 4일 장애인 인권지기단 16명은 인권지기 테마체험의 일환으로 (주)삼성에버랜드에 다녀왔다. 하지만 에버랜드 페스티벌 월드를 방문한 장애를 가진 소비자들은 에버랜드 측에서 규정해 놓은 장애인탑승금지조항으로 인해 상당수의 놀이기구를 이용하지 못하는 문제가 발생하였다. 또한 에버랜드 직원들의 장애인에 대한 인식부족으로 인한 차별의 문제들도 곳곳에서 발생하였으며, 장애인 편의시설도 아예 설치되어 있지 않거나 기존의 시설들도 제대로 설치 · 관리되지 않아 체험에 참여한 장애인들이 많은 불편을 겪어야 했다.

(5) 콜택시 분야 사례(장애인권익문제연구소, 2005년 8월 9일)

장애인콜택시는 이동에서 많은 어려움을 겪는 장애인들의 불편을 덜어주고자 서울시에서 2005년 1월부터 시행한 제도이다. 그러나 소비자인 장애인들이 장애인 콜택시 이용에서 많은 불편함을 겪고 있고 많은 불만이 접수되는 등 여러 가지 문제가 제기돼 왔다.

서울시설관리공단의 장애인 콜택시 운영의 문제점에 대해서는 '차량 연결이 잘 안된다(71.8%)'가 가장 많았고, '연결될 때까지 기다리는 시간이 길다(31.8%)', '차량 대수가 너무 적다(29.4%)'는 답변이 많았다. 또한 '원하는 시간에 이용이 어렵다(23.5)', '차량 운행 시간이 너무 제한적이다(22.4%)', '서울 이외 지역 장애인 이용 어려움(21.2%)', 그밖에 '전동휠체어 한 대 탑승, 직원 불친절, 운전기사 불친절, 탑승 인원 제한, 차체 약함, 비용 부담, 전반적인 서비스 수준이 낮다'라는 답변이 10% 내외로 나타났다. 한편 콜택시 탑승 때마다 장애인들의 신상명세가 기록되어 있는 장애인 카드를 의무적으로 제시해야 한다는 것에도 문제가 있다. 또한 일부사례이기는 하나 부당 요금 청구, 먼거리 경유, 불친절, 거친 운전 등의 문제점들도 실태조사를 통해 드러났다. 실태조사 결과를 바탕으로 정책대안은 다음과 같다.

◇요금 재조정

◇차량대수 확대—콜택시가 일일 평균 2,500회의 콜을 받는다고 하는데 콜택시의 수는 100대이고, 한 대당 5~6회 정도밖에 운행할 수 없다. 그래서 오전 10시 이전이나 오후 6시가 넘으면 차량 연결이 거의 안 되고, 콜이 되더라도 연결시간이 너무 길어 오랜 시간을 기다려야 하는 경우가 많다.

◇장애유형별 콜택시 차종 다변화

◇운전기사 교육 필요
◇운영시간 연장: 운행시간 새벽부터 심야까지 연장 운행
◇운행지역 확대
◇장애인 개호시 장애인 운전자 부상에 대비 개호 안전보험 도입
◇탑승 인원 제한 해제 등이다.

장애인 콜택시가 일반 택시요금에 비해 저렴한 것이 사실이나 등 · 하교나 출 · 퇴근 등으로 자주 이용할 경우 결코 싼 비용이 아니다. 콜택시 요금을 인하하고, 기초생활 수급자에 요금감면혜택과 장애인 이동수당 도입을 검토해야 한다. 또한 수요에 비해 공급이 턱없이 부족함을 지적하며 하루 평균 콜수 2,500회, 기사 한 명당 운행횟수 5~6회를 감안하여 500대 정도의 콜택시를 마련해야 한다. 한편 현재 직업보장(4대보험 보장)이 되고 있지 않아 승객을 돕는 과정에서 교통위반벌과금, 주차장확보 등의 문제점들이 빈발하고 있고, 승객을 돕다가 다칠 경우에도 산재혜택을 받을 수 없는 등의 문제가 있다.

(6) 기타 사례

① 장애인에 대한 정기주차권 판매 제한(YTN, 2006년 9월 29일)

서울의 일부 공영주차장에서 장애인에게 정기주차권 판매를 제한하고 있는 것으로 드러났다. 현행 법규상 장애인의 경우 80%를 할인해 주어야 하기 때문에 수익성이 떨어진다는 이유였다. 실제 강서구의 300대 수용가능한 공영주차장의 장애인 차량 할당 월 주차권은 14장이었고, 송파구의 한 공영주차장도 325대의 수용규모에 장애인 차량 할당량은 8장에 불과하다.

② 장애인 차량 비도덕적 마케팅(머니투데이, 2005년 7월 7일)

르노 삼성차는 2004년 9월 1일부터 Safety Package를 무상으로 장착한 장애인용 자동차 모델(2005년형 SM520)의 출시를 한 달여 앞둔 8월 이 사실을 숨기고 대당 100만 원 상당의 Package 값을 받고 이와 같은 장치들을 장애인들에게 옵션으로 유상 판매하여 2005년 7월 7일 녹색소비자연대 부설 녹색시민권리센터에 의해 피소되었다.

③ 선택권의 상실(한겨레신문, 2006년 9월 27일)

현재 전국에 장애인 재활병원은 신촌 세브란스 재활병원과 삼육재활병원, 국립재활원, 서울 재활병원 등 4곳뿐이며, 병상은 4000개 정도로, 470만 명으로 추정되는 장애인의 40% 이상이 재활치료를 비롯해 합병증 치료와 정기검진을 받아야 하는 현실에 비추어 봤을 때 가혹한 수준이다. 이로 인하여 장애인들은 품질 및 서비스를 고려하여 병원 선택의 권리를 갖기는커녕, 남은 자리 찾아가기에 급급한 현실이다. 한 번 입원

<소비자복지코너 7-5>

지체1급장애인 보험회사 상대로 국내 첫 소송제기

조병찬 씨는 보험회사들의 관행적인 장애인차별을 철폐하기 위해 다니던 회사까지 그만두고 (사)장애인권익문제연구소에서 상근활동을 하면서 문제해결을 위해 분주히 활동하고 있다. 장애인은 움직이면 차별이다. 그런데 움직이지 않는 보험에서도 차별받고 있다고 말하며 장애인권익문제소와 이 문제를 상담했고 '분명한 차별이니 푸는 방법이 있느냐?'라고 물었고, 연구소 측에서는 임성택(법무법인 지평) 변호사를 소개해줬다. 문제해결을 위해 임성택 변호사가 제시한 방법은 세 가지였다. 첫째는 국가인권위원회에 인권침해로 제소하는 것이었고, 두 번째로는 법원에 소송을 제기하는 것이었다. 마지막으로는 공정거래위원회에 계약위반으로 신고하는 것이었다. 그러나 국가인권위원회의 권고 조치는 개인에 한해 시정될 수는 있으나 다른 장애인에게는 효과가 없으며 공정거래위원회에 신고하는 것은 보험회사 측에서 '계약자유권리'를 주장할 경우 소용이 없기 때문에 법원에 소송을 제기하게 되었다. 또한 국가인권위원회나 공정거리위원회의 판결은 이전 차별의 상태로 되돌아 갈 수 있지만 법원 소송은 차별하는 상태로 회귀가 되지 않는다. 다만 정신적 피해 보상금액은 서울대 성희롱 사건 때 받은 9백만 원이 가장 많으며 보통 1백만 원~2백만 원 정도였다.

법적으로 형법 732조에는 '심신 장애인이나 미성년자는 사망을 담보로 한 보험을 들어도 무효로 처리된다. 가입하더라도 보험금을 지급할 이유가 없다'고 명시되어 있다. 이 부분은 차별적 조항이면서도 양면성이 존재한다.

문제는 보험회사의 약관 규정된 신체장애인의 '기왕력'이 문제가 된다. 만약 자동차 사고로 다리를 잃었을 경우 두 다리 멀쩡한 비장애인보다 다리 한쪽을 사용하지 못하는 장애인의 경우 '사고율이 높다'는 이유로 피해보상 크기가 다르다. 비장애인이 피해보상금으로 1백만 원을 받는다면 한쪽 다리를 사용하지 못하는 소아마비장애인은 50만 원만 지급받는다. 이것이 장애인 차별을 노골적으로 드러내고 있는 보험회사 약관들이다.

출처: http://www.cowalk.or.kr

에 석 달을 기다리는 현상이 발생하고 있다. 장애인 시설의 부족으로, 각 시설 간의 담합 가능성이 야기되고 있다.

④ 장애를 이유로 사우나 출입 거부건(장애인권익문제연구소, 2005년 10월 24일)

사우나, 찜질방 등에서 장애인이라는 이유만으로 출입거부와 차별대우를 받고 있다고 한다. 시설을 이용할 권리는 누구에게나 있는 것이고 영업주 측에서 장애인에게 이런 대우를 한 것은 차별적인 영업거부이다.

⑤ 장애인 보험가입 거부권(한국소비자연맹, 2005년 8월 26일)

TV홈쇼핑에서 나오는 S생명이 장애인 보험가입이 되지 않음을 명시하지 않고 장애인 보험가입을 거절한 바 있다. 장애인의 위험률에 대해서는 어느 정도 높은지, 낮은지에 대한 통계가 전혀 없어 문제가 계속되고 있다.

⑥ 장애인 등록증 허위 발급(시사신문, 2004년 12월 21일)

지체장애자에게 주어지는 LPG 연료 사용과 승용차 구입시 세금혜택 등 특혜를 받고자 하는 정상인들에게 돈을 받고 허위 장애진단서를 발급하여 가짜 장애인을 양산하는 공무집행방해 및 허위진단서 작성 등의 사건이 발생한 바 있다. 이와 같이 가짜 장애인이 많으면 많을수록 막대한 국가재정이 낭비됨은 물론 상대적으로 장애인들에게 돌아가야 할 혜택이 그만큼 줄어드는 결과가 초래되고 있다.

⑦ 교도소에 장애인시설(한겨레신문, 2005년 5월 27일)

장애인 재소자들이 편의시설이 갖춰지지 않아 이중 · 삼중의 고통을 겪고 있으며 교도관들 또한 장애인들에 대한 인식을 제대로 갖추고 있지 않아 더욱 장애인을 어렵게 한다. 또한 교도소 안에 시각장애인용 안내판이 없고 교도소 안에 수화를 할 줄 아는 직원이 없는 등 많은 문제점을 나타내고 있다.

⑧ 버스의 탑승문제(한겨레신문, 2005년 7월 23일)

장애인의 버스이용은 사실상 어려운 상태이다. 따라서 장애인의 대중버스 이용 대책 강구, 장애인의 버스이용을 위한 관련 법 개정, 지하철의 모든 역사에 승강기 설치 등이 필요하다. 특히 시내버스에 장애인용 수직리프트 장착, 버스의 일정비율을 바닥

이 낮은 저상버스로 운용 등이 필요하다.

⑨ '턱 높은' 장애인 보조기구(한겨레신문, 2005년 4월 18일)

자동리프트 의자, 손바닥 마우스 등 장애인을 위한 첨단기구 대부분이 고가수입품이며 정보도 제대로 전달되지 않고 있다. 첨단과학기술을 활용한 장애보조공학기구, 예를 들면 일상생활(식사, 목욕, 옷 입기)을 거들어주는 기구부터 레저오락(스포츠 휠체어, 장애인 라켓) 등 비장애인들도 사용할 수 있는 보조공학기구 200여 점이 전시됐다. 보조공학기구는 장애인들에게 '그림의 떡'이다. 손바닥 마우스는 일본제로 40만 원을 호가한다. 자동리프트의자는 독일제로 200만 원, 뇌성마비 장애인들이 사용하는 스탠더(일어설 수 있도록 도와주는 기구)는 300만 원을 훌쩍 넘는다. 이 같은 보조공학 국내시장은 작아 국내 기업들이 뛰어들기를 꺼리고 있다. 한편 대부분의 장애인들은 '정보부족'을 보조기구를 사용하지 않는 가장 큰 이유로 꼽아 정보부족도 이런 기구들이 확산되지 않는 주요 이유이다.

3) 소비시장 구조적 차원의 장애인 소비자문제(에이블뉴스, 2006년 4월 13일)

2005년 12월 말 현재 우리나라에 등록돼 있는 장애인의 수는 211만여 명이지만, 장애인의 특성이 고려되지 않고 제작 · 설계된 제품 · 구조물들로 인한 안전사고가 빈번하게 발생하고 있으며, 이러한 것들이 장애인의 자활자립을 저해하는 한 요소로 작용하고 있다. 대부분의 장애는 후천적 원인에 의해 발생하고 있어 장애발생 예방정책이 중요하다(보건복지부, 2006). 이렇게 장애인의 수가 늘어나고는 있지만 장애인 전문시장은 그 규모가 협소하고, 이로 인해 장애인의 소비생활은 제한 받고 있다. 한 예로 시각장애인은 문자 메시지를 읽어주는 기능이 있는 휴대폰 대신 사용할 수 없는 카메라가 부착된 휴대폰을 구매해야 만한다. 이는 장애인의 소비자적, 인권적 측면이 전혀 고려되지 않고 있는 것을 의미하는 것이다.

이와 대조적으로 해외의 경우 장애인 전문 소비시장이 세분화되어 있는 편인데 장애인 상대의 시장은 서비스 집약산업이다. 하지만 그 규모가 소규모이기 때문에 안정적이지 않고 대기업이 직접 시장에 참여하지 않기 때문에 장애인들의 원활한 소비생활에는 마찬가지로 제한을 받고 있다. 즉 대기업이 진출할 만큼 중증 장애인이 많지 않다고 한다. 시장 규모가 대기업이 들어올 만큼 크지 않기 때문에 장애인 대상 시장은 독과점적이다. 청각장애인을 위한 제품 생산업체가 시각장애인을 위한 제품을 생산하지는 않으며 휠체어를 만들지도 않는 것과 같은 이치다(Los Angeles Times, 2002년 4월 8일).

① 장애인에게 청구된 이동통신사의 통화료 과다부과

정신지체 3급의 가입자가 비정상적으로 부과된 과대한 요금이 두 달 동안 180만 원이라는 큰 금액이 청구될 때까지 사전 아무런 예고나 연락도 받지 못한 사례가 있었다. 종료 버튼을 누르지 않고 그냥 진행되는 경우에는 자동 끊김이 있다거나 등의 기업 이익에 앞서 사용자를 배려하는 조치는 아무것도 없었다. 또한 상세내역에는 정상인이 봐도 뭐가 먼지 잘 모르는 수준의 난해한 분류만 있을 뿐 소비자가 이해되거나 납득할 만한 하등 설명은 부재했다.

② 휴대폰 구입 제한(세계일보, 2006년 4월 17일)

모이동통신사에서 어떤 장애인소비자에게 "장애인은 법정대리인이 있거나 대리인이 없을 경우 이를 증명할 수 있는 호적등본 등을 같이 제출해야 한다"며 휴대전화 개통을 망설였다. 이동통신사 약관에는 지체장애인은 혼자서도 휴대전화를 개통할 수 있다고 되어 있다. 이씨는 장애인단체에 문의했고, 이어 직접 사장 비서실에 전화를 걸어 항의하자 이동통신사는 실수를 인정했다.

③ 장애인 전용보험 '있으나 마나'(서울경제신문, 2006년 8월 7일)

장애인 전용보험이 사장되고 있다. 보험업계는 지난해 장애인전용보험을 공동 개발했지만 판매실적은 극히 미미하고 일부 회사는 판매조차 하지 않고 있다.

④ 보험가입 거절(세계일보, 2006년 4월 17일)

태아보험은 태아의 건강상태에 따라 가입여부와 보험료가 결정되지만 산모가 장애가 있을 경우 가입조차 불가능하다. 보험회사들은 공식적으로는 장애인, 비장애인을 차별하지 않는다고 밝히지만, '장애인의 위험률이 더 높다'고 판단해 보험가입을 받아주지 않는 것이다. 이를 위해 노인, 장애인 등 사회 취약계층의 보험료, 보장범위, 사고율 등을 합리적으로 산출하는 시스템을 마련해 보험회사들이 기꺼이 이들의 보험을 받도록 하고, 태아보험 등은 세금감면 등 공적기능을 강화할 필요가 있다.

⑤ 결혼정보업체, 장애인 회원가입 거절(동아일보, 2005년 8월 8일)

국가인권위원회는 결혼정보업체가 장애를 가졌다는 이유만으로 회원으로 받아들이지 않는 것은 평등권 침해라며 해당 결혼정보업체 2곳의 가입규정에 대한 약관을 개정하도록 권고했다. 인권위에 따르면 S사의 표준약관은 회원에게 결혼에 부적합하다고 인정되는 신체장애, 정신질환, 고질병이 있는 경우 계약을 해지할 수 있다고 명시되어 있고 또 D사의 규약도 결혼생활에 결격사유가 되는 정신질환 및 신체적 질병이 있는 사람은 가입자격이 없다고 규정하고 있다고 했다.

⑥ 외면 받는 장애인 생산품(서울신문, 2005년 4월 14일)

장애인 직업·지역사회 재활시설 등에서 만든 물품은 시설에서 직접 팔 수 있지만 보통 각 광역자치단체마다 1곳씩 마련된 '곰두리 공판장'에서 판매되는데 이들 생산품의 품질은 일반 기업이 제조한 상품에 비해 크게 떨어지지 않는다. 하지만 현실은 냉혹해서 2005년 곰두리의 매출액 16억 원 가운데 정부·지자체·공공기관 등이 아닌 일반 기업이나 일반 소비자들에게 판매된 경우는 매출액의 1%에도 미치지 못했다. 또한 장애인 생산품은 대기업처럼 할인행사, 사은품 증정행사 등을 할 수 없는 데다 인지도도 떨어져 소비자들이 찾지 않는다. 장애인 생산품이 시장에서 판매되려면 제품을 구입한 기업이나 개인에게 세액공제 등의 혜택이 주어져야 하며 재활용 제품처럼 일정 규모 이상의 대형할인점이나 백화점 등에 장애인 생산제품 전용공간을 의무적으로 마련해야 한다. 또한 장애인 생산품에 공통으로 사용되는 상표를 개발해 소비자들의 인식을 높이는 선진적인 마케팅기법을 도입해야 할 것이다.

3. 장애인 소비자를 위한 기업의 노력

장애인 5명 중 1명만이 전동휠체어를 소유하고 있으며, 재활보조기구 미소유 장애인 2명 중 1명이 경제적 이유로 미소유 상태이다(보건복지부, 2006). 보조기구가 필요한데 구입하지 않는 이유로 약 60%는 구입비용 때문에, 적합한 재활 보조기구가 없어서(약 7%), 사용불편(약 6%) 순으로 나타났다.

1) 장애인을 위한 제품과 서비스 개발

장애인이 소비재를 선택할 권리를 가질 수 있도록 장애인의 특성을 고려한 다양한 상품 개발이 요구된다. 〈표 7-3〉은 장애인을 위한 우리나라 기업들의 상품이다.

〈표 7-3〉 기업의 장애인 대상 상품

기업명	상품명	특징	비고(한계)
LG	책 읽어주는 휴대폰	세계최초 시각장애인 위한 특화된 기술을 구현한 휴대폰 시각장애인 전용폰 '책 읽어주는 도서관'에 접속, 도서 텍스트 파일을 다운받아 음성으로 변환	고가의 사용료
대우	공기방울 세탁기 DWF-108EF	국내최초로 점자버튼을 채용함으로써 시각장애인도 함께 쓰는 세탁기 실현	이후 타기업에서도 점자판넬 부착한 가전제품 보급
여행박사	휠체어로 떠나는 특별한 여행	장애인 일본 여행상품 일본 큐슈지역 3박4일, 장애인 편의 보장된 여행 패키지 공급	06년 3월 13일 한시적으로 선보인 상품
KT	안(Ann) '천사문자'	청각장애인을 위해 다기능 집 전화기인 '안(Ann)전화기'의 단문메시지서비스 요금을 대폭 낮춘 요금제	월 3500원에 발신자번호표시와 SMS 400건 제공
LG	장애인 복지신용카드	LPG차량 지원 및 장애인 등록증 개선, 장애인고용부담금을 신용카드로도 할인 납부 가능	장애인카드를 LG가 독점

기업이 장애인을 위해 제공하고 있는 서비스에 대해 구체적으로 사례 중심으로 살펴보면 〈표 7-4〉와 같다.

〈표 7-4〉 기업의 장애인 대상 서비스 제공

주요사업명	지 원 대 상	지 원 내 용	비 고
전화요금 할인	◇ 장애인 명의의 전화 1대 ◇ 장애인단체, 복지시설 및 특수학교 전화 2대(청각 · 언어장애인 시설 및 학교는 FAX전용전화 1대 추가 가능)	◇ 시내통화료 50% 할인 ◇ 시외통화는 월 3만 원의 사용한도 내에서 50% 할인 ◇ 이동전화에 건 요금: 월 1만 원의 사용한도 이내에서 30% 할인 ◇ 114 안내요금 면제	관할 전신전화국에 신청

시·청각 장애인 TV수신료 면제	◇ 시각·청각 장애인이 있는 가정 ◇ 사회복지시설에 입소한 장애인을 위하여 설치한 텔레비전 수상기	◇ TV수신료 전액 면제 ※ 시·청각장애인 가정의 수신료 면제는 주거 전용의 주택 안에 설치된 수상기에 한함.	KBS사업소, 관할한 전지점에 신청
공동주택 특별분양 알선	◇ 등록장애인인 무주택 가구주(정신지체인의 경우 그 배우자 포함)	◇ 청약저축에 상관없이 전용면적 85제곱미터 이하의 공공분양 및 공공임대주택 분양 알선	시·도에 문의 및 읍·면·동에 신청
무료법률 구조제도 실시	◇ 등록장애인 －법률구조공단에서 심의하여 무료 법률구조를 결정한 사건에 한함	◇ 소송시 법원에 소요되는 일체의 비용(인지대, 송달료, 변호사 비용 등)을 무료로 법률구조서비스 제공 －무료 법률 상담 －무료 민사·가사사건 소송 대리(승소가액이 2억 원 초과시 실비상환) －무료 형사변호(단, 보석보증금 또는 보석보증보험수수료 본인 부담)	대한법률 구조공단 관할 지부에 유선 또는 방문 상담 무료전화 132 www.klac.or.kr
항공요금 및 연안여객선 여객운임할인	◇ 등록장애인	◇ 대한항공, 아시아나항공 국내선 요금 50% 할인(1~3급 장애인은 동행하는 보호자 1인 포함) ◇ 연안여객선 여객운임 50% 할인(1~3급 장애인 및 1급 장애인 보호자 1인) ◇ 연안여객선 여객운임 20% 할인(4~6급 장애인)	장애인등록증(복지카드) 제시
이동통신 요금 할인	◇ 등록장애인, 장애인단체	◇ 이동전화 －신규가입비 면제, 기본요금 및 사용요금 30% 할인, 전파사용료 면제 ◇ 무선호출기 －기본요금 20% 할인	해당 회사 신청
PC통신 요금할인	◇ 등록장애인 ◇ 장애인복지시설 운영자 ◇ 장애인법인	◇ 기본정보이용료 30~50% 할인 －PC통신 사업자에 따라 할인대상 요금과 할인율이 상이함	해당 회사 신청
초고속 인터넷 요금할인	◇ 등록장애인 ◇ 장애인복지시설 운영자 ◇ 장애인법인	◇ 기본정보이용료 30~40% 할인 －PC통신 사업자에 따라 할인대상 요금과 할인율이 상이함	해당 회사 신청
고속도로 통행료 50% 할인	◇ 장애인 장애인과 거주하는 배우자·직계존속·직계비속·직계비속의 배우자·형제·자매 명의로 등록한 보철용의 아래차량 중 1대 (장애인자동차표지 부착)에 승차한 등록장애인	◇ 고속도로 통행료 50% 할인 －요금정산소에서 통행권과 할인카드를 함께 제시하면 요금 할인	할인카드발급 신청: 읍·면·동사무소 문의: 한국도로공사

	－배기량 2000CC 이하의 승용자동차, 12인승 승합차, 1톤 이하 화물차 ※영업용차량(노란색번호판의 차량)은 제외	

〈사례 1〉 KTF, 청각·언어 장애인 전용요금제 출시(디지털데일리, 2005년 12월 29일)

KTF는 음성 통화에 어려움을 겪는 청각 및 언어 장애인 전용 요금제인 '손말요금제'를 선보인 바 있다. '손말'은 '손으로 말한다'를 의미한다. 현재 이동통신 회사들은 장애인들을 위해 가입비 면제, 기본료 및 통화료 35% 할인 등으로 편의를 제공하고 있으나 청각, 언어장애인들을 위한 특화된 요금제를 개발하였다.

손말 요금제는 청각 및 언어장애고객이 단문메시지 서비스(SMS)를 많이 사용하는 점을 고려해, 월 500건 무료 메시지 제공(단문, 장문, 멀티메일 모두 포함), 기본료 10,725원(35% 할인 후), 무료 초과 이용 메시지에 대해 70% 할인 등 저렴한 기본료와 문자 위주의 요금제로 구성돼 있다. KTF는 사회 소외 계층의 소비자 권익 보호에 앞장서는 메시지 특화 요금제가 될 것으로 기대하고 있다. 가입방법은 청각 및 언어 장애인에 한해 연령 상관없이 '1인당 1회선' 가입이 가능하며 신청방법은 가까운 KTF 멤버스 프라자나 대리점을 방문, 복지카드를 제시하고 신청하면 된다.

〈사례 2〉 3개의 이동 통신사 장애인 대상(연합뉴스 보도자료, 2006년 4월 24일)

◇KTF: 가입비 면제, 기본료, 통화료, 데이터이용료 35% 할인

◇LG telecom: 가입비 면제, 기본료, 통화료, 데이터이용료 35% 할인

◇SK telecom: 가입비 면제, 기본료, 통화료, 데이터이용료 35% 할인

정신지체 및 발달장애인 과다요금발생 예방을 위한 전용한도요금제인 복지 160/220 요금제

성인 정신지체 장애인을 위한 정액요금제가 출시됐다. KTF는 성인 정신지체 장애인들을 위한 '상한 알1000'과 '상한 알2200' 요금제를 2007년부터 출시한다고 2006년 4월 29일 밝혔다. KTF의 알1000은 기본요금 1만 6,000원에 1,000알(1만 원 상당) 범위에서 통화가 가능하며, 알2200은 2,200알(2만 2,000원 상당)에 해당하는 무료통화가 제공된

다. 특히 장애인이 받을 수 있는 가입비 면제 및 기본료 35% 할인혜택이 그대로 적용되기 때문에 실제로 부담해야 하는 금액은 각 1만 400원, 1만 4,300원에 불과하다. KTF는 사회 소외계층의 소비자 권익 보호에 앞장서는 요금제가 될 것으로 기대하고 있다. 정신지체, 발달장애인의 경우 법정대리인의 동의가 있어야 가입할 수 있으며 가까운 KTF 멤버스플라자나 대리점을 방문해 복지카드를 제시하고 신청하면 된다. 정신지체 장애인의 경우 다른 사람에게 자신의 휴대폰을 빌려주거나 각종 성인용 유료서비스의 유혹에 빠지기 쉬워 지나친 통화요금에 대한 민원이 끊이지 않고 있다. 이에 따라 미성년자에게 적용되는 정액요금제를 정신지체 장애인에게도 도입해야 한다는 목소리가 높았다.

〈사례 3〉 시각장애인 전용폰: '5' 길게 누르면 '음성 도우미 모드' 자동접속(연합뉴스 보도자료, 2004년 12월 23일)

SK텔레콤이 음성을 통한 기능안내를 통해 시력을 잃고 고생하는 장애인들이 편리하게 휴대폰을 이용할 수 있는 '시각장애인 도우미 폰'을 2004년 12월로 출시했다. SK텔레콤이 출시한 삼성전자 SCH-E580은 휴대폰 숫자판 가운데에 위치 '5'를 길게 누르면 자동으로 '음성 도우미 모드'로 전환되어 별도의 음성안내를 받을 수 있는 단말기로 시각장애인들의 휴대폰 사용 편의성을 최대한 고려한 것이 특징이다. 이 단말기는 최근 수발신 통화 목록, 문자 메시지 목록, 음성 메시지 목록, 부재중 전화 목록 등을 비롯해 휴대폰의 주변 기능이라 할 수 있는 날짜, 시간, 알람, 배터리 잔량 등의 서비스도 음성으로 안내 받을 수 있다.

〈사례4〉 신한은행, 다양한 장애인 서비스(에이블뉴스, 2005년 11월 29일)

에이블뉴스는 기업은행, 신한은행, 외환은행, 우리은행, 조흥은행, 하나은행, SC제일은행, 국민은행 등 8곳을 대상으로 장애인 고객을 위한 편의시설과 서비스를 점검했다. 이 결과 신한은행이 장애인 접근성을 갖추는 데 가장 적극적인 대책을 펼치고 있는 것으로 나타났다. 반면 다른 은행들은 부분적으로 장애인 서비스를 실시하고 있지만 아직 고쳐야 할 부분이 적지 않았다. 지난 2004년 '장애인 친화은행'이 되겠다고 선언한 신한은행은 그 약속을 지켜가고 있었다. 우선 신한은행은 수수료 할인혜택을 제공한다. 신한은행에서는 창구에서 같은 은행으로 송금할 때 수수료의 30%를 할인해 주며 현금 입·출금기(ATM)를 사용할 때는 수수료의 50%를 할인해 준다. 인터넷 화면 확대, 점자보안카드, 장애인용 ATM 설치 등 장애인 접근성이 높은 것으로 나타났다. 편의시설 설치도 일정 부분 이뤄지고 있다. 휠체어 접근이 가능하도록 영업점 입구의 턱을 없애고 경사로를 설치했으며 장애인이 입구에서 직원을 호출할 수 있도록 호출 버튼을 설치했다. 일부 영업점에는 점자블록과 필경대도 설치돼있다. 특히 조사대상 은행 중 유일하게 신한은행만이 인터넷 뱅킹을 이용하는 저시력 장애인을 위해 화면 확대 서비스를 제공하고 있었다. 시각장애인을 위해서는 폰뱅킹 사용시 필요한 전자 금융거래용 시크리트카드(보안카드)를 점자로 제공해 발급하고 있다. 점자 보안카드는 신한은행 본점에 배치돼 있으며, 요구하는 사람에게 발급하고 있다. 장애인 친화은행이 되기 위한 신한은행의 가장 큰 노력은 장애인용 현금 입·출금기(ATM)에서 찾아볼 수 있다. 최근 ATM기의 화면이 터치스크린으로 바뀌면서 기기에 부착돼있던 버튼을 없애 시각장애인은 사용에 제한을 받고 있는 상황이다. 신한은행은 2004년 말 장애인용 ATM기를 개발해 현재 전국에 36대를 설치했다. 장애인용 ATM기는 모든 버튼과 글자에 점자가 지원되며, 저시력 장애인용 화면확대, 음성안내, 담당직원 연결 등이 가능하다.

〈사례5〉 미국 중증장애인시장 기업 진출 유망(LosAngeles Times, 2002년 4월 8일)

세계적 물리학자 스티븐 호킹은 랭커스터 소재 Words-Plus사의 장비를 통해 이야기할 수 있고 특별 디자인된 이 회사의 워드프로세서기를 이용, 이메일을 쓰고 강의를 하는 등 큰 혜택을 보고 있다. Word-Plus사의 제품은 세계 여러 국가에서 판매되고 있으며 장애인들을 위한 첨단기술 분야에서 성과를 거두고 있지만 회사 규모는 30명 이하로 크지 않은 편이다. Word-Plus사는 지난해 290만 달러의 수익을 올렸는데, 이는 2000~2001년 기준 마이크로소프트사의 연간 매출 일일 평균의 4%에 해당하는 금액이다. 미국 전체 인구의 12% 이상인 3,300만 명이 중증 장애인이지만 시각장애인의 웹 서핑을 가능케 하거나 근육 등의 조직에 이상이 있어 움직임이 불편한 사람이 컴퓨터 마우스를 사용하게끔 하는 제품의 생산업체는 대부분 소규모이다.

장애인 상대 시장은 서비스 집약산업이라고 설명한다. 전화나 우편을 통한 주문은 거의 없으며 소비자 및 스피치 병리학자와 직접 만나 소비자가 원하는 것에 최대한 맞춰 준다고 한다. 휴대용 컴퓨터까지 포함하는 Words-Plus 셋업(set-up)은 최대 1만 1천 달러를 호가한다고 창업자인 월터 월토츠는 말한다. 그러나 판매가 소비자와의 관계 종료를 의미하는 것은 결코 아니라고 한다. 소비자가 의문점이 있어 전화를 하거나 하는 경우가 많은데 이때 소비자상담전화 시간이 상당히 길어질 수 있다고 한다. 이것이 대기업에서 이 분야로 진출하지 않는 또 다른 이유이다. 한편 원래 의도와는 달리 장애인들이 유용하게 사용하고 있는 제품도 많다. 특히 Dragon Naturally Speaking사의 음성인식 프로그램은 변호사나 의사들이 비서 없이도 편리하게 활동하도록 만들어졌으나 지금은 말을 하기가 불편한 사람들에게 매우 유용하게 쓰이고 있다. 우연한 기회에 시장으로 진출하게 된 회사도 몇 군데 있다. 항공 엔지니어 2명이 창립한 Origin Instruments Company 는 머리에 연결해 사용하는 컴퓨터 마우스를 고안했는데 이는 애초 장애인을 위한 것과는 무관한 것이었다. 그러다가 장애인들에게 컴퓨터를 제공하는 한 단체의 소식을 듣고 접촉, 성공을 거두었다고 LA Times는 소개하고 있다.

〈사례 6〉 책 읽어주는 휴대전화 신기해요(동아일보, 2006년 9월 20일)

LG전자는 시각장애인 전용 휴대전화인 '책 읽어주는 휴대전화'를 내놓았다. 이 휴대전화는 LG 상남도서관이 운영 중인 '책 읽어주는 도서관(www.lg.or.kr)'에 접속해 도서 텍스트 파일을 내려 받으면 음성으로 변환해 읽어주는 기능을 갖췄다. LG뿐만 아니라 팬택 & 큐리텔에서는 문자를 읽어주는 기능이 예전부터 있었는데, 그 기능 또한 색약이나 눈이 많이 불편한 사람에게는 유용한 기능이라고 할 수 있다.

〈사례 7〉 극장가도 장애인 배려(스타뉴스)

한국영화 최고흥행작 '괴물'의 뒤를 이어 '타짜'도 장애인을 위한 한글자막 및 화면해설 상영에 동참한다. 한국농아인협회가 주관하는 '2006년 한국영화 한글자막 · 화면해설 상영 시범사업'에 따라 '괴물'에 이어 '타짜'가 한글자막 및 해설을 통해 시 · 청각 장애인 관객들을 만난다. 농아인협회에 따르면 대전에 이어 일산 대구 등 4개 지역에서 영화 '괴물'의 장애인 관객 초청 이벤트가 성공적으로 마무리됨에 따라 경기도 고양 일산 롯데시네마 라페스타 등 전국 6개관에서 '타짜'의 한글자막 및 화면해설 상영이 준비되고 있다. 이들 한글자막 상영 이벤트에 많은 시각장애인 청각장애인들이 모였으며 인원이 넘쳐 좌석이 많은 상영관으로 이동하는 일까지 발생했다. 한국영화의 한글자막을 위해서는 디지털 자동자막기의

설치가 필요하지만 현재는 예산확보 등의 문제로 6개 지역의 한정된 상영관에서만 한글자막 상영이 가능한 실정이다.

〈사례 8〉 부천대 장애인 교육시설(한겨레신문, 2005년 6월 2일)

부천대학이 장애인들의 교육을 위해 시설을 바꾸고, 편의시설을 설치해 눈길을 끌고 있다. 부천대학 사회교육원은 6천만 원을 들여 장애인들이 컴퓨터 교육을 받을 수 있도록 일반인 컴퓨터실을 40인실에서 30인실 규모로 바꾸고, 화장실에도 장애인 편익시설을 설치했다. 부천대학 사회교육원은 장애인과 직계가족 25명씩을 모집해 무료 컴퓨터 강좌를 실시한 바 있다.

〈사례 9〉 광고업계 소비자 아이디어 공모(동아일보, 2003년 11월 17일)

OK 캐쉬백은 광고를 진행하면서 소비자들을 추리 이벤트에 참여시켜 관심을 불러 모으고 있다. '73세인 저의 어머니는 청각장애인입니다. 듣지 못해 늘 우울해 하시던 어머니가 요즘엔 휴대전화 문자메시지 덕분에 기쁜 나날을 보내고 계십니다. 세상과 끊어져 있던 대화를 새롭게 시작하신 어머니를 대신해….' 최근 들어 소비자를 광고 제작에 참여시키는 '상호작용 광고'가 늘고 있다. 소비자를 대상으로 사연이나 아이디어를 공모할 뿐 아니라 각종 이벤트에도 참여시키고 있다. 제일기획은 "소비자의 의견을 담은 광고는 소비자들의 기대와 호기심을 높일 수 있어 광고효과가 뛰어나다"고 말했다. 실제 소비자를 참여시키는 가장 큰 이유는 인지도를 높일 수 있다는 것이다.

2) 장애인을 위한 유니버설 상품 및 디자인 개발·확대

언제, 어디서나, 누구나 편리하게 사용가능한 상품, 즉 유니버설 상품들이 거대시장을 형성해 가고 있다. 삼성경제연구소에서는 2004년부터 2008년 히트상품의 6대 키워드(나머지 5개: 능동적 체험상품, 반(半)제품적 상품, 초기능력 상품, 교제 · 연결지원 상품, 명분제공상품) 중 하나를 유니버설 상품으로 꼽고 있다. 유니버설 디자인(Universal Design: UD) UD의 개념이 확립된 것은 지난 1990년 초 미국에서다(조선일보, 2006년 11월 26일). 장애를 가진 미국인들을 위한 보호법인 ADA(Americans with Disabilities Act)법이 제정됐다. 식당, 호텔, 미술관, 스포츠 시설 등 공공시설과 서비스를 누구나 차별 없이 사용할 수 있도록 의무화한 것이다. 법안에 따라 구체적으로 건물이나 시설 제작에 들어가면서 유니

출처: 조선일보, 2006년 11월 26일.

▲ '맥주'를 점자로 표기한 하이트맥주 '맥스', 조작부를 좌 · 우 어느 쪽이든 붙일 수 있는 웅진코웨이 비데

버설 디자인 제품(또는 공용품)이 이론화됐다. 미국에서는 유니버설 디자인의 7가지 원칙이 만들어졌다. 당시 영국, 스웨덴, 독일 등 유럽에서도 '디자인 포올(Design for All)'을 내걸고 디자인이 갖는 의미와 가치를 재인식하려는 움직임이 일어났다.

결국 유니버설 디자인 제품이나 서비스는 장애인, 비장애인, 노약자, 그리고 어린이 등 누구나가 사용하기 쉽게 배려된 제품 혹은 서비스를 말한다. 일본의 생활제품들은 유니버설 디자인 제품이 보편화되어 있는 데 비해 우리나라에서는 아직까지 용어 자체도 익숙하지 않다. 시장에서의 수많은 소비재들이 노약자나 어린이, 장애인을 배려하지 못하고 있다.

30° 경사형 드럼세탁기는 노인이나 주부가 세탁기 사용시 힘겹게 허리를 굽히지 않아도 된다. 일본 Kao Corporation 회사는 카리테 라이트닝 로션을 개발하였는데 이는 누르기만 하면 액체가 빨려 올라오는 구조이므로 용기를 움직이지 않고 한 손으로 쉽

〈소비자복지코너 7-6〉 유니버설 디자인의 7가지 원칙

1. 누구나 공평하게 사용할 수 있을 것
2. 사용하는 데 자유도가 높을 것
3. 사용법이 간단해서 바로 알 수 있을 것
4. 필요한 정보를 바로 이해할 수 있을 것
5. 실수나 위험으로 이어지지 않을 디자인일 것
6. 무리한 자세를 취하지 않고 작은 힘으로 쉽게 사용할 수 있을 것
7. 접근하기 쉬운 공간과 크기가 공간이 확보돼 있을 것

게 사용할 수 있는 화장수 뚜껑과 용기가 붙어있어 한 손으로 열고 닫기가 가능하다. 한번 누르면 정해진 양이 나온다. 용기 중심이 낮아 잘 넘어지지 않는다. 이외에도 류머티즘 관절염 환자가 쉽게 이용할 수 있는 곡선형 볼펜, 콘센트에서 뽑기 쉽도록 머리 부분을 고리형으로 제작한 플러그 등 일본에서는 일상 생활용품에까지 노약자나 장애인을 위한 유니버설 디자인 제품이 많이 제작 · 보급되고 있다.

〈소비자복지코너 7-7〉 유니버설 제품과 서비스의 5대 원칙

1. 신체적인 장애나 기능저하가 있는 사람이건 없는 사람이건 모두가 쉽게 사용할 수 있게 되어 있는 제품이나 서비스
2. 특정인을 대상으로 한 전용품이나 전용 서비스가 아닌 것
3. 누구나 쉽게 입수하거나 이용이 가능한 것
4. 일반적인 제품이나 서비스와 비교해서 가격에 큰 차이가 없는 것
5. 앞으로도 계속해서 제조, 판매, 제공되는 것

저소득, 노인, 장애인 가족의 소비자복지 Consumer Welfare

① 알기 쉬운 포장

◀ 점자 첨가 폰즈

과즙을 첨가한 폰즈. 신맛, 단맛, 간장의 밸런스가 좋아 백숙, 만두, 소스의 간을 맞출 때 등 다용도로 사용할 수 있다. 라벨에는 품명(폰즈)과 간단한 사용방법(잘 흔들어서 사용 하십시오)을 점자로 표시했다.

② 알기 쉬운 봉투

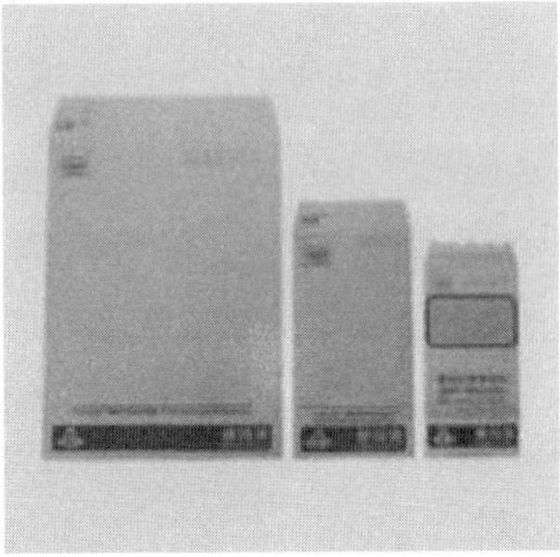

시각장애인이 현에서 온 문서라는 것을 만져서 알 수 있도록 현에서 사용하는 공용 봉투를 약간 개량하여 글자의 크기, 레이아웃, 배색 등을 개선했다. 구체적으로 ① 세금 공금 등에 관한 중요 문서임을 촉지할 수 있도록 봉투 뒷면의 봉하는 부분을 일부 잘라 가공했다. ② 필체, 글자의 크기 등을 배려(글자를 크고 굵게 함과 동시에 간결하게 했다) ③ 시즈오카 현의 인식(현장 인쇄 부분에 금형으로 현장을 돌출 처리하여 촉지할 수 있게 하였다)

최근 우리나라에서도 유니버설 디자인 제품이 출시되고 있다. 리모컨을 옮겨 달 수 있는 비데, 세 번 꺾이는 모니터, 점자 찍힌 맥주캔, 노약자, 왼손잡이 등이 불편하지 않도록 문 손잡이를 바꿔달 수 있는 세탁기, 조작과정이 단순하고 메뉴선택시 이미지가 자동 확대되는 MP3 등이 개발 · 시판되고 있다.

〈그림 7-1〉 유니버설 디자인 제품 개발 예시

4. 장애인 소비자를 위한 시민사회단체의 노력

1) 한국장애인소비자연합

한국장애인연합은 장애인 소비자정책·제도 확충 및 소비자로서의 장애인의 권익신장을 위해 사회적 합의를 도출하는 데 핵심적인 역할을 담당하고자 설립되었다. 부당한 거래 및 불량상품 구입으로부터 장애인소비자들을 구제하고 당당히 소비자로서 권리를 찾을 수 있도록 지원하고 있다. 앞으로 한국장애인소비자연합은 장애인의 소비자권익을 보호하고 피해구제활동을 전개하기 위해 〈표 7-5〉와 같은 사업을 진행할 예정이다.

〈표 7-5〉 한국장애인소비자연합 2006년도 사업 활동계획서

세부 사업	내 용	기대효과
1. 시장공급제품 조사연구사업	◇기존 장애인사용 가능 제품 조사·분석 ◇장애인 사용가능제품 모니터링 ◇시장공급제품 조사·분석 ◇상품테스트 및 시험실시	◇시장공급제품의 장애인사용가능 여부의 모니터링을 통해 장애인 접근 가능한 제품을 개발하는 데 일조할 수 있다. ◇객관적이고 공정한 상품선택 정보를 제공할 수 있다.
2. 장애인과 비장애인이 공용할 수 있는 제품개발촉구에 관한 사업	◇장애인접근 용이 제품개발에 관한 권고 ◇장애인 사용 편의기능 강화사업	◇장애인소비자들이 사용가능한 안전 제품을 보다 쉽게 구매할 수 있도록 돕는다. ◇장애인소비자 문제해결을 위한 기업의 역할 활성화를 유도할 수 있다.
3. 장애인소비자 고충처리, 상담사업	◇피해구제를 위한 장애인소비자 상담사업 ◇기업과 소비자분쟁 합의 및 권고	◇접근 용이한 전화상담을 통해 장애인 소비자의 불편사항을 신속하게 처리할 수 있다. ◇기업과의 합의권고를 통해 장애인소비자의 피해를 구제하고 분쟁을 조정할 수 있다.
4. 장애인소비자 권리교육 및 연수사업	◇소비자 문제인식과 해결방안 등에 관해 소비자, 기업, 정부를 대상으로 소비자 교육 및 연수 실시 ◇전문상담원 교육사업	◇소비자교육을 통해 장애인소비자피해예방과 소비자 권리신장으로 소비자의 주권을 확보할 수 있다. ◇기업의 장애인소비자 중심의 경영을 유도할 수 있다. ◇전문상담원 교육사업을 통해 장애인소비자 상담을 전담할 전문 인력을 양성할 수 있다.
5. 장애인 편의시설 연구·개발사업	◇장애인편의시설 조사·연구사업 ◇장애인편의시설 설치·권고사업 ◇장애인편의시설 모니터링	◇장애인 편의시설 확충을 통해 이동권과 접근성을 확보할 수 있다. ◇비장애인의 장애인편의시설에 대한 인식개

		선을 도모할 수 있다.
6. 장애인소비자 권익보호를 위한 홍보·계몽사업(캠페인)	◇장애인소비자에게 소비생활 관련 정보 제공 캠페인 실시 ◇장애인소비자 의식강화를 위한 캠페인 ◇비장애인 인식개선	◇정보제공과 캠페인을 통해 장애인소비자의 대응능력을 배양할 수 있다. ◇비장애인 대상 캠페인을 통해 장애인 소비자로서의 권리를 보장 받을 수 있다.
7. 장애인소비자의식 및 욕구 조사	◇소비생활 전반에 걸쳐 다양한 실태조사, 의식조사를 실시하여 장애인소비자 의식 및 욕구 파악 ◇조사결과를 장애인소비자 정책 등에 반영	◇장애인소비자 구매형태 및 욕구파악을 통해 다양한 제품을 개발하고 확산·보급할 수 있다.
8. 소비자정책 및 제안활동(세미나, 공청회)	◇장애인소비자 관련 법률 및 제도를 만들기 위한 각종 정책연구와 정책제안 활동 사업 ◇장애인소비자의 의견을 최대한 수렴하여 법률 제정에 반영하고자 세미나 및 공청회 실시	◇장애인소비자 환경 및 욕구 변화에 부응하는 장애인소비자 정책추진 의식을 제고할 수 있다.
9. 출판·정보제공 사업	◇장애인소비생활과 관련한 실태조사, 고발처리 등의 결과를 비롯한 각종 소비자정보를 수록한 간행물 출간 ◇출판물 배포 및 제공사업	◇장애인 소비자의 합리적 구매결정을 지원하고, 선택권 보장을 위한 객관적·과학적 비교정보를 지속적으로 제공할 수 있다.
10. 장애인소비자 단체교류 및 연대사업	◇국제 장애인소비자 단체와의 교류 ◇비장애인소비자 단체와의 정보교류 ◇기타 장애인단체 연대 활동	◇국제 협력강화를 통해 소비자정책 ◇집행공조 및 상호이익을 증대시킬 수 있다. ◇지속적인 교류를 통해 미래지향적인 소비자 정책 추진 기반을 구축할 수 있다.

① 설립 목적

장애인권익문제연구소, 한국소비자원, 한국소비자연맹, 대한주부클럽연합회 소비자고발센터 등에서 실시됐던 장애인소비자상담 사례는 수천 건에 이른다. 이렇게 장애인들이 소비자 권리에 있어 침해를 당했음에도 불구하고 이를 해결하기 위한 상담기관이 부재한 것이 사실이다. 결국 이를 해결하기 위해서는 장애인소비자인권상담에 대한 공식적으로 대응할 수 있는 기구가 필요하며, 이 기관은 민관이 함께할 수 있는 시스템으로의 기능을 해야 한다. 한국장애인소비자연합은 각종 장애인소비자 정책·제도 확충 및 소비자로서의 장애인의 권익 신장을 위해 사회적 합의를 도출하는 데 핵심적인 역할을 담당하고자 설립됐다.

② 기능과 역할

장애인 등 사회 취약계층의 소비자로서의 권리를 보장하고, 정상화를 통해 사회의 일원으로 통합될 수 있도록 조직적이고 체계적인 장애인 사업을 연구하고 제시함으로써 장애인 권익을 신장시키고자 한다. 장애인들은 물품을 사용하려고 해도 장애인들의 특성을 배려하지 않고 단순히 '멋' 위주로 제작된 제품의 디자인 때문에 어려움을 겪는 사례가 빈번하다. 기관들에 설치되어 있는 각종 편의시설에서부터 의류 · 생필품 등 전 분야에 걸쳐 장애인들의 생활과 관련돼 있는 상품들이 장애인들이 생활하는 데 있어 불편함이 없는 유니버설 디자인이 제작될 수 있도록 조치하고자 한다. 이에 장애인이 사용 가능하도록 필요한 물품에 대해 디자인 및 성능을 요구할 수 있는 경로를 마련해 주고, 기업에 이러한 장애인들의 욕구를 담아 건의할 것이다.

〈소비자복지코너 7-8〉 한국장애인소비자연합의 노력

소비자로서의 장애인들의 권익을 보호하고 각종 피해에 대한 구제활동을 전개할 '한국장애인소비자연합'이 창립되었다. 한국장애인소비자연합은 2006년 창립식을 갖고, 본격적으로 장애인 소비자주권강화를 위한 활동에 나섰다. 한국장애인소비자연합은 장애인은 신체의 고통과 실생활에서 보이지 않는 차별로 이중의 피해를 입고 있음에도 불구하고 이를 해결하기 위한 상담기관의 부재로 피해구제가 어려워 장애인소비자인권상담에 대한 공식적인 대응기구의 마련이 요구되어 왔다고 창립배경을 밝혔다. 특히 한국장애인소비자연합은 장애인의 특성이 고려되지 않고 제작 · 설계된 제품들로 인한 안전사고가 빈번하게 발생해 장애인의 자활자립을 저해하는 요소로 작용하고 있다고 지적하며 장애인 소비자 권익활동에 나설 뜻을 밝힌 바 있다. 한국장애인소비자연합은 장애인 소비자들의 소비피해 발생시 원인 및 책임 소재를 규명하고, 시험 · 검사기관에 의뢰해 사실 확인을 통해 사업자와 소비자 간 합의에 의해 문제가 해결될 수 있도록 지원하는 사업을 펼치고 있다. 한편 한국장애인소비자연합은 창립식과 함께 시각장애인의 인터넷뉴스 접근을 높이기 위한 '뉴스창' 프로그램 시연회도 개최하였다. 이 프로그램은 국내 일간지 및 방송사의 뉴스들을 한곳으로 모아 시각장애인용화면 낭독기가 인식할 수 있는 텍스트 문서 형식으로 전환해 제공하는 프로그램이다.

2) 소비자단체의 장애인 권익추구활동

대한주부클럽연합회 전주 · 전북지회는 2006년 4월 전북도립 장애인종합복지관에서 장애인을 위한 이동소비자상담을 실시했다. 이날 행사는 장애인들의 소비생활에 있어 부당한 거래 및 불량상품 구입으로부터 구제하기 위해 실시, 장애인들의 큰 호응을 얻었다. 이동상담소에서는 기술발달에 따른 통신매체 이용 활성화로 인한 피해를 비롯해 교통사고 관련 보상 문제, 방문판매를 통한 피해 등의 장애인 상담이 활발하게 이뤄졌다. 한편 소비자보호센터는 장애인을 보호할 수 있는 법 · 제도가 미비한 현재 피해구제 활동을 통해 장애인의 삶의 질 향상에 도움을 주고 있으며, 3년간 교육과 이동상담 및 전화상담을 해 오고 있다.

3) 기타 사회기관이나 단체의 노력

한국청각장애인복지, 다산복지재단, 한국장애인복지진흥회, 소비자연맹, 삼성전자, LG전자 등 장애인 및 소비자단체와 대기업이 시각 · 청각 · 지체장애인의 생활방식을 고려한 친(親)장애인 가전제품을 위해 활동하는 「장애인소비자연대」가 2003년 1월 발

<소비자복지코너 7-9>

물건구매과정 불만 해결: 장애인 소비자권리 찾기 온라인 상담

한국장애인소비자연합이 최근 홈페이지를 개통하고 본격적인 온라인 상담 서비스에 들어갔다. 한국장애인소비자연합은 장애인들의 소비생활과 관련한 피해를 구제하기 위한 '장애인소비자 권익보호 단체'로 2004년부터 '장애인소비자문제연구소'라는 이름으로 전화상담 및 방문상담을 실시해왔으며 지난 4월 공식적으로 창립, 보다 편리한 상담 서비스를 위해 홈페이지를 개통한 것이다. 온라인 상담서비스는 '소비자 119' 코너에서 받을 수 있다. 물건을 구매하는 과정에서 불만이 생기거나 혹은 피해를 받았다면 회원가입을 하고 상담신청을 하면 된다. 상담내용 공개여부는 개인이 선택할 수 있으며 처리상황도 확인할 수 있다. 이 홈페이지는 소비생활에 유용한 정보, 피해구제사례, 고발통계 및 경향 등 장애인들에게 필요한 각종 소비정보를 안내하고 있다. 더불어 소비자 관련 법 및 피해구제시책 등에 관한 소비자교육도 실시하고 있다.

출처: 에이블뉴스, 2006년 7월 20일.

족되었다. 이는 기업과 연계해 가전제품 개발시 장애인의 불편사항을 조사하고 기업의 제품개발과 판매 시, 정부의 정책결정시 장애인 소비자의 입장을 고려한 방안이 나오도록 건의하는 활동을 전개한다. 구체적으로, 기업이 음성이 나오는 밥솥 · 전화기 · 세탁기 · 엘리베이터 등 수많은 일상생활 제품을 장애인이 편리하게 쓸 수 있도록 개발하거나 모든 방송 프로그램에서의 수화통역이 가능한 기구를 개발, 연구토록 압력행사를 하게 된다. 또한 지체장애인이 백화점 · 할인매장 등에서 편리하게 쇼핑할 수 있도록 관련 유통업체에 전동식 쇼핑카트 구비, 건물 내 화장실과 경사로의 개선 등을 촉구할 계획이다. 이 모임은 공동대표제로 운영되며, 정기적인 모임을 갖고 전국의 장애인들로부터 불편한 점을 건의 받아 기업과 정부에 반영하도록 할 것이다.

4) 장애인 소비자교육 사례

장애인 소비자보호제도가 법률적으로 개선된다고 하더라도 장애 당사자가 구매과정에서 피해를 당했을 때 해결 및 보상을 요구하는 과정이 없다면 법률은 무용지물이 되고 만다. 당장의 손해만 보상받는 소극적 방법으로 넘어가기보다는 적극적 방법으로 당사자가 해결의 의지를 보이는 것이 가장 시급하다. 정부 및 사회단체의 소비자교육은 장애인들이 소비자 법을 숙지하는 데 도움을 줄 것이며 소비자로서 능동적인 자세를 취하게 만들 것이다. 장애인 소비자 측면에서 바라본 장애인 소비자교육의 기대효과는 다음과 같다.

◇ 기존의 불편했던 소비생활이 더 편리해질 수 있다.
◇ 효율적인 소비생활의 방식으로 보다 쉽고 편리하게 물건을 구입할 수 있다.
◇ 소비생활에 대해 자신감을 갖고 자신의 한계(장애)에 굴하지 않게 된다.

한편, 사회적 측면에서 바라본 장애인 소비자교육의 기대 효과는 다음과 같다.

◇ 예전과 달리 장애인에 대한 나쁜 시각을 개선할 수 있다.
◇ 장애인에 대한 배려가 커짐과 동시에 사회의 이미지도 향상될 수 있다.
◇ 적극적인 장애인들의 참여로 인재양성을 꾀할 수 있다.
◇ 장애인을 위한 상품판매 증가로 인해 더 좋은 상품의 개발도 용이해진다
◇ 장애인에 대한 배려로 장애인과 비장애인의 사회적 통합이 이루어진다.

〈소비자복지코너 7-10〉 맥찾기: 말아톤

어느 날 초원이는 자폐증이라는 청천벽력 같은 진단을 받게 되고 엄마는 감당할 수 없는 현실 앞에 좌절한다. 그러나 엄마는 초원이가 달리기만은 정상인보다 월등한 능력을 가지고 있음을 발견하고 아들에게 희망을 갖고 꾸준히 훈련시킨다. 엄마는 초원이가 달릴 때만은 행복해 한다는 것을 알기 때문에 서브 스리(42.195㎞를 3시간 이내에 완주하는 것)를 목표로 아들을 위해 아낌없이 투자한다. 결국 초원이는 사회적 편견을 훨훨 날려버리고 가족의 사랑에 힘입어 마라톤 풀코스를 완주해 낸다. 정윤철 감독의 영화 '말아톤'의 줄거리다. 미국 영화 '포레스트 검프'와 유사한 영화이다.
자폐아가 있는 가정에서 겪을 수 있는 여러 가지 삶의 고단한 모습을 탄탄한 구성으로 호소력 있게 표현한 것이 흥행 성공의 원인이라고 분석한다. 초원이가 하루 먼저 죽기를 원했던 엄마의 마음은 우리 사회에서 장애아를 키운다는 것은 수많은 차별과 편견을 상대로 힘겨운 싸움을 해야 한다는 사실을 여실히 보여주는 단적인 예이다. 아울러 가족의 협조가 필요함에도 불구하고 오히려 집안의 벽이 사회적 장벽보다 더 높은 경우도 있다는 것이다.
'장애는 단지 불편할 뿐이지 차별의 대상이 될 수 없다'는 광고 내용처럼 신체적 정신적 장애를 이유로 비장애인이 누리고 있는 사회적 복지혜택을 거부당하는 일은 없어야 한다. 어린이·청소년 권리조약 제 23조는 우리가 정신적으로나 신체적으로 장애인인 경우, 다른 아이들처럼 자라날 수 있도록 특별한 보살핌과 교육을 받을 권리가 있다고 명백하게 규정하고 있다.
미국의 대통령을 세 번이나 했던 루스벨트, 보지 못하고 듣지 못하고 말하지 못하는 세 가지 고통을 겪었던 위대한 작가 헬런 켈러, 생후 20개월에 교통사고로 전신화상을 입었지만 하나님의 사랑을 전하는 사람이 된 조엘 소넨버그, 극심한 화상을 입었지만 주바라기를 통해서 세상에 희망을 주는 작은 천사 이지선 등은 하나님이 선택한, 숲속의 작은 옹달샘처럼 맑은 영혼을 가진 사람들이다.

출처: 국민일보, 2005년 5월 14일.

5. 장애인 소비자를 위한 정부의 노력

장애인 소비자를 위한 시장은 특수시장으로서 시장참여자, 즉 소비자로서 장애인과 공급자가 한정되어 있어 정부의 적극적인 지원이 절실하다. 청각장애인을 위한 IP기반의 VOIP Phone 활성화에 대한 박선영(2006)의 주장에 따르면 상대적으로 정보화에

뒤처진 특수시장 소비자를 위해서는 정부의 적극적인 소비자 지원정책이 필수적이며, 국고지원 주도형 이동전화 서비스 제공, 관련 분야 국책연구 등이 선행되어야 한다는 것이다.

1) 현행 장애인에 대한 각종 지원

장애인에 대한 최근 정부의 각종 지원정책을 살펴보면 다음과 같다.

① **승용차에 대한 등록세 · 취득세 · 자동차세 면세**: 차량명의를 1~3급(시각은 4급 포함)의 장애인 본인이나 그 배우자 또는 주민등록표상 장애인과 함께 거주하는 직계 존 · 비속, 직계비속의 배우자, 형제, 자매 중 1인과 공동명의 인 경우 면세

② **차량 구입시 지역개발 공채 구입 면제 / 도시철도 채권 구입 면제**

③ **승용차 LPG연료 사용 허용**: 장애인 또는 장애인과 거주를 같이 하는 배우자, 직계 존 · 비속, 형제 · 자매로 등록한 승용차 1대에 한해 허용

④ **소득세 인적 공제**: 소득금액에서 장애인 1인당 연 200만 원 추가 공제

⑤ **장애인 보장구 부가가치세 영세율 적용**: 의수족, 휠체어, 보청기, 보조기, 지체장애인용 지팡이 및 목발, 시각장애인용 흰 지팡이, 청각장애인용 인공달팽이관시스템, 성인용 보행기, 욕창예방용 매트리스·쿠션·침대, 인공후드, 장애인용기저귀, 점자판과 점필, 시각장애인용 점자정보단말기, 시각장애인용 점자프린트, 청각장애인용 골도 전화기, 시각장애인용으로 특수 제작된 화면낭독 소프트웨어, 지체장애인용으로 특수 제작된 키보드 및 마우스, 청각장애인용 음향표시장치의 경우 부가가치세 감면

⑥ **장애인용 수입물품 관세 감면**: 장애인용 물품으로 관세법시행규칙에서 정한 101종의 수입물품에 대하여 관세 면제

⑦ **특허출원료 또는 기술 평가 청구료 등의 감면**: 특허 출원시 출원료, 심사 청구료, 1~3년차 등록표, 기술평가 청구료 면제

⑧ **공정거래법**: 부당하게 거래를 거절하거나 거래의 상대방을 차별하여 취급하는 행위로서 공정한 거래를 저해할 우려가 있는 행위를 불공정거래행위의 유형으로 규정. 이를 금지. 규정 위반시 공정거래위원회의 조사를 받아 시정조치 또는 과징금을 부과할 뿐만 아니라 2년 이하의 징역 또는 1억 5천만 원 이하의 벌금형

으로 처벌

⑨ 장애인 복지법(경제적 부담의 경감): 국가와 지방자치단체, 정부투자기관관리기본법 제2조의 규정에 의한 정부투자기관, 지방공기업법에 의한 지방공사 또는 지방공단은 장애인 및 장애인을 부양하는 사람의 경제적 부담경감을 도모하고 장애인의 자립촉진을 위하여 세제상의 조치, 공공시설 이용료의 감면 등 기타 필요한 시책을 강구하여야 한다.

2) 정부 부처별 장애인 소비자문제 해결정책

정부 부처의 장애인을 위한 다양한 정책 프로그램을 살펴보면 다음과 같다.

① 문화관광부(조은뉴스, 2006년 2월 14일): 장애인체육지원 예산 220% 증액은 물론 아울러 전국 문예회관, 문화의집, 박물관과 미술관 등 지역 문화시설의 프로그램 지원 사업과 함께 소외지역을 찾아가는 문화향수 프로그램 지원 사업비 75억 원을 포함해 239억 원이 투입된다. 장애인에 대한 체육지원도 대폭 확대해 전년대비 220% 증액된 109억 원의 예산이 올해 지원된다.

② 정보통신부(연합뉴스, 2005년 10월 26일): 정통부는 다양한 콘텐츠 제공을 통하여 노령화, 장애인, 유아보육문제 등 각종 소비 사회 문제의 해결의 대안으로 떠오르고 있고, 삶의 질 향상 등 복지사회 구현에도 기여할 것으로 전망된다.

③ 보건복지부(연합뉴스, 2005년 3월 23일): 보건복지부는 동 사업과 함께 '중증장애인 자립생활(IL)시범사업 평가 및 모델개발을 추진하여 향후 자립생활센터 지원사업의 추진 방향을 구체화할 계획이다. 중증장애인 자립생활센터는 전문가·시설 중심의 장애인 재활 서비스와는 달리 장애인 당사자가 소비의 주체로서 활동보조서비스 등 서비스의 내용과 시간에 대한 선택권을 갖도록 하며, 자립생활센터 역시 장애인 당사자에 의해 운영되도록 함으로써 지역사회에서 장애인들이 생산적 참여자로서 역할을 찾을 수 있도록 하는 것을 주요 목표로 한다. 선정된 시·도에 대해서는 사업량 1개소 당 국고 6천만 원이 지원되며, 구체적인 지원 자립생활센터는 이미 통보된 시·도별 사업량의 범위 안에서 자치단체가 결정하도록 할 예정이다.

④ 재정경제부(문화일보, 2005년 12월 2일): 재정경제부는 저소득층, 노인, 장애인

등에 대한 소비자정책 차원의 지원을 강화하고 있다. 2006년 제10회 '소비자의 날' 기념식 축사에서 장애인 소비자정책 과제들은 중장기 소비자정책 추진 계획을 통해 더욱 구체화할 계획이라고 밝힌 바 있다.

BIBLIOGRAPHY

참 고 문 헌

강영실(2004), 『장애인 복지의 이해』, 신정출판사.

강이주 · 김영신 · 허경옥(2006), 『알기 쉬운 가계경제학』, 신정.

권선진(2005), 『장애인복지론』, 청목출판사.

권중돈(2007), 『노인복지론』, 학지사.

김강립(2004), 『장애인복지정책 현안과제 분석 및 향후 발전 방향』, 보건복지부.

김경자 · 이기춘(1986), 「소득계층별 비교를 통한 저소득층 소비자문제에 관한 연구」, 『한국가정관리학회지』 4(2), 53~66.

김대익(2006), 「역모기지 활성화 방안과 시사점」, 『하나금융리포트』, 4~8.

김동기(1994), 「노인 소비자의 구매행동에 관한 실증적 연구」, 『경영학연구』 23(2), 1~25.

김동기 · 채서일 · 이성근(1992), 「노인소비자에 관한 문헌적 연구」, 『경영논총』, 고려대 경영대학, 67~81.

김만호 · 정일교(2005), 『장애인복지론』, 양서원.

김미옥 · 김용득 · 이선우(2004), 『장애와 사회복지』, 학지사.

김성숙 · 이기춘(1989), 「도시 저소득층의 소비자문제지각과 관련요인 연구」, 『한국가정관리학회지』 7(2), 31~43.

김영모(1992), 『빈곤이론 빈곤정책』, 한국복지정책연구소.

김영숙(1990), 「한국가정의 가계소비유형분석」, 성신여대 박사논문.

김영숙(2002), 「도시 빈곤노인 가계의 경제적 생활수준에 관한 연구－일반가계, 일반 노인 가계 및 빈곤노인 가계의 비교분석을 중심으로」, 『소비자학연구』 13(3), 95~119.

김영신 · 강이주 · 이희숙 · 허경옥 · 정순희(2000), 『소비자의사결정』, 교문사.

김용득(2004), 「장애인복지서비스와 소비자주의」, 『서부장애인종합복지관 개관10주년기념 세미나 자료집』, 서부장애인종합복지관.
김용득 · 유동철(2002), 『한국장애인복지의 이해』, 인간복지.
김용준 외(1999), 『글로벌시대의 컨슈머리즘』, 나남출판사.
김윤정(2000), 「사회적지지 관점으로 본 가족부양이 노인의 정신건강에 미치는 영향」, 이화여대 박사논문.
김종숙(1990), 「한국노인집단의 계층적 접근에 관한 연구」, 『지역사회개발 논총』 2집.
김종호 · 박래규(2004), 「노인소비자의 가치관과 라이프스타일이 실버타운 입주의사에 미치는 영향」, 『조선대 지역발전연구』 9(2), 101~125.
김진욱(2006), 『새로운 빈곤층의 대두와 정부의 정책과제』, 집문당.
김태성 · 손병도(2002), 『빈곤과 사회복지정책』, 청목출판사.
김태현 · 전길양 · 이영자 · 왕선영(2004), 『현대가족복지』, 하우.
김혜선 외(2002), 『소비자교육의 이해』, 시그마프레스.
김혜원(2006), 「사회적기업 육성법의 잠재력을 100% 활용하자」, 『(재)실업극복국민재단 함께 일하는 사회』 4, 12~14.
노동부(2006), 300인 이상 사업장 고령자 고용현황조사 분석.
노동부(2006), 고령자 고용촉진 기본 계획(07-11).
노동부(2007), 퇴직연금제도 도입 · 운영 매뉴얼.
대한민국정부(2006), 제1차 저출산 고령사회 기본계획.
대한상공회의소(2007), 고령사회와 고령인력 활용 증진 방안.
대한상의(2005), 새로운 소비자집단 등장과 기업의 대응, 연구보고서.
류종훈(2006), 『가족복지론』, 학현사.
박경수(2006), 「장애인복지 소비자주의 관점에 대한 사회복지사의 인식유형연구」, 성균관대 석사논문.
박규상 · 이영철(2007), 「시니어마케팅」, 『마츠무라 키요시 번역서』, 시니어커뮤니케이션.
박명희 · 이민표(1992), 「노인 소비자연구의 실태와 전망」, 『소비자학연구』 3(2), 29~43.
박선영(2006), 「특수시장 소비자를 위한 IP 기반의 VOIP Phone 활성화에 관한 연구: 청각 장애인 시장을 중심으로」, 『한국생활과학회지』 15(6), 961~971.
박수천(2006), 「고령친화산업과 노인의 소비자주권」, 한국소비자원 개원 19주년 기념.
박영선(2007), 「마이크로크레딧이란 무엇인가?」, 열린우리당 박영선의원 정책자료집.
박옥희(2004), 『장애인 복지론』, 학문사.

배미경(1998), 「저소득층과 고소득층의 소비결정 함수 분석」, 『소비자학연구』 9(4), 83~100.

변용찬 · 김성희 · 김영미 · 심석순 · 윤상용 · 이병화 · 최미영(2007), 『저소득장애인 선정기준』, 한국보건사회연구원.

보건복지부(2005), 자산형성지원사업 도입추진 계획.

보건복지부(2006), 2005년 장애인 실태조사 결과.

보건복지부(2007), 2007년 장애인복지사업안내.

보건복지부(2007), 「자활사업프로그램」, http://team.mohw.go.kr/blss/

빈부격차차별시정위원회(2006), 『2005 정책자료 모음집』.

빈부격차차별시정위원회(2007), 『2006 정책자료 모음집』.

서승완(2001), 『국민기초생활보장법제의 개선방안』, 한국법제연구원.

서정희(1992), 「노인의 소비자사회화에 관한 연구」, 『소비자학연구』 3(2), 15~27.

성지미 · 문숙재(1988), 「저소득층의 소비자기능과 소비자문제인지에 관한 연구」, 『한국가정관리학회지』 6(1), 51~69.

송순영(1999), 「노인소비자 보호 방안에 관한 연구」, 한국소비자원 연구보고서.

송순영(2000), 「노인용품과 소비자보호」, 한국소비자원 연구보고서.

송순영(2001), 「노인소비자를 위한 소비자교육프로그램개발」, 한국소비자원 연구보고서.

송순영(2006), 「고령소비자 피해구제 활성화방안 연구」, 한국소비자원 연구보고서.

송순영(2006), 「노인소비자 피해현황 및 정책 대응 방향」, 한국소비자원 개원 19주년 기념 소비자정책세미나 발표집.

송정애(2007), 『가족복지론』, 양서원.

신수진(1998), 「한국의 가족주의 전통과 그 변화」, 이화여대 박사논문.

심 영(2005), 「정보사회의 노인소비자를 위한 생산적 복지 지향의 소비자교육 방안」, 『소비자학연구』 16(1). 151~178.

유재홍(1992), 「광고수용자로서의 노인계층에 관한 연구」, 『광고연구』 14, 73.

이기춘 외(2001), 『소비자학의 이해』, 학현사.

이민표(1994), 「노인소비자의 소비행동에 관한 연구」, 동국대 박사논문.

이선우(2002), 「장애인복지관의 역할정립에 관한 연구」, 『인간환경복지연구』 특집호.

이성규(2006), 「소비자주의는 있는가?, 소비자주의? 당사자주의?: 비판과 대안」, 한국장애인복지학회 춘계학술대회.

이용학(1990), 「노년층의 사회경제적 여건변화와 시장세분화」, 『지역사회개발 논총』 2집.

이원숙(2004), 『가족복지론』, 학지사.

이윤금(2006), 「미국의 노인소비자교육」, 한국소비자원 개원 19주년 기념 소비자정책 세미나 발표집.

이의훈 · 김숙응(2004), 『실버 마케팅』, 형설출판사.

이준우(2006), 「노인소비자보호와 성년후견제도」, 한국소비자원 개원 19주년 기념 소비자정책세미나 발표집.

이혜임 · 이승신(1996), 「노인소비자의 구매문제에 따른 정보원천별 소비자정보요구」, 『한국가정관리학회지』 14(4), 107~128.

임성만(2005), 「장애인복지 주거시설에서의 소비자와 서비스제공자의 권리와 책임－패널 토론Ⅱ」, 13회 RI KOREA 재활대회 자료집.

장애인고용촉진공단(2007), 기업과 함께하는 장애인고용[장려금 교육 자료].

장애인고용촉진공단(2007), 장애인 고용부담금제도.

장지연(2007), 「중고령자 가구의 소득수준과 소득구성의 특징」, 『월간 노동리뷰』, 3~13.

장홍섭 · 안승철(1998), 『현대소비자론』, 삼영사.

재정경제부(2006), 「역모기지 활성화 방안」, 정례당정협의 자료.

전성자 외(1999), 『글로벌시대의 컨슈머리즘』, 나남출판.

정　권(2003), 「장애인복지시설의 당면과제와 발전 방향」, 명지대 석사논문.

정길홍(1998), 『사회복지개론』, 홍익제.

정순민(2003), 『장애인복지발전 5개년 계획이 반영된 장애인 재활 · 복지』, (주)중앙경제.

정영숙(2000), 「노인가계의 소비패턴과 복지정책적 함의」, 『소비자학연구』 11(1), 59~74.

정영숙(2005), 「빈곤과 최저생계비 측정에 관한 연구－노인, 모자, 장애인 가구에 대한 비교」, 『소비자학 연구』 16(1), 195~207.

정영학(1994), 『신주택사업실무편람』, 신주택미디어.

정용선 · 김인숙(1998), 「노인소비자 정보탐색에 영향을 미치는 변수들에 관한 연구: 건강보조식품을 중심으로」, 『마케팅과학연구』 1, 87~108.

정지영(1992), 「노인 소비자문제의 경험과 불평행동에 관한 연구」, 『한국노년학』 12(1), 19~38.

조영무(2004), 「역모기지 활성화 필요하다」, 『LG 주간경제』, 27~31.

조지모쉬스(2003), 『노인 소비자 마케팅』, 시그마프레스.

조추용(2006), 『가족복지론』, 창지사.

조홍식 외(2002), 『가족복지학』, 학지사.

최선경(2005), 「성인 정신지체인의 가족을 위한 장애인 복지 실천방안－소비자 주권주의 관점을 중심으로」, 『사회복지실천』 5, 197~187.

최선화 외 4인(1999), 『사회문제와 사회복지』, 양서원.

최혜경 · 강진경 · 신수진(1999), 「Sternberg의 사랑의 삼각이론의 한국 부부에의 적용」, 『한국가정관리학회지』 17(4), 47~59.

최혜경 · 정순희(2001), 『노인과 실버산업』, 동인.

충북영동대학교 고령친화산업지역정보센터(2007), 고령친화산업의 전망과 지역산업의 연계세미나.

통계청(2005), 『한국통계월보』.

통계청(2006), 2005 가계조사.

통계청(2006), 2005 경제활동인구조사.

통계청(2006), 사회통계조사보고서.

통계청(2007). 「가계조사」, www.kosis.kr

한국보건사회연구원(1998), 1998년도 전국노인생활실태 및 복지욕구 조사.

한국보건사회연구원(2004), 장애인사회통합을 위한 차별해소방안.

한국보건사회연구원(2005), 활동제약자 실태조사.

한국보건사회연구원(2006), 2005 장애인실태조사.

한국보건사회연구원(2006), 2006 한국복지패널 기초분석보고서.

한국보건사회연구원(2006), 빈곤의 동태적 특성 연구-2003~2005.

한국보건사회연구원(2007), 2006 한국복지패널.

한국소비자원(1988), 「장애자 소비생활에 관한 연구, 한국소비자원 연구보고서.

한국소비자원(1999), 「노인 소비생활 실태 및 소비자문제 연구 결과」, 연구보고서.

한국은행(2007), 「한은과 함께하는 알기 쉬운 경제」, 한국일보 2007년 12월 17일자.

한국장애인복지관협회(2007), 전국 장애인복지관 관장대회 자료집.

한국장애인복지관협회. http://www.hinet.or.kr

한국장애인복지시설협회. http://www.kawid.or.kr

한국장애인복지진흥회. http://www.kopad.or.kr

한봉근(2005), 「2005년 장애인복지 정책방향」, 2005년 상반기 전국 장애인복지관장대회

자료집, 한국장애인복지관협회.

허경옥(2000), 『정보사회와 소비자』, 교문사.

허경옥 외(2000), 『소비자의사결정』, 교문사.

홍은표(1997), 「노인소비자에 관한 문헌고찰과 미래연구의 방향」, 『한국생활과학회지』 6(2), 73~82.

황의독 · 이은경(1992), 「노령화사회와 노인소비자: 한국노인산업의 현황과 전망」, 한국소비자학회 총회 및 학술대회, 56~83.

양세정 · 김동엽 · 김대원 · 주인숙(1998), 『빈곤의 경제학』(Schiller, B. R., *The economics of poverty and discrimination* 번역서), 석정.

OECD(2005), 『한국의 고령화와 고용정책』, 한국노동연구원.

Kirstein Rummery(2005), 『장애인의 시민권과 영국의 지역사회 보호』, EM커뮤니티.

이순례 · 문연심 · 신건호 역, 『새로운 세대의 부모와 자녀』(J. B. Brooks 저), 학지사, 2006.

Bartos, R.(1980), "Over 49: The invisible consumer market", *Harvard Business Review*, 58, 140~148.

Bengtson, V. L., Rosenthal, C. & Burton, L.(1990), "Families and aging: Diversity and heterogeneity", 263~287 in R. H. Binstock & L. K. George Eds., *Handbook of Aging and the Social Sciences*, San Diego: Academic Press.

Bernhardt, L. L., Kinnear, T. C.(1976), "Profiling the senior citizen markets", *Advances in Consumer Research*, 3, 449~452.

Crandall, R. C.(1980), *Gerontology: A behavioral science approach*, Addison-Wesley pub. com. Inc.: Philippines.

EDWARD E. SCHLEE(JANUARY 12, 2004), "Measuring Consumer Welfare with Statistical Demands".

Friedman, M. P., & Wasserman, L.(1978), "A community survey of purchase experiences of older consumers", *Journal of Consumer Affairs*, 12, 300~308.

Gelb, B. D.(1978), *Exploring the gray market segment*, MSU Business Topics.

Hayes, Lashawn Richburg(2000), "Are prices higher for the poor in New York City?", *Journal of Consumer Policy*, 23(2), 127~152.

IMF(2004), World Economic Outlook.

Lumpkin, J. R., Greenberg, B. A.(1982), "Apparel-shopping pattern of the elderly consumer", *Journal of Retailing*, 58(4), 79.

Martin, C. R., Jr.(1976), "A transgenerational comparison: The elderly fashion consumer", *Advances in Consumer Research*, 3, 453~456.

Mason, J. B., & Bearden, W. O.(1979), "Satisfaction and dissatisfaction with food shopping among the elderly", *Journal of Consumer Affairs*, 13, 359~369.

McDaniel, S. A. & Tepperman, L.(2002), *Close Relations: An Introduction to the Sociology of Families*, Ontario, Canada: Prentice Hall.

Morgan, L. & Kunkel, S.(2001), *Aging: The Social Context, Thousand Oaks*, CA: Pine Forge Press.

Neugarten, B.(1974), "Age groups in American society and the rise of young old", *Annuals of the American Academy of Political and Social Science*, 415, 187~198.

Perlmutter, M. & Hall, E.(1985), *Adult Development and Aging*, NY: Wiley, Co.

Perroff, R., McCaskey, P.(1978), "Non-monetary costs associated with consumer fraud and dissatisfaction of the elderly", *American Council of Consumer Interest*, 24th Annual Conference, 136, 161.

Phillips, L., & Sternthal, B.(1975), "Age differences in information processing: A perspective on the aged consumer", *Journal of Marketing Research*, 444~457.

Sherman, E., Schiffman, L.(1983), "Applying age-gender theory", *Advances in Consumer Research*, 11, 569~573.

Tongren, H. N.(1988), "Determinant behavior characteristics of older consumers", *Journal of Consumer Affairs*, 22(1), 148.

Wadell, F. E.(1975), "Consumer research program for the elderly-The forgotten dimension", *Journal of Consumer Affairs*, 9(2), 164~175.

허경옥 이화여자대학교 경제학과 졸업
미국 University of Wisconsin-Madison 가계경제 및 소비자학 석사, 박사
현재 성신여자대학교 생활과학대학 가족문화소비자학과 교수
저서: 정보사회와 소비자(2000), 생활과학연구방법과 통계분석(2000), 가족경제학(2000), 알기 쉬운 가계경제학(2006), 소비자투자와 보험(2006), 삶의 경제(2006)

최혜경 이화여자대학교 가정관리학과 졸업
미국 Connel University 가족학 및 노년학 박사
현재 이화여자대학교 사회과학대학 소비자학과 교수
저서: 한국중산층의 생활문화(2000), 노인과 실버산업(2001), 성공적인 노화(역서, 2001), 사랑학(2004)

이성림 서울대학교 가정관리학과 졸업
서울대학교 대학원 소비자학 석사
미국 The Ohio State University 소비자학 박사
현재 성균관대학교 생활과학대학 소비자가족학과 부교수
저서: 생각하는 소비문화(2006)

저소득, 노인, 장애인 가족의 소비자복지

2008년 4월 15일 1쇄 발행
2011년 1월 25일 2쇄 발행

지은이 | 허경옥 최혜경 이성림
발행인 | 유제구
발행처 | 파워북
주 소 | 서울 마포구 염리동 161-5 대동빌딩 4층
전 화 | (02) 730-1412
팩 스 | (02) 730-1410
등 록 | 1997. 1. 1 제 300-1997-13

정 가 17,000원
ISBN 978-89-8160-097-6